2024年度湖北科技学院博士科研启动基金项目“新时代中国企业形象国际传播效果与提升路径研究”（BK202513）成果
湖北科技学院创新研究团队“元宇宙与传媒发展研究”（2022T06）成果



# 新媒体环境下
# 大学形象自我呈现研究

李志雄 —— 著

重庆大学出版社

**图书在版编目（CIP）数据**

新媒体环境下大学形象自我呈现研究 /李志雄著.
重庆：重庆大学出版社，2025.5. -- ISBN 978-7-5689-5192-0

Ⅰ. G647

中国国家版本馆CIP数据核字第2025H6S066号

**新媒体环境下大学形象自我呈现研究**

XINMEITI HUANJING XIA DAXUE XINGXIANG ZIWO CHENGXIAN YANJIU

李志雄 著

策划编辑：唐启秀

责任编辑：黄菊香　　版式设计：唐启秀

责任校对：谢　芳　　责任印制：张　策

*

重庆大学出版社出版发行

出版人：陈晓阳

社址：重庆市沙坪坝区大学城西路21号

邮编：401331

电话：（023）88617190　88617185（中小学）

传真：（023）88617186　88617166

网址：http：//www.cqup.com.cn

邮箱：fxk@cqup.com.cn（营销中心）

全国新华书店经销

重庆华林天美印务有限公司印刷

*

开本：787mm×1092mm　1/16　印张：11.5　字数：216千

2025年5月第1版　2025年5月第1次印刷

ISBN 978-7-5689-5192-0　定价：68.00元

---

# 目 录
CONTENTS

# 1 绪 论

## 1.1 研究的缘起与目的

大学形象是大学在公众头脑中形成的总体印象，受人主观意志的影响，并非完全是大学客观情况的重现。20 世纪 90 年代，新媒体的崛起更直接影响了大学形象的自我呈现和解读。在新媒体环境中，场景的范围从现实的地域扩大并转移到虚拟世界，现实场景与虚拟场景不断交叉，社会群体身份的“再塑与重现”不断发生，个人交往与社会互动似乎回到“村落”和“部落”，链接无处不在、无时不在，人与人之间的传播成为社会网络的日常，世界在人与人的互动中被重新构建。过去静默的观众拥有了发声的渠道，并在粉丝的拥簇中成为新的意见领袖。大学形象的自我呈现和外在解读面临了新情况，遭遇了新问题，也有了新机会。

### 1.1.1 问题的析出

大学之于国家、时代、社会的作用与功能已得到社会的普遍认可，公众对大学勇于质疑、大胆探求、敢于批判、容忍失败的氛围和人文精神有别样的向往与期待。一所大学，其名远扬，则近者众。“声誉一旦建立，它就是一所大学的独一无二的最大的财产。”[1]在大学排行榜评价指标体系中，大学声誉是一个重要的指标。一个不容忽视的事实是，大学越来越重视对自我形象的设计、传播、维护，以期获取更强大的支持、招录更优秀的学子、招揽更优秀的英才。大学领导层对大学形象的重视程度之高，不啻教学科研的刚需。然而，当前大学形象面临现实呈现与理论研究两个层面的困境。

---

1　伯顿・克拉克 . 探究的场所：现代大学的科研和研究生教育 [M]. 王承绪，译 . 杭州：浙江教育出版社，2001：247.

就现实呈现层面而言，形象认知与媒介呈现存在着巨大反差。公众心目中理想的大学形象是拥有高深学问、顶尖科研成果、大师云集、谈吐优雅、民主自治的知识殿堂，但部分媒介报道又呈现世俗的物质追求、腐败的学术研究、官僚的管理体制、不务正业的师生、被市场和商业侵蚀的校园等特征。这种反差使公众开始怀疑大学、质疑大学，大学形象被蒙上了阴影。[1]就理论研究层面而言，大学形象研究者多采用"反映和评价说"，认为大学形象是由社会公众的认知与评价构成的，是媒体报道的结果，形成的是媒介化形象，处于被动呈现的位置。[2]然而，这一观点不够全面，更多强调的是主体对客体的认知，既忽略了客体的客观存在性，也忽视了客体与主体之间的相互作用与互动，或者只片面强调一方的观点与态度。理论研究如果仅涉及大学的认知形象，忽略大学的实态形象和情感形象，将导致大学自我呈现不足、外部意见过剩。

传统媒体时代，大学形象主要通过大众媒介进行报道，线性单向传播特征明显，传者与受众角色固定，魔弹效果显著。网络社会时代，社会化媒体去中心化与再中心化效应明显，传者与受众身份界限模糊，人与人之间的沟通与互动更为直接。"信息的主要通道——网络，成为社会系统的神经，'信息高速公路'远远超过历史上任何一条公路建设对商品和人员流通带来的变化，这样的基础设计对随之而来的风险和机会都具有至关重要的意义。"[3]"数字化生存"对信息传播、政治参与、商业经济、文化生产、社会治理和人们的生活模式产生了深刻影响。

作为线上和线下媒体的结合体，新媒体的交流互动模式不仅提供了一种全新的信息传输手段和开放式的信息沟通平台，也创设了一种形象自我表达与呈现的新途径、新空间。新媒体环境的交互性、虚拟性、跨媒体性，赋予大学自身话语权，"三微一端"（微博、微信、微视频和客户端）的兴起，更为大学形象的塑造与传播带来了划时代的变革，每位教师、学生、开学典礼、毕业典礼、校长致辞都成为大学形象的新传播途径。与此同时，新媒体环境也对大学形象提出了巨大的挑战，信息爆炸、信息失真、信息"茧房"等新媒体现象无不促使大学必须重视自身形象管理的问题。

随着知识经济时代的发展，以知识密集和技术密集为特征的新型经济形态极大地改变了知识的生产、使用、传播的方式与途径。作为高深学问和知识的生产主体，大学日益走向社会政治经济发展的中心，并且呈现出规模扩张、形态多样、路径复杂、竞争激烈的态势。

1　胡西伟 . 当代中国大学形象的媒介呈现与重建 [D]. 武汉 : 武汉大学，2013.

2　金兼斌 . 大众传媒中的大学形象 [J]. 国际新闻界，2006，28(2): 27-31.

3　曼纽尔・卡斯特 . 网络社会的崛起 [M]. 夏铸九，王志弘，等译 .3 版 . 北京：社会科学文献出版社，2006: 6.

如何强化核心竞争力、提升学术品质成为大学创新发展的重要环节，大学形象作为一种可能的改进路径日益受到重视，大学形象战略也因此成为大学发展的重要战略。

### 1.1.2 研究的意义

在新的机遇和挑战面前，在“文化资本”和“声誉资本”日益成为“第四资源”的时代，本书从一个全新的研究视角——自我呈现，探讨中国大学形象管理的种种现象与解决策略，具有丰富的理论价值和现实意义，而欧文・戈夫曼的拟剧理论为大学形象的自我呈现提供了现实的理论路径。

拟剧理论主要基于个体的表达、表演来定义情境达到印象管理的目的。欧文・戈夫曼在其框架中指出，“在社会机构的界墙之内，存在着由表演者组成的剧班，他们彼此合作，向观众呈现特定的情景定义”[1]。他进而提出了戏剧的视角与技术的、政治的、结构的、文化的视角一道构成分析情况、调查事实的五种视角，借用该理论体系考察大学形象管理的结构、特点和问题，以及在其自我呈现中起作用的若干核心要素及其相互关系，显然是一个全新的研究视角，也是一个富有挑战性的课题。

基于此，本研究的意义主要有以下三点。

#### 1）在新媒体环境下提出大学形象研究的新领域

传统媒体时代，欧文・戈夫曼提出的“前台”和“后台”区隔明显，大学在公众眼中具有科学、权威和神秘之感。然而，新媒体环境下，“前台”和“后台”融为一体，大学形象由单向度转为交互性，由主客体关系转为主体间性关系，由符号与数据的交换转为态度与意义的共享，理想化的祛除、权威性的失控等问题一一暴露在社会公众面前，形象呈现与用户体验逐渐成为新的脚本，由此导致了大学权威的消解和神秘印象的精神崩塌。因此，对大学形象自我呈现的研究，不仅是对新媒体环境下大学形象研究的必要延伸，而且有助于实现“自我”与“他者”之间的理性对话和秩序化重构。

#### 2）在拟剧理论观照下形成交叉学科研究的新视角

欧文・戈夫曼的拟剧理论的现实意义在于对呈现给他人的信息进行调控，对他人和环

1 欧文・戈夫曼 . 日常生活中的自我呈现 [M]. 冯钢，译 . 北京：北京大学出版社，2008: 203.

境进行有效控制，从而实现印象管理目的。在遵循新媒体环境和大学形象的客观规律基础上，利用拟剧理论探求两者的结合点和相关度，既可避免形象至上，出现本末倒置的现象，又能避免陷入自我封闭，与社会格格不入，导致公众舆论倒戈的现象，这样的学术努力是有价值的。使用欧文·戈夫曼的拟剧理论来考察大学形象，能提供一种新的思路或者新的观点。此外，对新媒体环境下大学形象自我呈现的研究，立足点自然是社会学与传播学的视角，但运用媒介环境学理论、框架理论、印象管理理论、话语分析理论等来诠释大学形象的种种文本及其社会意义时，这一研究自然又与社会心理学、高等教育管理学、语言学密切相关，显然是一种多学科的对话行为，也有助于对现实的观照。

3）在自我呈现策略下组织形象建设的新思路

讨论“自我形象（auto-image）”“他者形象（hetero-image）”，其重点并不是探究形象的具体内涵，而是探索形象的形成、发展及其缘由，解决“是什么”和“为什么”的问题。本书不仅关注大学形象自我呈现的策略性问题，而且关注策略为何而来、因何而设的问题，也就是大学形象自我呈现的运作机制，包括表演者、剧班、表演区域、表演行为、表演的文本分析等。使用以上研究理论和研究框架来分析大学形象自我呈现策略，既能为大学管理者提供大学形象自我呈现的新思路、新方法，又能为其他组织的印象管理，包括政府组织、经济部门和第三部门起到良好的借鉴作用，对社会组织自身建设与发展无疑具有一定的启发意义。

## 1.2 国内外研究现状

对国内外研究现状的梳理，拟从大学形象、自我呈现和印象管理等方面的研究进行综述。

### 1.2.1 大学形象研究

文献计量分析法是目前一种比较科学的对已发表文献进行统计分析的研究方法。中国知网文献计量可视化分析在同行中走在前列，它可把研究总体趋势、研究学科分布、主题分布、关键词分布等以图表的可视化形式展现在研究者面前，有助于研究者分析主要研究人员、研究趋势、研究热点和研究空白等，是研究者撰写文献综述、从事研究不可或缺的一种工具。

基于中国知网数据库，以“大学形象”或“高校形象”为主题或篇名检索词，文献发表时间截至2022年12月31日，得到检索结果2 206篇，其研究总体趋势如图1-1所示。最早的1篇出现于1960年，1983—1993年基本在1篇左右，1994年发表文献5篇，之后呈上升趋势，研究高峰出现在2007年，发表文献139篇，2008年发表文献下降为117篇，之后基本在110篇左右。

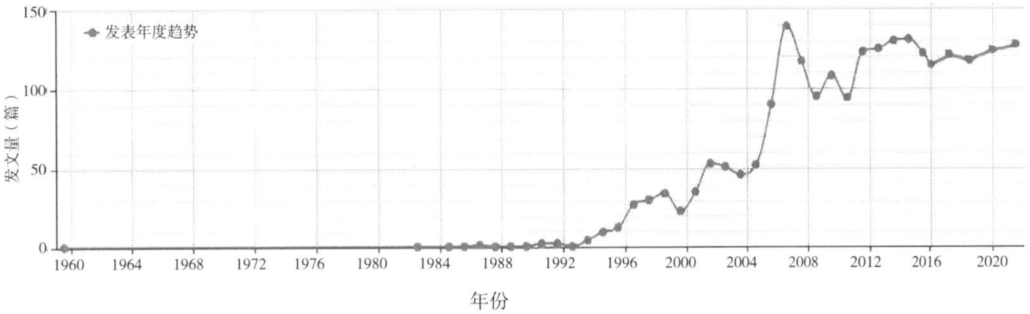


图1-1　有关“大学形象或高校形象”的中文文献情况（来源：知网数据库）

有关大学形象的研究学科主要分布在教育、图书情报档案、新闻传播、美术、政治、体育、语言、文学、影视、城市经济、城乡规划与市政、社会、工商管理、计算机、建筑科学等30个学科。其中教育领域研究最多，文献达1 034篇，占57.41%。新闻传播领域文献有170篇，占9.44%。具体情况如图1-2所示。

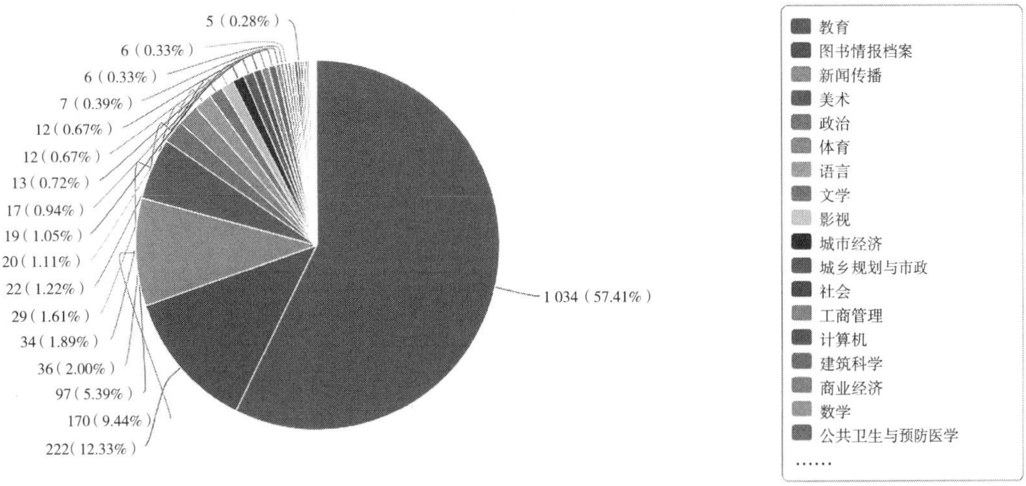


图1-2　有关“大学形象或高校形象”中文文献的研究学科分布（来源：知网数据库）

有关大学形象研究的关键词主要集中在高校、高校形象、大学形象、形象、形象塑造、新媒体、传播等。从大学形象研究的关键词来看，新媒体与高校形象研究紧密，成为关键词中的关键。具体情况如图 1-3 所示。

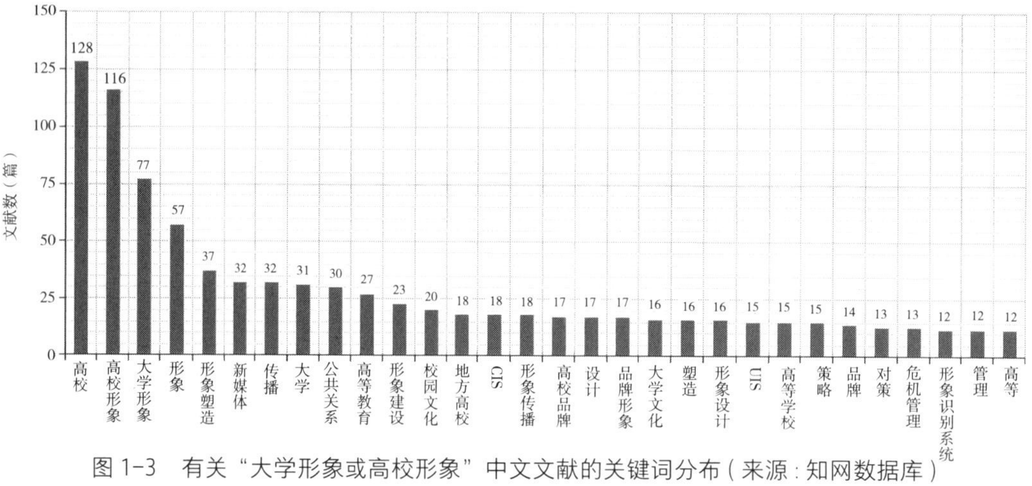


图 1-3　有关“大学形象或高校形象”中文文献的关键词分布（来源：知网数据库）

形象研究是政治学、经济学、社会学、文学、传播学等学科的热门研究领域，其历史可追溯到古希腊时代。[1]有学者认为，柏拉图等思想家对城邦和想象的研究，其实质就属于形象研究中“国家形象”的范畴。可以说，“形象”作为抽象“想象”的外显形式和存在介质，一直对人类社会的发展具有决定性的意义。[2]西方最早关于大学形象的研究，是对大学形象的概念、作用及如何发挥作用的探索与讨论。20 世纪初，企业形象研究应运而生[3]，20 世纪 80 年代以后，公共关系和市场营销领域越来越强调形象的概念，西方对大学形象的研究也逐渐转向实证考察，促进了大学形象研究的科学化与测评化。

当前，西方学者直接研究大学形象的文献分布于高等教育学、心理学、经济学、社会学等学科领域，主要研究范畴涵盖大学形象的影响因素、测量方法、大学形象与学生满意度的关系等。很多研究延续了企业形象研究的思路与走向，市场营销理论成为西方研究的主要视野，心理学、教育学、传播学、管理学等学科的影响也逐渐显现。如有学者应用与消费者决策相关的信息处理理论研究大学形象的形成，指出学生人数

1　BOTTICI C.Imaginal politics: images beyond imagination and the imaginary[M].New York: Columbia University Press，2014. 此处内容为本书作者据原书翻译总结而来，全书同。

2　BOTTICI C.From imagination to the imaginary and beyond: towards a theory of imaginal politics. [M]// BOTTICI C，CHALLAND B. The politics of imagination. London: Birkbeck Law Press，2011：28-49.

3　陈尧坤，陈毅文 . 企业形象研究综述 [J]. 心理学动态，1999（1）：44-51.

的减少，以及教育经费的减少，促使许多高等教育机构需要在市场中创造和保持独特的形象，包括越来越多地使用广告、促销和其他战略营销工具。[1]有学者使用调查问卷的形式收集普通人有关大学形象的看法，数据建模指向大学形象的重要组成部分以及它们如何影响民众将儿子或女儿送到大学的决定，这反过来可以更好地理解大学形象的影响。[2]有研究者对整个大学所在州的受访者进行电话调查研究，从外部利益相关者的角度审视大学形象。研究结果表明，组织因素是影响形象认知的非常重要的因素。有研究采用认知心理学方法检验大学形象的测量因素，发现大学生样本中影响大学形象的有三个因素，即学业因素、运动因素和大学新闻报道的范围；而成人（非学生样本）中影响大学形象的有四个因素，包括大学属性（包括学术和运动）、新闻报道的范围、受访者的受教育程度和受访者的体育爱好者水平。[3]有研究表明，如同企业形象对吸引和留住客户非常重要一样，大学形象对学生满意度和学生忠诚度也具有重要影响。[4]这类研究不仅用数据和模型证明了大学形象的重要性，还从不同的角度探讨了大学形象的效能问题。

国内有关大学形象的研究起步较晚。随着组织行为理论、营销理论的发展及媒体传播环境的变化，国内学者逐渐从不同的角度对大学形象进行定义与阐释，从不同媒介特质探讨大学形象的策划、维护与管理，研究与论述逐渐增多。相关的文献主要分布在以下五个方面。

第一，大学形象的概念与关键因素研究。这一类文献数量较多，且时间跨度较长，存在质量良莠不齐、论点重复性较高的问题。本书主要围绕大学构成主体、办学要素、管理体制等构建大学形象关键因素并进行分析，进而提出大学形象塑造的种种策略。

有学者认为大学形象是一所大学的历史积淀、大学精神、综合实力、发展现状和发展潜力等因素融合以后的综合反映，是大学内在本质在外部形态上的直观体现。[5]有学者以大学人（学生、教师）为对象调查大学形象这一概念的内涵，归纳大学形象主要由文化因素、教师因素、学生因素及环境因素四个方面构成。[6]有学者指出，大学形象是组织行为、质

1 PARAMESWARAN R，GLOWACKA A E. University image: an information processing perspective [J]. Journal of Marketing for Higher Education，1995，6(2): 41-56.

2 LANDRUM R E，TURRISI R，HARLESS C. University image: the benefits of assessment and modeling[J]. Journal of Marketing for Higher Education，1999，9(1): 53-68.

3 ARPAN L M，RANEY A A，ZIVNUSKA S. A cognitive approach to understanding university image[J]. Corporate Communications: An International Journal，2003，8(2): 97-113.

4 ALVES H，RAPOSO M. The influence of university image on student behaviour[J]. International Journal of Educational Management，2010，24(1): 73-85.

5 孙彧 . 我国大学形象的重塑与传播 [J]. 高教探索，2010(5): 76-79.

6 于海琴 . 关于大学形象内涵的调查分析 [J]. 高等教育研究，2003，24(2): 69-72.

量事实、公众需求的统一体，负载着大学教学、科研、社会服务与管理等方面的水平和质量。[1]这些研究大多强调大学中的各个角色、大学的整体实力和水平，突出的是社会公众对大学的综合感受和评价。但这些研究中指出的大学形象的关键因素主要集中在外部形态，缺乏对大学本质、精神、制度的深层次思考。

王瀚东、周中斌从大学形象传播批判的角度出发，结合布尔迪厄对大学制度、知识系统和社会权力体系的讨论，认为大学形象作为"认识论秩序"的产物，本质上是一种社会秩序，它的传播也不可避免地成为象征性权力秩序的传播，即一种以认可度为媒介标识的"服从"的传播。他们推论出，所有以理性自诩的社会正是通过所谓的"圣职授任礼"来培养大学精英，因此对大学形象的研究可以从"圣职授任礼"现象出发，建立批判的视野。同时，他们还推论出大学形象归根到底是国家形象的一部分，大学形象传播实质上是对"国家精英"生产神圣化的过程，也是"权力资本"再生产过程的一部分，大众媒介介入和推动的大学形象传播进一步强化了"国家魔法"的表演。[2]因此，大学形象本质上是一种社会秩序，是象征性权力秩序的传播。

第二，大学媒介形象研究。媒介形象本就是传播学的重要话题之一，学者们的研究多以个案为主，讨论某一具体的社会群体或个体在大众传媒上呈现出了怎样的形象、媒介是如何建构形象的、媒介形象与真实形象是否统一、媒介形象对大众认知的影响等问题。由于媒介对大学形象的呈现与塑造是社会公众了解、感知、评价大学的主要渠道，因此大学媒介形象也成为部分传播学与高等教育学学者研究的对象。

经文献梳理发现，大多数研究关注的是大学形象的塑造、大学形象的传播、大学形象危机公关等话题。这些研究侧重于提出大学媒介形象塑造的策略，希望通过媒介的技巧和议程设置，或者公共关系部门的形象策划与精心包装，改变社会公众对大学的看法，宣传大学正能量，树立良好的大学形象。值得一提的是，卞冬磊等针对 2004 年媒体上出现的与"大学"相组合的现象，对"大学校园""大学教授""大学教师"等 9 个大学行为主体的相关报道进行了量化分析。研究结果表明，媒体关于大学的新闻报道大部分是负面报道，这就导致了大学形象整体走向负面，表现为大学校园问题社会化、大学教授教师权威不再、大学生群体精英概念消失。[3]此外，胡西伟在其博士论文中对当代中国大学形象的媒介呈现进行了系统分析，探讨了大学媒介形象的建构、错位及修复策略。该研究通过个案和理

---

1 王全林 . 大学形象的实质及其建构原则 [J]. 上海大学学报 ( 社会科学版 )，2002，19(1): 102-104.

2 王瀚东，周中斌 . 大学形象研究的布尔迪厄立场：《国家精英》的启示 [J]. 新闻与传播评论辑刊，2014（1）：73-78.

3 卞冬磊，张稀颖 . 转型期大众传媒报道与大学形象塑造关系研究 : 以 2004 年 1 月 1 日以来的相关报道为研究对象 [J]. 新闻与传播研究，2005，12(2): 68-71.

论探讨比较了媒介建构的两种大学形象观，系统地归纳了大众媒介建构大学形象的过程，并探讨了导致当代中国大学形象发生错位的主要原因与解决办法。[1]

第三，新媒体时代大学形象研究。进入互联网时代特别是社会化媒体时代后，网络成为大学形象呈现与传播的重要媒介，也因此成为学界研究的新方向。

学界的讨论主要围绕互联网的特点进行整体理论探讨，但也不乏针对网站与平面报刊上呈现的大学形象进行量化分析的研究。比如，金兼斌抓取了2001—2004年与大学有关的15个焦点事件的纸质媒体与网络媒体报道，通过这些报道倾向的描述性结果分析了大学形象。他发现在教师思想品德和学术水平指标方面，正面评价较多；在学术思想道德和价值观及大学管理制度方面，负面评价较多；以都市报为主的新闻媒体在有关大学的热点报道中，对教育管理体制的负面评价较多；而这一时期的媒体网站与平面报刊对大学的报道态度之间没有显著差别。[2]

随着人人网、微博等Web2.0时代的网络平台先后兴起，大学形象研究也发生了转变，出现了新话题和新研究取向。学者们从宏观角度提出新媒体时代大学形象塑造与传播的新思路，或通过分析大学官方新媒体的内容、更新频率、互动性等指标来评价大学形象在新媒体环境中的发展现状，探讨大学形象的传播策略。比如王云昀[3]、孙波等[4]的论文都指出新媒体的产生、发展和壮大为高校形象建设提供了全新的范式，如微博等社交网络具有强大的传播力，使信息的传播与接受关系趋于平等，为大学的重大事件报道、危机公关、日常形象塑造等提供了绝佳的平台。王雪则专门讨论了民办大学在新媒体语境下的媒介形象建构问题，认为传统媒体在报道方式、报道内容上对民办大学的呈现具有刻板印象及媒介偏见，而新媒体具有多元的话语形态和符号化的传播语境，能够激发民办大学在形象建构上作为传播主体的能动性。[5]由此不难发现，如何在新媒体时代打造良好的大学媒介形象，已成为时下高校管理工作的重中之重。但与此同时，我们应该看到在媒介环境发生巨大改变的前提下，传统媒体时代大学形象研究的思路、观点、策略并未发生根本性变化，针对新媒体时代大学形象的构成因素、关系分析及影响测量的研究成果偏少，仍缺乏系统性和针对性。

---

1 胡西伟．当代中国大学形象的媒介呈现与重建 [D]. 武汉：武汉大学，2013.

2 金兼斌．大众传媒中的大学形象 [J]. 国际新闻界，2006，28(2): 27-31.

3 王云昀．新媒体时代高校形象传播的新思路 [J]. 华南理工大学学报（社会科学版），2012，14(4): 111-115.

4 孙波，杨延生，曹玉洁．新媒体环境下高校形象建设探析 [J]. 职业时空，2012(8): 8-11.

5 王雪．新媒体语境下民办大学的媒介形象建构 [J]. 新闻知识，2017(10): 41-44.

第四，管理学研究中的大学形象，即从企业识别的 CIS 系统到大学形象认知的 UIS 体系。国内学界主要运用组织管理理论、企业营销理论对大学形象管理展开研究。吴剑平、高炜红在此框架下，将大学形象划分为三个结构层次：理念形象、行为形象和视觉形象。[1] 李义勇则将大学形象识别系统划分为理念识别（MI）、行为识别（BI）、视觉识别（Ⅵ）三部分，认为 MI 是大学的基础和灵魂，BI 是大学办学理念与精神在行为规范中的具体体现，Ⅵ是大学理念的重要承载。[2]这种大学形象的研究比“关键要素”的讨论更具有系统性，为大学形象设计的规划与决策提供了较为全面的参考要素。但这类研究往往忽视了特定环境或个案对大学形象的影响，并且没有考虑各子指标的相关性联系及各子指标的相关权重。

第五，公共关系学研究中的大学形象。有研究者从组织管理和公共关系理论出发，从宏观策略的视角讨论大学形象管理的问题。如吴小英认为高校应充分挖掘自身特点和优势，形成品牌理念和品牌精神。[3]程文婷等提出网络时代应把握高校形象塑造的主动权，完善高校形象危机网络预警与应对机制，切实提升高校形象传播效果，有效化解高校形象危机。[4]

显然，当下大学形象研究的文献整体上呈现出重果轻因的特点，已有研究主要分布在对策、方法等实务性领域，而原因、机制等“为何”的问题较少有学者关注。这也揭示出这类研究还处于起步阶段，缺乏系统性的基础理论支撑。如果一个研究领域长期得不到基础理论研究的支撑，而只停留在基于实践考虑的应用层面，那么这些研究提出的对策就缺乏科学性与长期性。

### 1.2.2 自我呈现和印象管理研究

以自我呈现或印象管理为主题或篇名搜索词在中国知网进行检索，文献发表时间截至 2022 年 12 月 31 日，所得文献 4 072 篇。采用文献计量可视化分析可知：最早的一篇文献发表于 1986 年，一直到 2001 年，每年发表 1 篇。2002 年发表 7 篇，此后文献发表数量开始呈逐年上升趋势，2006 年发表 43 篇，2008 年发表 62 篇，2010 年发表 90 篇，2012 年发表 130 篇，2014 年发表 142 篇，2017 年发表 197 篇。之后，相关研究呈现爆发式增长，

---

1 吴剑平，高炜红 . 我国大学形象战略论纲 [J]. 清华大学教育研究，2009，30(4): 54-58.

2 李义勇 . 论大学形象识别系统建设 [J]. 山东理工大学学报（社会科学版），2012，28(6): 106-109.

3 吴小英 . 公共关系学视角中的高校形象管理研究 [J]. 中国高教研究，2011(6): 68-70.

4 程文婷，王海稳 . 网络时代高校形象管理的策略探究 [J]. 未来与发展，2013，37(10): 86-88.

2018 年发表 313 篇，2019 年发表 378 篇，2020 年发表 535 篇，2021 年发表 548 篇，2022 年发表 560 篇，俨然成为学界热点。

总体发表年度趋势如图 1-4 所示。

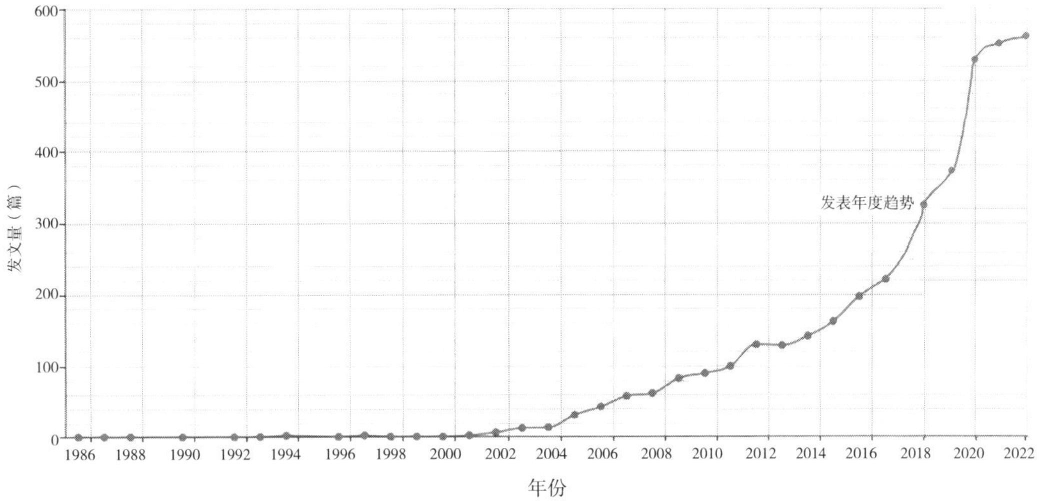


图 1-4 有关“自我呈现”的中文文献发表年度趋势（来源：知网数据库）

研究学科主要分布在新闻传播、工商管理、教育、心理、社会、文学、管理学等 30 个学科。其中，新闻传播学科的研究最多，发文 291 篇，占 19.44%，工商管理学科发文 261 篇，占 17.43%，教育学科发文 186 篇，占 12.42%，心理和社会学科发文各 176 篇，各占 11.76%，具体学科分布情况如图 1-5 所示。

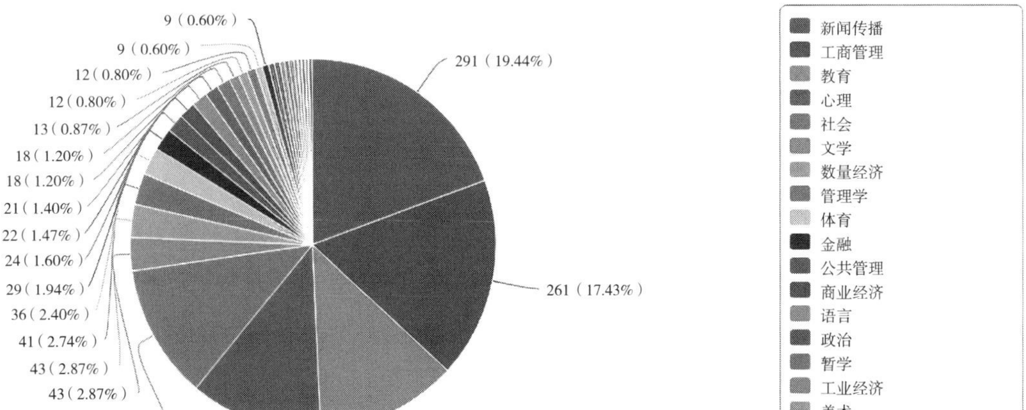


图 1-5 有关“自我呈现”中文文献的学科分布（来源：知网数据库）

研究的关键词分布集中在印象管理、自我呈现、大学生、自我监控、组织公民行为等，如图 1-6 所示。

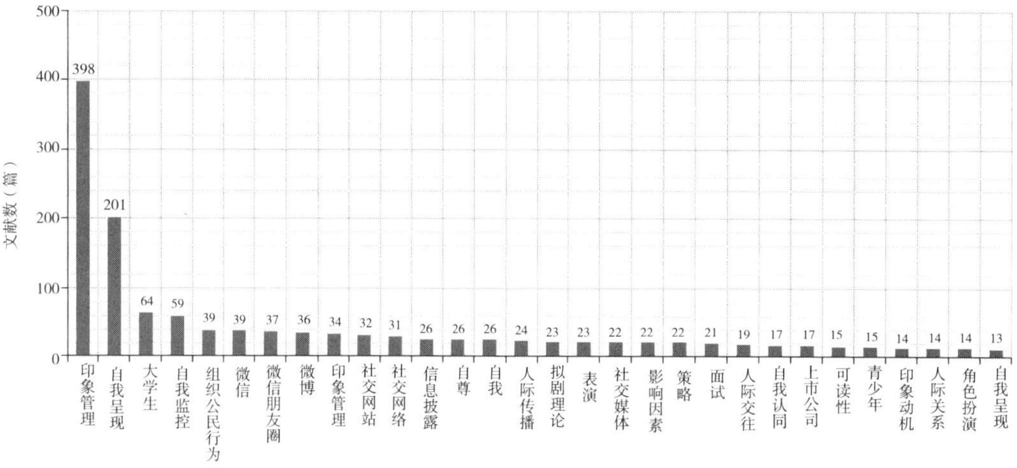


图 1-6　有关“自我呈现”中文文献的关键词分布（来源：知网数据库）

19 世纪 80 年代中后期，不少学者开始对自我呈现和印象管理产生兴趣，并进行了社会学与心理学不同视野的解读。施伦克尔从情境定义下手，提出期望价值模型，认为自我呈现是一种意图，目的是有意或无意地操控自己在社会情景中反映的印象。与之类似，阿金认为印象管理是人们为与他人进行良好互动，采取的一系列传达自我形象的方式。鲍迈斯特从社会认同的角度，认为印象管理是为了得到社会普遍认同而采取的一种社交策略，是人际过程的一种科学分析，其目的在于建立或维持自己在他人心目中的理想形象。埃特洛克认为印象管理是个体为增进社会认同、获取称赞和表扬而运用的一种策略和方式。琼斯认为印象管理是人们受自我增强动机的影响而操纵自我行为，使他人对自己的形象进行趋好方向解读的一种策略。20 世纪 80 年代，随着学界对拟剧理论的关注不断增加，内涵与外延逐渐被重新解读。

20 世纪 80 年代晚期到 20 世纪末，自我呈现研究在西方的影响力不断扩大，其辐射的学科领域也不断增多。戈夫曼的理论被越来越多的社会学、心理学、传播学学者所发现与肯定，并被介绍与运用到相关领域的研究中。有学者全面介绍了自我呈现、印象管理及人际交往的相关理论，认为对于个人形象的关注，并非不安全、虚荣或浅薄的标志，而是顺利和成功社交互动的重要因素[1]；有学者整理、总结了戈夫曼的相关文献，认为

1　LEARY M R.Self-presentation:impression management and interpersonal behavior[M].Madison，WI:Brown & Benchmark Publishers，1995：120-128.

欧文・戈夫曼找到了社会行为的基本来源——自我。有学者通过实证研究的手段验证了人际交往中自我呈现与认同行为的相关性，量化分析显示自我呈现的目标可能影响认同水平，与喜欢自夸的人（强调他们的成就和一般效果的人）的预期互动被期望在行动沟通中促进相对高级别的（自我描述性的）身份认同，而与喜欢谦虚的人（淡化他们成就的人）的预期互动有望促进一个人在较低层次上的（运动定义的）认同行为。[1]

有研究者将印象管理与一个过程模型联系起来，该过程模型表明组织成员的有争议和可能的非法行为如何得到关键选区的认可和支持。[2]有研究者提出组织印象管理作为一个互惠影响的过程应该重视一直被忽视的受众角色。[3]有研究者具体探讨了加利福尼亚养牛业的发言人在有争议的事件发生后，如何通过印象管理形成对组织合法性的看法。[4]这些研究表明，作为社会行动者的组织意图通过控制观众心目中的形象从而实现组织目标。特别是爱德华・琼斯和泰恩・皮特曼等提出了组织印象管理策略的分类法，海豪斯等从组织印象管理的视角建构了企业声誉研究的框架[5]，从实践层面有效推动了组织印象管理的深入开展。进入 21 世纪，当互联网仍处于以门户网站传播为主的 Web1.0 阶段时，就有学者对互联网个人主页的自我呈现与互动进行了探讨。针对个人主页用户的调查显示，创建个人主页的动机差异不会影响主页的设计和内容，但体现了用户对互联网概念理解的差异。互联网的自我呈现在一定程度上是后现代的、短暂的、欺骗性和支离破碎的。[6]另有学者考察个人如何通过个人主页在线展示自己，数据显示了个人主页这一自我呈现工具的重要特征及影响因素。[7]

社交网站兴起后，大批学者转向新的领域考察网民自我呈现的特点、规律、策略、影响等话题。这些研究几乎都是就一个具体的话题进行实证调查、内容分析，验证并进

1 VALLACHER R R, WEGNER D M, FREDERICK J. The presentation of self through action identification[J]. Social Cognition, 1987, 5(3): 301-322.

2 ELSBACH K D, SUTTON R I. Acquiring organizational legitimacy through illegitimate actions: a marriage of institutional and impression management theories[J]. Academy of Management Journal, 1992, 35(4): 699-738.

3 GINZEL L E, KRAMER R M, SUTTON R I. Organizational impression management as a reciprocal influence process: the neglected role of the organizational audience[J]. Research in organizational behavior, 1993（15）: 227-266.

4 ELSBACH K D. Managing organizational legitimacy in the California cattle industry: the construction and effectiveness of verbal accounts[J]. Administrative Science Quarterly, 1994, 39(1): 57.

5 HIGHHOUSE S, BROOKS M E, GREGARUS G. An organizational impression management perspective on the formation of corporate reputations[J]. Journal of Management, 2009, 35(6): 1481-1493.

6 WALKER K. "It's difficult to hide it": the presentation of self on internet home pages[J]. Qualitative Sociology, 2000, 23(1): 99-120.

7 PAPACHARISSI Z. The presentation of self in virtual life: characteristics of personal home pages[J]. Journalism & Mass Communication Quarterly, 2002, 79(3): 643-660.

一步修订了欧文·戈夫曼的拟剧理论。如有研究使用民族志和深度访谈的方法考察青少年女孩使用博客的自我呈现策略。[1]有研究通过博客等案例分析发现，戈夫曼的拟剧理论为理解在线世界中身份呈现提供了有效的分析框架，而在线环境具有更强的自我呈现潜力，可以为戈夫曼拟剧理论的进一步发展拓展新的应用空间。[2]有研究考察了虚拟世界的自我呈现对美国大选的影响，认为社交网络服务在西方国家产生了一种新的自我和人格表现形式。[3]有研究通过对社交媒体的实证考察，认为印象管理是积极参与社交网站的主要动机，而自我呈现的效能与虚拟朋友的数量、个人资料详细程度、个人照片的风格密切相关。[4]

除了这些个案性的、验证性的实证研究，对自我呈现在新媒体时代的发展与运用的理论讨论也有不少。比如戴维·舒尔曼的著作展示了戏剧分析在网络社会中的现代应用，认为戈夫曼的理论在当代社会生活中有了更广阔的应用天地。[5]另一位学者伯尼·霍根提出自我呈现作为解释在线参与的意义和活动差异的手段越来越受欢迎，但在社会化媒体中应注意“表演”与“展览”的区别。戈夫曼的自我呈现侧重于“表演性”，而社会化媒体中的自我呈现更偏向“展览性”，因此应扩展当前在线自我呈现的分析方法与模型。[6]

显然，西方对自我呈现问题的研究主要集中在心理学、社会学及传播学等领域，探究个体的自我呈现及在社会中的表现与影响。近年来，新媒体的发展速度与影响超出了所有人的想象，也带动了在线自我呈现的研究热潮。但西方的研究偏量化、重数据，理论本身的挖掘与深入探讨有所欠缺。

国内对自我呈现问题的研究始于20世纪80年代。欧文·戈夫曼的《日常生活中的自我呈现》等作品被翻译到中国，此后，社会学、心理学、传播学的学者们开始对自我呈现进行解读和阐释。21世纪以后，这一理论的研究从理论探索转向实证研究，并涉及更多

---

1 BORTREE D S. Presentation of self on the Web: an ethnographic study of teenage girls’ weblogs[J]. Education，Communication & Information，2005，5(1): 25-39.

2 BULLINGHAM L，VASCONCELOS A C. “The presentation of self in the online world”: Goffman and the study of online identities[J]. Journal of Information Science，2013，39(1): 101-112.

3 DALSGAARD S. Facework on Facebook: the presentation of self in virtual life and its role in the US elections[J]. Anthropology Today，2008，24(6): 8-12.

4 KRÄMER N C，WINTER S. Impression management 2.0: the relationship of self-esteem，extraversion，self-efficacy，and self-presentation within social networking sites[J]. Journal of Media Psychology，2008，20(3): 106-116.

5 SHULMAN D. The presentation of self in contemporary social life[M]. Thousand Oaks，CA：SAGE Publications，2016.

6 HOGAN B. The presentation of self in the age of social media: distinguishing performances and exhibitions online[J]. Bulletin of Science，Technology & Society，2010，30(6): 377-386.

的学科领域。

目前，多个学科都试图利用自我呈现（印象管理）对学科领域内出现的新现象和新问题进行解读。其中，心理学领域主要从自我主体、人际互动的角度研究自我呈现；教育学领域侧重如何通过自我呈现更好地了解自己、表现自己；传播学领域更多关注在社交群体（如社交网站、网络社区、博客、微博、微信等）的网民的自我呈现。与本研究相关的研究主要有以下三点。

### 1）自我呈现理论的介绍与批判

许多研究者在对自我呈现理论（欧文·戈夫曼的拟剧理论）进行归纳总结的基础上，对该理论进行了批判和重构。1994 年，徐瑞青发表在《求是学刊》上的《论自我呈现》是国内较早对自我呈现理论进行全面介绍的文献，作者对 1992 年以前西方关于自我呈现的界定、动机、类型、方式、影响因素的讨论进行了全方位的介绍，认为复杂的社会行为应该既考虑个体因素，也考虑外在环境的作用，自我呈现理论的出现在一定意义上是心理学理论的进步。2000 年后围绕该理论展开的学理讨论逐渐增加，并从文献综述性质的论文扩展到对该理论的深层次探讨。如周梅与李桂平[1]、黄建生[2]、李心悦[3]等，在分析人际互动中的戏剧理论时，都指出仅使用单一的自我呈现理论来分析纷繁复杂的社会现象存在很大的局限性。尽管如此，学者们也都承认，自我呈现理论对于社会学、心理学而言具有极高的学术价值，只是需要进一步完善该理论框架的适应性与解释性。

### 2）自我呈现理论在传播学领域的引入与应用

芮必峰从人际传播的视角对戈夫曼的理论进行了分析与介绍，他将欧文·戈夫曼的人际传播思想概括为“表演的艺术”，将表演人生、表演框架、印象管理、污名问题引入人际传播的研究视野。[4]此后，多位传播学研究者使用拟剧理论剖析了电视真人秀节目。如程晓萱对整容类真人秀节目中所呈现的女性形象进行了定量分析，并用自我呈现与媒介呈现的区别与联系进行了解读。[5]李绍元认为表演学为真人秀节目提供了新的理论视

1 周梅，李桂平．人际互动中的戏剧理论：解读《日常生活中的自我呈现》[J]. 经济研究导刊，2010(12): 210-211.

2 黄建生．戈夫曼的拟剧理论与行为分析 [J]. 云南师范大学学报（哲学社会科学版），2001，33(4): 91-93.

3 李心悦．浅谈《日常生活中的自我呈现》[C]// 贵州省社会科学界联合会编 .2011 年贵州省社会科学学术年会论文集，2011.

4 芮必峰．人际传播：表演的艺术——欧文·戈夫曼的传播思想 [J]. 安徽大学学报（哲学社会科学版），2004，28(4): 64-70.

5 程晓萱．女性形象：自我呈现与媒介呈现：关于整容真人秀节目《花落谁家》个案的定量分析及思考 [J]. 新闻知识，2009(2): 58-60.

域，真人秀的实质是审美表演、社会表演与媒介表演，自我呈现是其逻辑的起点与前提。[1]

3）有关网民自我呈现的研究

近年来，自我呈现的研究成果竞相涌现，主要表现在社交网络崛起后对各类型网民的自我呈现的分析与讨论。这些研究分布在新闻传播学、高等教育学、社会学、心理学等多个学科，其中各学科都涌现了大量关于大学生或青少年在微信、微博等社交媒体上自我呈现的研究，这一定程度上证明了戈夫曼理论在网络时代的解释力与适应性。

在定性研究方面，学者们对社会化媒体中网民的自我呈现问题进行了研究，如丁道群对网名的研究[2]，王君玲对个人博客的研究[3]，靖鸣和周燕对微博网民的研究[4]，童慧[5]对微信平台的考察，王长潇、刘瑞一[6]对视频平台分享的分析，这些研究结合互联网发展不同阶段的特点及不同新媒体平台的特点，对网民的自我呈现内容、策略、影响因素进行了分析。

在定量研究方面，比较有代表性的是关于社交网站中的自我呈现的系列论文。这一系列研究采用线上与线下问卷等形式对在校大学生和中学生进行了调查，用量化的数据呈现了社交网站中的自我呈现对自尊的影响[7]、对生活满意度的影响[8]、对青少年友谊质量的影响及对青少年自我认同的影响等问题。

值得注意的是，杨桃莲的博士论文对大学生博客里的自我认同建构进行了全方位的讨论，拟剧理论是其主要理论视角之一。[9]而陈静茜的博士论文更是从拟剧理论出发对网络社会中个体的自我呈现与交往行为进行了细致入微的观察和思考，她在北京、上海、广州三地采用田野调查、深度访谈、内容分析等研究方法，对微博这个“表演舞台”的

1 李绍元．电视真人秀节目的表演学解读 [J]. 重庆社会科学，2012(11): 121-126.

2 丁道群．网络空间的自我呈现：以网名为例 [J]. 湖南师范大学教育科学学报，2005，4(3): 97-100.

3 王君玲．试析个人博客中的自我呈现 [J]. 新闻界，2009(2): 37-39.

4 靖鸣，周燕．网民微博表演：基于自媒体平台的自我理想化呈现 [J]. 新闻大学，2013(6): 118-122.

5 童慧．微信的自我呈现与人际传播 [J]. 重庆社会科学，2014(1): 102-110.

6 王长潇，刘瑞一．网络视频分享中的“自我呈现”：基于戈夫曼拟剧理论与行为分析的观察与思考 [J]. 当代传播，2013(3): 10-12.

7 牛更枫，鲍娜，范翠英，等．社交网站中的自我呈现对自尊的影响：社会支持的中介作用 [J]. 心理科学，2015，38(4): 939-945.

8 牛更枫，鲍娜，周宗奎，等．社交网站中的自我呈现对生活满意度的影响：积极情绪和社会支持的作用 [J]. 心理发展与教育，2015，31(5): 563-570.

刘庆奇，孙晓军，周宗奎，等．社交网站真实自我呈现对生活满意度的影响：线上积极反馈和一般自我概念的链式中介作用 [J]. 心理科学，2016，39(2): 406-411.

9 杨桃莲．大学生自我认同的建构：基于大学生博客分析 [D]. 上海：复旦大学，2009.

运作机制、自我呈现的互动模式、自我呈现的动力、自我呈现的影响因素及自我呈现的个人风格进行了分析。她的研究回应了戈夫曼的拟剧理论在网络空间的适应性问题，并对其理论中结构维度的缺失进行了修正。[1]

国内外相关的大量研究为本研究提供了有益的参考，显然，在新媒体环境下不断完善的自我呈现理论，对新媒体环境下的人际交往与传播现象具有较强的阐释力。但是，现有研究的对象多限于个体，以组织与机构为对象所展开的自我呈现研究相对较少，这在一定程度上说明本研究既存在难度和挑战，也具有研究的必要性。

## 1.3 相关概念界定

### 1.3.1 新媒体环境

新媒体环境是指 20 世纪 90 年代以来，随着互联网等新媒体技术的快速发展，逐渐形成的“万物皆媒”的媒体环境。新媒体作为“所有人对所有人的传播”[2]媒介，是相对于报纸、广播、电视三大传统媒介而言的，是“以数字技术为基础，以网络为载体进行信息传播的媒介”[3]。新媒体可以从两大类型（网络媒体和移动媒体）和两个维度（数字技术、互联网技术、移动互联网技术的技术维度和双向传播、用户创造内容的传播维度）进行分类。[4]但是，从媒介环境学的角度来看，新媒体不仅意味着技术的创新与传播的方式的更迭，更意味着媒介环境的改变。

麦克卢汉认为“媒介即讯息”。新媒体技术的应用改变了传统媒体环境，颠覆了以往单向传播渠道和过程，传者的中心地位被淡化，“点对点”或“点对面”的传播打破了“守门人”的角色定位，大幅缩短了传播和接受之间的距离，打破了媒体的地缘边界；受众的角色和地位发生变化，信息接受的自主化、信息生产的社会化、信息交流的双向化及信息流向的分散化，赋予受众与传者同等的传播权和话语权，去中心化特征明显；同时，传播

1 陈静茜 . 表演的狂欢：网络社会的个体自我呈现与交往行为—— 以微博客使用者之日常生活实践为例 [D]. 上海：复旦大学，2013.

2 刘忠国 . 新条件下广播电视舆论监督的问题与建议 [J]. 现代传播（中国传媒大学学报），2015，37(2): 167-168.

3 匡文波 . 关于新媒体核心概念的厘清 [J]. 新闻爱好者，2012(19): 32-34.

4 詹新惠 . 新媒体编辑 [M]. 北京：中国人民大学出版社，2013: 1.

秩序变化明显，新媒体技术形成了更广阔复杂的传播环境和更自由激烈的传播氛围，以往稳定的大众传播格局被彻底打破。媒介环境学另一位旗手梅罗维茨提出电子媒介不是通过内容，而是通过“场景地点”[1]来产生影响的。在新媒体时代，场景的范围从现实的地域延伸至虚拟世界，同时，现实场景与虚拟场景不断交叉，社会群体身份的不断被重塑。个人交往与社会互动似乎回到“村落”和“部落”，链接无处不在、无时不在，人与人之间的传播成为社会网络的日常，世界在人与人的互动中被重新构建。

显然，作为一次“传播的结构革命”，新媒体既是一种信息技术设施和技术规则的集合体，也是一种社会文化和社会规划的建构物，已经超越了“连接时空的媒体”这一概念。

### 1.3.2 大学形象

大学形象，即大学给人的印象、感觉，是大学在公众头脑中形成的关于大学的整体的、抽象的、概括的印象，是大学“行为的全部表现和特征，体现社会公众对大学的承认和接纳程度”[2]。大学形象是大学精神的外化，是大学内在的本质特征与外显的社会影响相结合的产物，是公众对一所大学的整体感受和综合评价。大学形象可以分为四个要素，即整体形象、领导形象、师生形象、学术形象。通常来说，领导形象是对大学领导层或领导个体管理、决策、品格、地位、权力的综合评价，是构建大学形象的核心元素；教师和学生是一所大学的主体，他们在大学形象生成过程中，既是“演员”，又是“评审”，是大学形象构成的“骨架”。[3]

本书认为大学形象是大学生存状态及其意义的呈现，是大学作为价值创造主体的表现，也是大学在与社会公众互动过程中形成的认知与评价。这一概念关注大学自身的“呈现”与“表达”，强调大学形象最重要的功能是从整体上保持和提高大学生存的条件，维持和增强大学的核心竞争力和软实力。这一概念也印证了《形象的本质》定义的那样：“形象是形体的自我表现。”[4]形象是一种自我存在，它一定会显示外貌特征的“有”。因此，大学形象是大学自身的表现，是大学的一种自我存在，这种存在是人类认识的全部对象。

1 何梦祎．媒介情境论：梅罗维茨传播思想再研究 [J]. 现代传播（中国传媒大学学报），2015，37(10): 14-18.

2 陈士衡．试论大学形象 [J]. 吉林教育科学，2000(7)：33-35.

3 CLARK KERR. 大学的功用 [M]. 陈学飞，陈恢钦，周京，等译．南昌：江西教育出版社，1993: 71.

4 孙澄．形象的本质 [M]. 济南：山东大学出版社，2009：1.

### 1.3.3 自我呈现

自我呈现，即“我们向他人呈现我们自己”[1]，是欧文·戈夫曼人际互动中的重要概念之一。自我呈现讨论的核心问题就是人们是如何在他人心中创造出个体印象的，以及个体的行为如何让他人产生某种特定印象的技巧。“表演”是该理论的重要概念及组成部分。他认为，日常生活就是一个大舞台，人们就是舞台上的演员，在角色扮演的过程中，人们会根据舞台的情景，有策略地通过印象管理控制自己表现出来的姿态，从而使自己呈现出的角色形象符合剧目的要求，实现自己欲达的目的。在此基础上，他进一步提出印象管理的概念，从社会学角度关注个体在社会现实中扮演的角色及其对情景的定义，把人际行为视为参与者的自我呈现及其互动。

本书将自我呈现与印象管理的概念通用。在社会心理学领域，自我呈现历来有广义和狭义之分。狭义的自我呈现是指人们用来控制他人形成的关于自己的印象的策略和技巧，这一情形主要针对特殊条件下的行为，也是为了实现特殊的交际目的而使用的策略，这一策略就是我们平常所说的“骗人”和“假装”的行为。广义的自我呈现则泛指一般人行事时表现自己的方式，其实是普遍的社会行为特征。本书取广义的自我呈现概念，即“努力建构一个希望他人感知到的形象的过程”，经过建构的自我，体现的是“社会我”，而不再是“个体我”。事实证明，新媒体环境下，新媒体能提供一个与现实社会不同的“第二舞台”，人们的交往不再受时空限制，“不在场交流”成为日常，人们在这一虚拟舞台上更加自由开放地表达自我，进行自我呈现，同时也能互相敏锐地感受到对方的情绪变化，使用网络的“举止”和“语言”，实现自我的印象管理，个人如此，组织亦如是。

## 1.4 研究内容与方法

### 1.4.1 研究思路

本书运用欧文·戈夫曼的拟剧理论分析新媒体时代大学形象的相关问题，通过具体分

1 欧文·戈夫曼. 日常生活中的自我呈现 [M]. 冯钢，译. 北京：北京大学出版社，2008:214.

析与大学相关的新媒体事件，考察大学形象自我呈现的行为、剧班、演员、脚本、舞台、话语等元素，并从大学形象自我呈现的问题出发，提出新媒体时代大学形象自我呈现的建议与对策。

自我呈现是人际过程中的一个核心概念，从某种程度来说，个体社会交往的所有环节都与自我呈现有关。从自我呈现的过程来看，个体社会行为会受到表演者自身、观众和所处社会环境的影响，三者共同决定了自我呈现的效果，换句话说自我呈现的主体、自我呈现的区域、自我呈现的表演共同影响着自我呈现或印象管理的内容和方式。进一步讲，如果将人际交往扩大到社会层面，我们会发现社会组织与个体之间存在一致性，舞台、演员、观众构建的表演行为同样会在社会组织层面展开，同样是为了形象的自我呈现并促使社会互动有效进行。就这一点而言，组织同样也是个体。

在传统媒体时代，社会公众对大学形象的认识主要是单向的，是一种典型的主体与客体的关系。当下，网络社会的崛起和新媒体的大行其道，促使用户与形象呈现出现了新的脚本。对大学形象而言，社会化媒体的崛起与流行既带来了一系列机遇，又使其面临着严峻的挑战。因此，大学形象的研究不能再延续传统的研究思路。新媒体环境下大学形象应该用新媒体的视角进行研究，由于形象与印象管理息息相关，欧文·戈夫曼关于自我呈现或者说印象管理的研究属于拟剧理论的范畴，顺理成章，戈夫曼的拟剧理论就为本书提供了一个绝佳的理论视角。

### 1.4.2 研究方法

具体而言，本书主要采取以下三种研究方法。

一是文献分析法。围绕大学形象、自我呈现、话语分析等话题，国内外学界已经形成了丰富的研究成果。本书通过梳理、归纳、分析现有文献和对文献的研究，形成对选题的基本认知，并从前人的研究中发现可资借鉴和参考的思路、观点。

二是案例分析法。本书选择极具代表性的与大学形象自我呈现相关的案例进行研究，特别是在新媒体环境下大学、媒体及公众针对相关话题的文本呈现与讨论。这些案例典型地反映出大学的演员、剧班、前后台区域、表演行为、演出剧本的特性与问题所在。

三是话语分析法。本书通过对2017年在互联网上传播的72所“211工程”大学校长毕业典礼致辞上的文本进行话语分析，探讨大学形象自我呈现的话语策略。

### 1.4.3 研究框架

本书围绕大学形象的自我呈现与印象管理问题，在现有研究的基础上，基于个体自我呈现理论与组织形象的理论适配性，以及新媒体环境下自我呈现的新含义，试图从戈夫曼的拟剧理论出发研究新媒体环境下大学形象自我呈现的建构与策略。研究框架如图 1-7 所示。

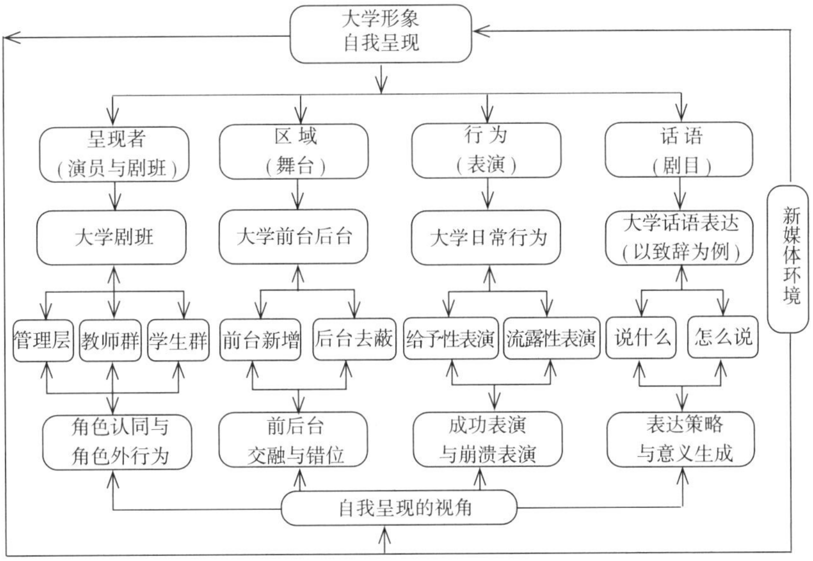


图 1-7 大学形象自我呈现研究框架

本书共有 8 章：绪论、正文部分 6 章、结语。

第 1 章，绪论。绪论主要介绍选题的缘起与研究意义，明确界定本研究的主要概念，对国内外研究成果进行述评，并交代研究的基本框架。

第 2 章，拟剧理论的内涵要素与理论自洽。本章解决研究对象和理论的适配性问题及其在新媒体环境中的变革。大学形象自我呈现，强调大学作为信息发送者需要注重接受者的存在。我们不难发现大量非表达、非应对性行为存在于大学校园中；大学剧班与各种表演也充斥着大学校园的每一个角落；前台与后台的截然不同也深深地隐藏在大学校园内的各种教学、科研与学生活动中。这些现象恰恰适合使用拟剧理论展开深入分析。

第 3 章，大学剧班及互动关系。演员与剧班及其互动关系是拟剧理论研究的基本问题。在大学这一特定场景中，大学剧班实质上是由多个利益相关的群体构成的综合体，这些群体包括管理层、教师群体和学生群体。他们不仅是大学形象塑造的直接参与者（表演者），也是这一过程的观察者与评价者（观众）。随着新媒体时代的到来，大学核心成员（核心演员）的角色规范正经历着显著变化。以往，由于媒体环境的相对封闭和信息的有限流通，公众对大学核心成员的角色认知多基于朴素的社会观念与有限的公域表现。然而，新媒体的迅猛发展打破了这一界限，使大学核心成员的公共领域与私人领域均暴露于公众视野之下。这导致公众对大学核心成员的角色界定模糊，对其角色期望与标准也随之提升，呈现出一种角色规范内容不断扩充、范围不断扩大的趋势。与此同时，角色间的互动模式也在悄然转变，从传统的科层制架构逐渐向更加扁平化的沟通方式过渡。在大学形象自我呈现的舞台上，各群体纷纷发声，形成了多元主体共存、思想碰撞的生动局面。特别值得注意的是，学生群体在新媒体环境下获得了前所未有的话语权，他们通过集体行动与智慧，借助“滚雪球效应”实现了影响力的几何级增长，一度成为校园话语体系中的核心力量。在新媒体构建的多元化信息环境中，学生群体的角色认同面临着前所未有的挑战与机遇。网络提供了丰富的意义镜像，让学生的身份认同变得复杂多元，既给学生带来了困惑与疑虑，也为学生提供了更多自我探索与表达空间。而管理层和教师群体感受到的则是传播途径增多导致的意义监督的增强、舆论影响力的进一步扩大，而其中挟裹的各种不同的民意，也影响了业已形成的角色规范和角色认同。

第 4 章，表演场景及区域变迁。表演场景是拟剧理论的核心概念。随着互联网与社交媒体等新型媒介的深度渗透，传统大学的前台与后台界限在媒介化过程中发生了前所未有的变化。这一变化不仅体现在现实与媒介空间中前台与后台界限的逐渐模糊与相互渗透，更体现在媒介化过程中构建的虚拟前台与后台之间也出现了类似的动态交融。这种复杂多变的情境，极大地挑战了大学形象在自我呈现时保持前台表演一致性和后台内容控制的能力。随着网络技术的飞速发展，大学形象自我呈现的前台展现出了前所未有的广阔舞台与多元渠道。微博、微信、短视频等新兴媒介工具的广泛应用，极大地丰富了大学形象自我呈现的形式，使大学形象自我呈现的范围更加宽广，渠道更加多样。特别是大学仪式性前台、学术性前台和自媒体前台的扩展、强化与相互连接，共同构成了前台“增建”的显著特征。与此同时，大学形象的后台区域也呈现出日益开放的趋势，即“去蔽”现象显著。社交媒体如微博、微信等平台的普及，为公众提供了窥视大学后台运作的窗口，增加了后台内容被曝光的机会。而网络直播等新媒体形式的兴起，进一步推动了大学后台与前台的整合，使原本私密或受限的后台活动能够实时呈现给公众。这种变化不仅提升了大学形象的透明度，也促使大学在形象管理上更加注重前台与后台内容的协调与统一。此外，新媒体的双向传播特性还深刻改变了大学形象自我呈现中的权力结构关系。它赋予了公众更多的话语权与监督权，使大学在维护自身形象时不得不更加谨慎地处理前台与后台的关系，以应对可能的负面曝光和舆论挑战。新媒体技术营造了一种共同在场的亲密性，使临场变成了临场感、在场变成了在场感，推动大学形象管理走向前台与后台交融的“场景时代”；新媒体的双向传播模式使大学形象自我呈现的前后台关系发生了变化，新媒体环境增加了大学后台行为曝光的机会。总之，作为表演场景的前台与后台的界限渐趋模糊，大学形象出现了“公共情境”与“私人情境”整合之后的“混合情境”。

第 5 章，作为日常表演的自我呈现。日常生活的自我呈现是拟剧理论的关键论题。对于大学而言，不管是主动选择的自觉表演，还是真情流露的不自觉表演，其目的都在于实现人才培养、科学研究、文化传承、社会服务、对外合作交流等基本职能。大学通过理想化表演、神秘化表演、误导性表演、补救性表演等形式或手段，引导他人的行为及他人对自己的反应，塑造良好的形象，进而实现自身的社会角色与社会功能。值得深入剖析的是，新媒体时代为大学形象自我呈现带来了双重影响。一方面，新媒体环境确实增加了给予的表演的不可控性。传统上，大学通过精心策划的给予性表演，如发布宣传材料、举办活动等，塑造和维护其正面形象。然而，在新媒体无处不在且具有即时传播特性的环境下，任何细微的失误或不当都可能被迅速放大，导致“马脚”暴露无遗。这要求大学在进行给予性表演时，必须具备更高的专业素养和更强危机应对能力，以确保信息的准确性和传播的正面效果。另一方面，新媒体也为流露性表演提供了新的机遇。不同于传统媒体时代，新媒体平台提供了更为开放和多元的沟通渠道，使大学能够更直接、真实地与公众互动。这种互动不仅有助于加深公众对大学的理解，还可能在原有表演遇到挑战或质疑时，通过真诚的沟通和解释，重新构建起新的、更加稳固的理想化表演。新媒体的特征在于其能够促进信息的深度交流和理解，从而为大学形象的自我修复与重塑提供了可能。

第 6 章，给予性表演：校长致辞的话语分析。每年的毕业典礼上，大学校长盛装登场，为大学生带来“最后一课”。这是形象展示的最好时机，也是大学校长阐述大学精神、重申大学文化、探讨大学价值追求的讲坛。鉴于形象构建根植于多元化的符号体系之中，语言作为其核心要素，其给予性表演在形象自我呈现中的理论探讨显得尤为关键。通过对近年来大学校长毕业致辞的深入剖析，不难发现，这些致辞在保持专业深度与文化底蕴的同时，展现出了表达风格的亲民化、内容的广泛覆盖性及目的的多元化。它们不仅拉近了师生间的距离，也丰富了大学形象的多维面貌。面对新媒体的蓬勃兴起，如何巧妙地利用这一平台，将校长致辞转化为推广大学形象的有效媒介，已成为大学管理者亟待探索与实践的课题。在互文性分析的视角下，本书进一步揭示了校长致辞的复杂性与深度。多主题交织、多角度切入、多内容融合，这些特征不仅展现了大学校长思想的深邃与视野的开阔，也映射出一个既充满活力又面临挑战、既展现成就又勇于自省的大学形象。通过对 2017 年 72 所“211 工程”大学的毕业典礼致辞的分析，研究者运用话语分析理论，探讨话语在大学形象自我呈现中的表现手法和呈现策略。

第 7 章，大学形象自我呈现的策略。新媒体环境下大学形象自我呈现遭遇了多种挑战，如脱离控制的表演、语境坍塌的舞台、角色的认同危机、观众的默契失落等。基于此，大学形象自我呈现应该建构角色策略、舞台策略和表演策略。在新媒体时代，大学面临着现代转型的复杂境遇，大学形象自我呈现策略既需应对诸如失控表演、语境碎片化、角色认同模糊及观众互动减弱等挑战，也迎来了前所未有的发展机遇。大学作为知识创新与文化传播的重要阵地，应积极利用自我呈现策略，不仅要有效应对这些挑战，更要把握机遇，通过精心设计的角色定位、灵活的舞台构建及富有感染力的表演方式，实现其形象的正面传播与影响力的扩大，从而在软实力竞争中占据优势地位。对大学形象自我呈现策略的深入剖析，不仅有助于理解大学这一特殊组织在新环境下的适应与发展，其成功经验与策略方法也可推广至更广泛的社会领域。通过类比与借鉴，我们可以探讨其他组织，如政府组织、经济部门及各类社会机构，在印象管理与形象塑造上的有效路径。这种跨领域的思考与应用，将为构建更加开放、透明、有活力的社会机构形象提供宝贵的启示与参考。

第 8 章，结语，提出了本书的不足，并对后续的研究进行了展望。

# 2　拟剧理论的内涵要素与理论自洽

欧文·戈夫曼提出的拟剧理论，使用戏剧表演的观点对社会行为进行隐喻，用“表演”指代个体在某个特定情境、面对特定人群所表现的及对特定人群产生影响的全部行为，提出了“角色期待”“前台与后台”“给予与流露”“个人与剧班”等一系列具有指称意义的崭新概念。

## 2.1　拟剧理论的历史变迁与内涵要素

### 2.1.1　拟剧理论溯源

“社会互动”由德国社会学家齐美尔在著作《社会学》中提出。20 世纪 30 年代的芝加哥学派在此概念的基础上提出了符号互动论，讨论的核心问题是个体在社会互动过程中呈现与构建自我、定义场景并与他人互动的过程与方法。符号互动论认为人们在社会互动中学习和使用语言符号，通过角色扮演和他人对自己扮演角色的反馈形成自我意识，人们的群体活动是以互为条件和结果的个体行动为基础的。该理论的创始人是美国著名芝加哥学派社会心理学家乔治·赫伯特·米德，他把社会行为中的自我区分为“主观我”和“客观我”，“主观我”是互动过程中的“客观我”在个体意识中的反映；“客观我”则是“主观我”在互动过程中寻求的对象。[1]

19 世纪，美国实用主义与社会心理学的发展对符号互动论的诞生起了重要作用，代表人物包括约翰·杜威、威廉·詹姆斯及查尔斯·库利。杜威的实用主义哲学指出人类的自我和探寻目标生成于一定的经验之中，并进一步认为该经验由有机体与其他世界之间的交

1　乐国林 . 米德自我概念述评 [J]. 宁波大学学报 ( 教育科学版 )，2003，25(3): 14-17.

互作用产生。因此，米德避免了意识与对象、经验与自然所峙的二元困境。詹姆斯在其著作《心理学原理》中首次提出了“自我”的概念，认为自我是人类能够指称他人与周围世界，并能从这些实体中发展出感觉与态度，从而形成回应的能力。[1]库利提出“镜中我”的概念，指出“镜中我”的本质是个人通过他人眼中的自我进行自我定位，是独立于自我感觉的他人评价，用库利的话说，“镜中我”是指人们彼此都是一面镜子，互相映照着对方。另外，他提出自我认识存在三种形式，即想象别人眼中我的形象、想象他人对这种形象的判断以及通过想象得出的某种自我感觉。“镜中我”的理论使自我的社会性认识更加深入，也帮助米德建立了自己的社会心理学理论体系。符号互动论便由此诞生。

符号互动论认为，社会交往中的个体在行动前，会想象自己处于他人的角色位置时可能的情况，并设想他人对行为的可能反应，“从而选择相应的行为，最终形成或改变他人对自己的看法或自己给他人造成的印象”[2]。这种反应不是直接针对对方的行为，而是基于附着于行为本身的意义。社会交往中的人际互动是通过符号起作用的。

显然，符号互动论对欧文·戈夫曼的拟剧理论的提出具有非常重要的启示意义和价值。欧文·戈夫曼将个体之间的社会互动比喻成戏剧表演，把进行自我呈现的人们比喻为舞台上的演员。在社会互动中，人们为达到“预期印象”选择言语或非言语的行为，戴着面具伪装自己。他们表演的目的是控制别人对自己的印象，并以此引导并影响他人行为，让对方认同自我形象，以符合预期行为反应。

欧文·戈夫曼于 20 世纪 50 年代末提出拟剧理论后，不断有研究者进一步扩展与完善该理论。20 世纪 80 年代，有研究者提出自我呈现包含了个体企图控制他人对自己个人特征的印象管理[3]，由此引发了心理学界对拟剧理论的关注。与此同时，拟剧理论也从社会学领域逐渐向其他学科领域拓展。20 世纪 80 年代以后，越来越多的各学科学者对自我呈现的动机、策略、影响因素等话题进行了深入研究。

### 2.1.2 拟剧理论研究

以“拟剧论”或“拟剧理论”为检索词在中国知网进行检索，截止时间为 2022 年 12

---

1 董轩．“自我”概念的符号互动主义溯源与评述 [J]. 社会科学论坛（学术研究卷），2008(11): 35-37.

2 徐瑞青．论自我呈现 [J]. 求是学刊，1994，21(4): 8-13.

3 JONES E E. Toward a general theory of strategic self-presentation[J]. Psychological on the Self /Erlbaum，1982，1：231-262.

月 31 日，检索所得文献 850 篇，其中中文文献 742 篇、外文文献 108 篇。[1]采用文献计量可视化分析可知，最早的文献发表于 1962 年，有 7 篇。1980 年发表文献 6 篇，之后文献发表量呈逐年上升趋势，2015 年有 36 篇，2016 年有 39 篇，2017 年有 50 篇，2018 年有 61 篇，2019 年有 98 篇，2020 年有 112 篇，2021 年有 140 篇，2022 年有 170 篇。

这一趋势说明国内对拟剧理论的研究方兴未艾，其研究总体趋势如图 2-1 所示。

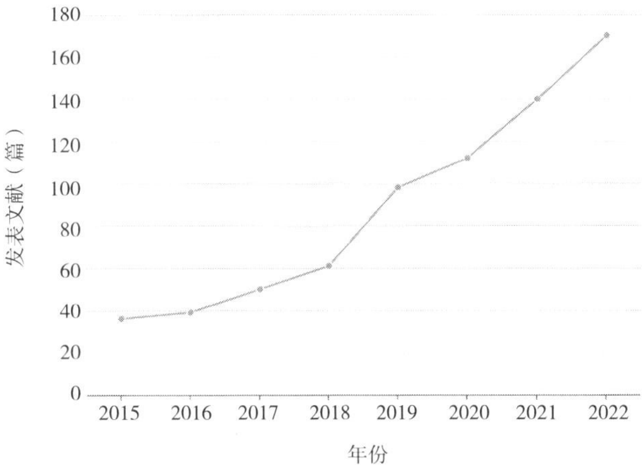


图 2-1 拟剧理论研究总体趋势图（来源：知网数据库）

拟剧理论研究主要分布在戏剧、文学、新闻传播、教育、历史、社会等 30 个学科。不难发现，新闻传播和教育在这 30 个学科中占 15%，仅次于戏剧、文学学科，是跨学科研究中占比最大的分支，如图 2-2 所示。

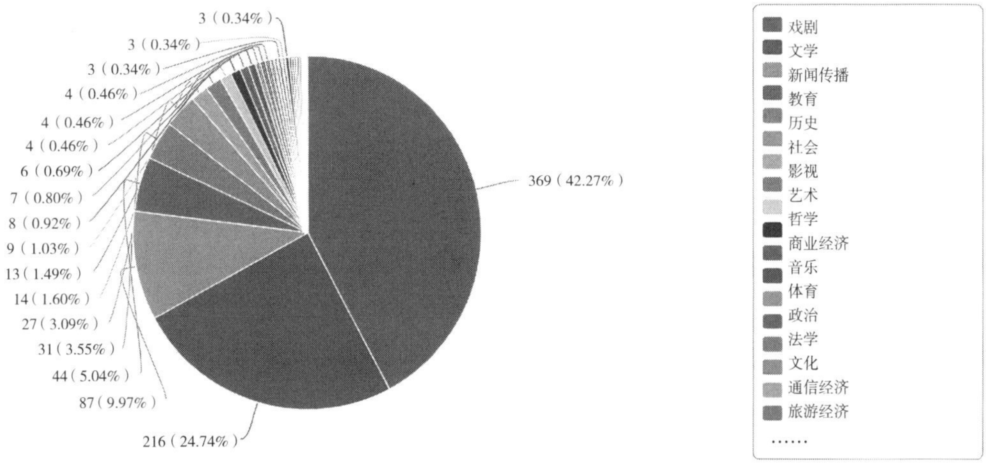


图 2-2 拟剧理论研究学科分类分布图（来源：知网数据库）

1 检索条件：（主题 = 拟剧论或者题名 = 拟剧论或者主题 = 拟剧理论 或者 题名 = 拟剧理论 或者主题 = 戏剧理论 或者题名 = 戏剧理论）(模糊匹配）

根据文献计量可视化对研究中关键词的分析，发现研究的关键词主要集中在戏剧理论、拟剧理论、布莱希特、戏剧、李渔、表演、印象管理、自我呈现、拟剧论等。从研究的关键词来看，戏剧理论因与戏剧、文学研究紧密相关，其研究成果颇丰。除此之外，拟剧理论和拟剧论加起来共88次，排在第二，说明拟剧理论在非文学、戏剧领域研究较多，如图2-3所示。

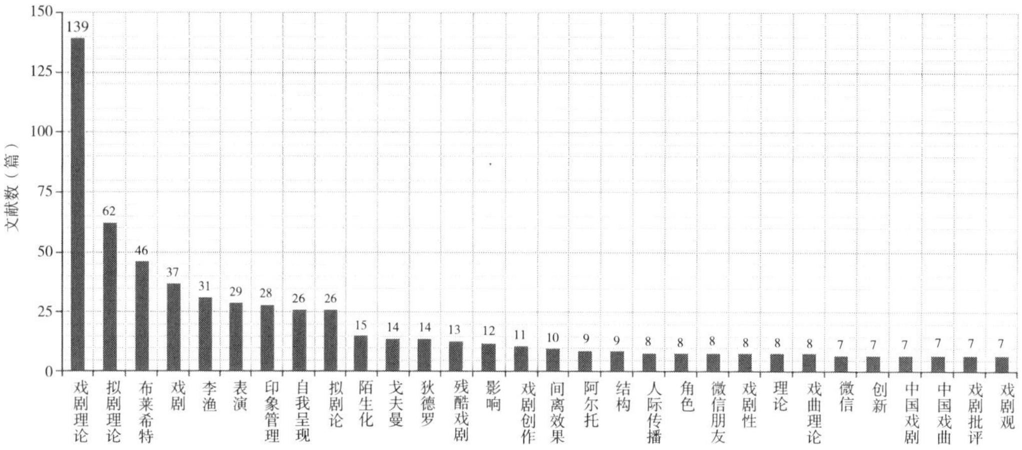


图2-3 拟剧理论研究关键词分布图（来源：知网数据库）

18世纪后期，工业革命如火如荼地进行，无产阶级作为新兴力量登场，资本主义社会矛盾加剧。在这一社会背景下，研究社会运行与社会发展的社会学诞生。经过长期发展，社会学研究的结构功能主义逐步成为主流，开启了“帕森斯王朝”统治时期。从1937年帕森斯的《社会行动的结构》开始，结构功能主义研究综合迪尔海姆、韦伯、马克思、弗洛伊德等的理论于一体，强调均衡与稳定的综合理论体系，逐渐形成了宏大理论。默顿针对帕森斯的结构功能主义提出了经验功能主义，倡导对经验性问题的研究，形成了中层理论。随着世界各地战争的爆发、各种革命和叛乱的发生，结构功能主义显现出其局限性。随后，社会学研究从“功能论”进入“冲突论”。“冲突论”的代表性人物有马克思和科塞。随着世界格局的稳定，人类进入和平发展时期，社会学开始考察小规模社会互动模式，借由个体分析来了解整体现象，形成了微观理论。米德和布鲁默是微观理论的先导者，提出了著名的符号互动论。

作为芝加哥学派的中坚力量，欧文·戈夫曼在20世纪50年代提出的拟剧理论实现了符号互动论由符号转向互动的研究。这一理论是关于人际互动的研究，由于引入了戏剧学术语来说明人们在日常生活中的社会互动，因此被称作“拟剧理论”。欧文·戈夫曼的拟剧理论将注意力集中在人与人面对面的符号互动上，重点研究日常生活中的人们如何运用符号预先设计或展示在他人面前的形象，如何利用符号进行表演，并使表演取得良好的效果。

《日常生活中的自我呈现》发表后，拟剧理论开始进入众多研究者的视野。之后，西方学术界对这一理论一直保持关注，并开展了大量相应的研究。据弗朗西斯·查普特·瓦克斯勒和乔治·帕萨斯对欧文·戈夫曼研究整理统计可知，截至 1989 年，共有相关的理论研究文献 56 篇。随着社会的发展，欧文·戈夫曼的理论也得到了广泛的认同，并逐步确立了其作为社会学重要学者的地位。当然，拟剧理论也在这一过程中遭受了不少质疑，质疑点主要集中于这一理论的理论性不足，认为其着力点在于现象分析，而非理论阐释。这些质疑也使欧文·戈夫曼的理论家身份备受争议。然而，后现代主义导致了宏大叙事体系的瓦解。到了 21 世纪，众多的学者开始反过来赞赏、维护欧文·戈夫曼的这一做法，认为他淡化理论，着重事例呈现的方式更好地实现了理论与实践的平衡。迄今为止，虽然相关的争论并未停息，但欧文·戈夫曼拟剧理论的价值及应用并未因此受到影响。

国内关于拟剧理论的研究出现得相对较晚，欧文·戈夫曼的《日常生活中的自我呈现》一书的中文译本到 1988 年才出现。此前，学者许殷宏于 1986 年发表了《高夫曼戏剧论在学校教育上之蕴义》一文，对欧文·戈夫曼拟剧理论的思想内涵进行了初步解读，并将其应用到了教育领域，对课堂和师生的角色进行了解读。《日常生活中的自我呈现》一书正式出版后，拟剧理论开始引起较为广泛的关注，解读阐释和深入研究也随之展开。

纵观拟剧理论在国内的发展，呈现出由冷到热、由专注社会学阐释到多学科渗透的特点。进入 21 世纪以后，对拟剧理论的研究持续进行，且自 2014 年以来，研究规模扩大，逐渐呈现上升趋势。

拟剧理论本身是社会学理论，国内学者对它的关注首先是引介阐释，之后的尝试性研究也主要作用于社会互动领域。如 2001 年汪广华发表的《述评戈夫曼的社会拟剧理论》，便是对这一理论的述评，其主要分析的是这一理论中的概念和社会意义；同年，黄建生发表的《戈夫曼的拟剧理论与行为分析》，也是分析人与人的互动，且与欧文·戈夫曼的研究着力点保持高度一致，本质上也是一种引介。之后，研究者对该理论的应用研究主要集中于教育领域，师生互动是其重点。如 2003 年周润智发表的《“前台”与“后台”之间——关于教师职业文化的社会学解释》、2008 年张宇慧发表的《大学教师角色行为的社会学释义》、2009 年章茜发表的《师生拟剧——社会拟剧理论视角下的课堂师生角色》均属此类。

随着网络社会的崛起，社会化媒体的涌现，拟剧理论开始进入传播学研究领域。2006年王传晓发表了《博客日志传播与人的后台行为前台化》，敏锐地看到了新媒体环境下人们表演行为发生的变化，提出了“后台行为前台化”的观点。2007年冯艳丹将拟剧理论用于电视民生新闻的分析，发表了《论电视民生新闻的拟剧化现象》。之后，此类文章大量出现，比较有代表性的有张淑燕和王波伟的《名人广告效果的“拟剧理论”解读》、许青霞的《〈康熙来了〉中的拟剧理论分析》、夏胜男的《论“广告即拟剧”——社会拟剧视角下广告元理论的新构建》、王波伟的《基于拟剧理论解读草根代言》、高涛的《湖南卫视〈爸爸去哪儿〉之“拟剧理论”浅析》等。

2011年以后，各种网络传播、网络互动行为进入拟剧理论研究的视野。此类论文中，比较有代表性的有何玲的《网络社区的自我呈现》、刘运来的《社会化媒体对青少年后台行为影响的研究》、王长潇和刘瑞一的《网络视频分享中的“自我呈现”——基于戈夫曼拟剧理论与行为分析的观察与思考》、赵冬晶的《限制性的自我和社会化的表演——解读新浪名人微博的印象管理》、尹悦的《拟剧理论视阈下对网络闪购模式的思考》、黄旭的《基于拟剧理论视角下大学生微信与现实自我呈现一致性影响因素研究》、张记洁的《用戈夫曼的拟剧理论浅析虚拟社交网络中的社会互动行为》等。在此类文章中，研究者运用拟剧理论对网络传播和网络互动行为作出分析的同时，也不断地突破了拟剧理论原有的研究框架，提出了许多新见解。如关于大学生微信行为，黄旭便指出微信打破了原有的时空架构，使拟剧理论中的面对面互动面临挑战，人际交往开始以新的面貌得到了呈现。而张记洁则指出，新的社交工具使虚拟剧场不断扩大，但人们在其中精心表演、构建理想形象的行为并未发生变化。然而，如何通过社交工具构建这一形象，则出现了许多以前不曾涉及的特点与特性。事实上，在知网的统计中，以拟剧理论为主题进行检索，在拟剧理论、戈夫曼、自我呈现、印象管理等关键词之后便是“微信朋友圈”这个关键词，这足以表明新媒体时代中网络现象已成为研究的热点。

纵观国内外对拟剧理论的研究，笔者发现国内更着重对拟剧理论进行现象分析，结合传播学理论，对新媒体时代的行为现象进行了众多阐释；而国外则更多地关注其学术意义价值，批判重构的思想倾向较为突出。可以说，拟剧理论自进入中国以来，已经突破了社会学的学科界域，在教育领域、传播领域的分析上均有所突破，以实际成果显示了拟剧理论在学科交叉拓展和架构重组方面的可能性，凸显了其强大的研究潜力及重要价值。

### 2.1.3 拟剧理论的内涵要素

拟剧理论最早在戈夫曼的《日常生活中的自我呈现》一书中被正式提出。在书中，戈夫曼指出："社会生活，特别是在建筑物或房舍的有形界限内有组织的社会生活，可以根据这种社会学观点来研究。"[1]这种观点就是 拟剧理论的观点。

《日常生活中的自我呈现》一书的写作其实源自两项研究：一项是爱丁堡大学的关于"互动"的研究；另一项是福特基金会资助的"社会分层"研究。戈夫曼坦诚"我们向他人呈现我们自己"没什么新意，但是，在这个报告中，作者"含蓄地把个体分为两个基本部分：他被看成表演者（performer），一个易于受干扰的印象制造者，潜心于非常富于人性的表演工作中；他被看成角色（character），即一种形象，一般而言，是一种美好形象，表演就是图谋显示出他的精神、力量以及其他的各种优良的特性"[2]。这一观点的提出具有划时代的意义，符号互动论从此由对"符号"的研究转为对"互动"的研究，戈夫曼也因此成为著名的社会学家。

戈夫曼之所以要借用舞台语言，主要是因为阐释报告所使用的概念框架。"应该承认，在一定程度上，这种强行类比的尝试，只是一种修辞、一种技巧而已。"[3]报告的最后，作者巧妙地表达了研究的重点，"本报告并不关心潜入于日常生活中的剧场戏剧的诸方面。它关心的是人们日常接触的社会结构——社会生活中那些只要人们彼此直接接触就会产生的实体结构。在这一结构中，关键的因素是维持一个单一的情景定义，这种定义必须表达，而且是在不顾大量可能的崩溃危险的情况下，来维持这种表达的"[4]。同时，作者也对成功的表演，也就是良好的互动寄予真实的期望。"就某些方面而言，在剧院舞台上表演的角色不是真实的，它们也不像骗子表演的人为角色那样，能产生出一种真实的后果。但是，成功地表演这两种虚假人物中的任何一种，都必须使用真实的技术——就是人们每天都用以维持他们真实的社会情境的那些技术。"[5]

"整个世界是一个舞台，所有男女不过是这舞台上的演员，他们各有自己的活动场所，一个人在其一生中要扮演很多角色。"[6]这段著名的文字印证了戈夫曼的思想：每个人都

1 欧文·戈夫曼．日常生活中的自我呈现 [M]. 冯钢，译．北京：北京大学出版社，2008: 序言．
2 欧文·戈夫曼．日常生活中的自我呈现 [M]. 冯钢，译．北京：北京大学出版社，2008:214.
3 欧文·戈夫曼．日常生活中的自我呈现 [M]. 冯钢，译．北京：北京大学出版社，2008:216.
4 欧文·戈夫曼．日常生活中的自我呈现 [M]. 冯钢，译．北京：北京大学出版社，2008:216-217.
5 欧文·戈夫曼．日常生活中的自我呈现 [M]. 冯钢，译．北京：北京大学出版社，2008:217.
6 威廉·莎士比亚．皆大欢喜 [M]. 朱生豪，译．南京：译林出版社，2018.

十分关注自身如何在他人面前塑造并呈现出一个能够被接受的形象，而这主要涉及了“人为何演戏？”以及“人怎样演戏？”两个问题，他由此提出了拟剧论“自我呈现”的核心思想。尽管该理论中表演被作为一个面具、一种为达目的的中介，过于强调自我呈现的消极意义，但该理论生动而又深刻的主题，吸引了诸多研究者的兴趣，为后来关于自我呈现及印象管理的一系列研究开辟了道路。在戈夫曼看来，“自我呈现”和“印象管理”既是“演员”与“观众”互动的过程表现，又是与“观众”发展形成人际关系的一种策略，更是一种双方在互动中达成的效果。[1]

从拟剧理论的几个关键词着手，笔者尝试对其进行整体性把握。

### 1）演员

对于谁是“演员”这个问题，戈夫曼提出了“自我”和“剧班”的看法。他指出，当个体出现在他人面前时，他会有意无意地投射一种情境定义，自我概念是其中一个重要的组成部分。[2]因此，戈夫曼理论中的自我呈现不只是包含“为了他人利益”而呈现自己的表演，同时包含了通常意义上人们如何包装自己，从而有助于观众能够对自己了解的行为。虽然说个体所做的一切都是为了其他人相信自己所扮演的角色，但并不能否认角色中关于自我的真实部分。“剧班”是为表演某种剧情时进行合作的一群人，是表演得以展开的前提，与剧本期望密切相关。戈夫曼认为剧本期望是社会规范对个体表演者角色的限定，个体行为不仅要遵循既定的社会规范，还受到他人的期望和限定，这种期望和限定即来自剧班、其他表演者和观众。

演员的价值观、自我概念、认知能力直接影响其做出何种自我呈现。有研究表明，自我评估高的个体在自我呈现过程中倾向冒险、善于谋划、突出表现自身好的品质。这类人往往通过自我呈现，提升和改变自我，以获得良好的自我呈现效果。而自我评估低的行为者，往往以自我保护的形式自我呈现，不敢、不愿冒险，避免突出自身不好的品质，他们往往是想通过自我呈现证明自我。[3]此外，行为者的认知能力对自我呈现也有重要作用，一旦对自身、观众和特定情境作出正确评估，则有利于行为者自我呈现的表达。

### 2）观众

观众是表演的观看者，是赋予一场表演意义的重要存在。表演者总是努力使自己给观

1 汪广华．述评戈夫曼的社会拟剧理论 [J]. 连云港师范高等专科学校学报，2001，18(3): 28-30.

2 欧文・戈夫曼．日常生活中的自我呈现 [M]. 冯钢，译．北京：北京大学出版社，2008:206.

3 肖崇好．影响印象管理过程的因素 [J]. 韩山师范学院学报，2012，33(1): 75-79.

众留下一个良好的形象，因而是否面对观众、面对怎样的观众都会对自我呈现产生影响。行为者常常会根据观众的角色、身份、重要性来定义自我表演，这决定了行为者如何刻画自我、呈现自我，以满足观众、迎合观众。甚至，有时观众就是行为者自身，比如内在的理想、良心、道德等无时无刻不在对个体行为进行管理、监督及评价。

在自我呈现或印象管理过程中，行为者对呈现的内容和方式进行评估，进而校正后续行为，对自我呈现的成功有着重要意义，而这需要借助观众才能获得。利里从四个层次来区分自我监控：印象忘却，行为者在任何水平上都没有意识到观众正在形成对自我的印象；前注意扫描，行为者在无意识水平上监控观众形成的自我印象；印象意识，行为者明显意识到观众正在形成对自我的印象，并思考观众正在形成的印象；印象聚焦，即行为者所有思想只关注观众对自我形成的印象，并十分关注可能会造成的后果。[1]

### 3）舞台

前台和后台。前台是个体表演中一般和固定的为观众定义的情境部分。这一部分是表演者精心呈现给观众，并能使观众获取一定意义的部分。在前台中，表演者的行为离不开“舞台设置”和“个人前台”两个基本要素。其中，“舞台设置”是表演所必需的、经过精心设计的环境，为表演的展开提供了预先设定的意义内涵。“个人前台”包括表演者的特征和举止，指性别、年龄、身材、外貌、仪表、面部表情等用于传播符号的媒介。

如果说前台是被强调的事实突出的区域，那么后台则往往凸显被掩盖的事实，是不愿被观众看到、不允许外人进入的部分，对“工作控制”有重要意义。戈夫曼认为，前台和后台在特定情况下可以相互转换，转换的前提是人们对自己所面对的观察者的情境定义。

### 4）表演

戈夫曼重点论述了“表演”在自我呈现中的重要意义。他认为表演就是在特定场合的特定参与者，以各种方式影响其他参与者的一系列活动，其目的是表达某种意义。表演分为给予性表演和流露性表演两种：前者是各种语词符号或它们的替代物传达的这些符号上众所周知的信息；后者是指被他人视为行为者的某种征兆的范围内广泛的行动。戈夫曼重点关注的是后者，即人们用来维持期望印象的某些共同技术。

---

1 LEARY M R. Self-presentation: impression management and interpersonal behavior[M]. Madison，WI: Brown & Benchmark Publishers，1995.

关于表演动机的论述是戈夫曼理论的核心。他认为表演是个体面对观众时所表现的、并对观众产生某些影响的全部行为。从自我呈现的过程来看，当表演者意识到自己的行为正在或将要被他人评价时，就会触发自我呈现动机，动机阶段主要解决的是表演者给他人留下的期望印象是否有意义、是否有价值、是否可能的问题。此后的研究者施伦克尔和威格尔德认为，自我呈现的动机包括自我美化、自我一致性以及自我鉴定。[1]利里从自我呈现的功能层面阐述了自我呈现的动机，他认为自我呈现对个体而言包括人际影响、构建和维护自我及成功获得的积极情绪。[2]徐瑞青认为自我呈现的动机可分为三类：自尊的维持与提高、社会和物质利益的驱动、认同的发展。[3]总体而言，自我呈现动机都离不开对社会赞许的期望与对互动结果的控制。

演员面对观众进行表演时，所处的情境非常重要。一般情况下，情境和观众对各种社会角色和身份的期待与要求不同，行为者需要根据社会情境构建行为模式，并根据情境和所扮演角色的变化而变化。这些因素是相互关联、相互融合的，共同影响着自我呈现的主体构建。这意味着自我呈现的表演不能仅凭个体主观意愿，而往往要兼顾观众和环境的接受程度。自我呈现必须遵循有利性和可信性原则，才能使自我呈现达到真实可信的效果。

虽然学者们对“自我呈现”的概念进行了不同角度的解读，但总体来说并未跳出戈夫曼既定的研究思路和内容框架。可以说，戈夫曼从隐喻的观点出发，提出的“演员”“前台”“后台”“剧班”等一系列概念用于阐释自我呈现理论的研究，在如今仍然具有一定的创建性。其微观社会行为的研究，为社会心理学开辟了新的理论支撑和研究领域。诚如美国社会学家科林斯所评价的那样，“正是戈夫曼，率先对日常生活进行了真切细微的经验研究，在录音录像技术发明之前，戈夫曼仅凭他自己的眼睛完成了这一切”[4]。

## 2.2 拟剧理论与大学形象自我呈现的适配

戈夫曼曾将他人面前的个体延伸为社会机构，他说：“从印象管理的角度出发，我们

1 SCHLENKER B R，WEIGOLD M F. Interpersonal processes involving impression regulation and management[J].Annual Review of Psychology，1992，43:133-168.

2 LEARY M R. Self-Presentation: impression management and interpersonal behavior[M]. Madison，WI: Brown & Benchmark Publishers，1995.

3 徐瑞青 . 论自我呈现 [J]. 求是学刊，1994，21(4): 8-13.

4 于海 . 社会是舞台 人人皆演员：读戈夫曼《自我在日常生活中的表现》[J]. 社会，1998，18(1): 47-48.

可以对任何社会机构进行有益的探索。”[1]不难发现，社会机构亦可以进行印象管理的探索，并且大学也应该如此。作为千年亘古不变的社会组织，高等院校存在着大量非表达、非应对性的行为，等级剧班与各种表演充斥校园的每一个角落，前台与后台的区别与融合体现在各种教学、科研与学生活动中，非语言的策略与语言的策略大行其道等，这些大学形象的意义表征都可以从戈夫曼的拟剧理论中找到答案。因此，我们需要将戈夫曼的拟剧理论深刻融入现实情境，精准地探索其与大学形象自我呈现之间的内在联系和契合点。在新媒体蓬勃发展的时代背景下，我们应当创造性地思考大学形象塑造的新路径，即从传统的“他塑”模式逐步转向积极的“自塑”模式，这不仅是必要的，更是有可能的。同时，强调大学形象应由“自在”状态提升至“自为”状态，即主动设计、管理和传播自身的形象，以更好地适应时代需求，展现大学的独特魅力与价值。通过这一转变，大学能够在公众心中树立更加鲜明、积极且符合时代精神的形象。

### 2.2.1 研究转向：个体到组织

作为一种非常普遍的心理现象，自我呈现是人际互动过程中的一个核心概念，从某种程度上来说，个体社会交往的所有环节都与自我呈现有关。因此，该理论对个体自我调节、适应社会、人际互动甚至社会稳定都有一定的影响。从自我呈现的动态过程剖析，个体的社会行为深受多重因素影响：表演者自身的特质与动机、观众的反应与期待，以及所处的复杂社会环境，这三者共同构成了自我呈现这一复杂过程的基石。换言之，自我呈现不仅关乎主体（即表演者）的意图与策略，也涉及展现的区域（即情境或平台）与具体的表演行为（即行动与表达），这三者紧密协作，共同塑造并决定了自我呈现或印象管理的内容和形式。当我们把视角从人际交往的微观层面拓展至更广阔的社会领域时，不难发现社会组织与个体之间存在着深刻的同构性。在这里，社会组织成为更大的“舞台”，其成员则是舞台上的“演员”，而社会各界则构成了广泛的“观众”群体。这种由舞台、演员、观众共同编织的表演行为，在社会组织的层面上也同样生动上演着，其核心目的依然是构建并维护组织的正面形象，同时促进社会各要素之间互动的顺畅与和谐。就这一点而言，组织同样也是个体。事实上，组织层面的印象管理如同个体层面的印象管理，都是通过自我呈现的表演试图控制和影响观众对组织的看法与评价。比如在招聘会上，不仅应聘者会进

1 欧文·戈夫曼.日常生活中的自我呈现 [M].冯钢，译.北京：北京大学出版社，2008:203.

行自我呈现或印象管理，“企业或组织往往也会把自身置于有利的地位来吸引应聘者”[1]。

在西方，自我呈现与印象管理逐渐成为组织生活中一个普遍存在的现象，积极的自我呈现措施及策略能够帮助组织减少负面评价，维护形象，获取更多的社会资源和社会赞誉。社会需求直接推动了社会研究，当前组织印象管理已经成为一个重要课题，它主要研究组织如何通过对行为和信息的控制来影响“观众”的反应，是当前印象管理研究的一个新领域。[2]一般而言，组织印象管理贯穿组织活动的始终，从内部组织成立、人员招聘、经营管理、组织文化到外部日常经营、销售活动、形象宣传及危机事件处理，都离不开印象管理及印象管理策略。从其发展历程来看，它与拟剧理论密切相关。戈夫曼开启了个体自我呈现研究的先河，之后，社会学、组织学、管理学、沟通学和心理学等学科纷纷进入这一研究领域。尤其是20世纪末期以来，印象管理开始被广泛运用到社会各个领域，有关组织层面印象管理的研究也得以进一步拓展。有研究者提出组织印象管理作为一个互惠影响的过程应该重视一直被忽视的受众角色。[3]有研究者具体探讨了加利福尼亚州养牛业的发言人在有争议的事件发生后如何通过印象管理形成关注对组织合法性的看法。[4]有研究者开始将制度和印象管理观点与过程模型相联系，分析组织成员的争议和可能的非法行为如何能够得到关键选区的认可和支持。[5]究其原因，在于自我呈现理论关注的重点是人们如何控制他人对其形成的印象，一般意义上的印象管理等同于自我呈现，二者的理论源头、意义和内涵均相通。

大学和其他个体一样，有着自我形象呈现的需求，而考虑到社会场域中组织与个体的统一性，拟剧理论同样可以用来分析大学形象的自我呈现问题。当前形象已成为组织的第四资源，与人力、财力和物力共同构成组织的全部财富。就大学与社会的互动而言，大学形象正是这样一种中介或中介显示器，是连接高等教育质量与具体管理实务乃至具体教学、科研、社会服务间的桥梁和纽带。尤其是在新媒体环境中，大学形象不仅能以公众舆论、公众印象这种较为直观感性的形式，使大学的发展规划、发展目标、发展状况、办学水平、

1 AVERY D R，MCKAY P F. Target practice: An organizational impression management approach to attracting minority and female job applicants[J]. Personnel Psychology，2006，59(1): 157-187.

2 张爱卿，李文霞，钱振波 . 从个体印象管理到组织印象管理 [J]. 心理科学进展，2008，16(4): 631-636.

3 GINZEL L E，KRAMER R M， SUTTON R I. Organizational impression management as a reciprocal influence process: the neglected role of the organizational audience[J]. Research in organizational behavior，1993（15）: 227-266.

4 ELSBACH K D. Managing organizational legitimacy in the California cattle industry: the construction and effectiveness of verbal accounts[J]. Administrative Science Quarterly，1994，39(1): 57.

5 ELSBACH K D，SUTTON R I. Acquiring organizational legitimacy through illegitimate actions: a marriage of institutional and impression management theories[J]. Academy of Management Journal，1992，35(4): 699-738.

教育质量等抽象观念得以形象化、对象化，而且能将大学在教学、科研、社会服务等具体实践中的抽象、综合性内容升华，进而通过形象将管理质量、管理效益、管理目标等抽象之物折射出来。由于个体与组织之间的同构关系，在具体实践中二者在印象管理及策略方面有诸多相通之处，因此，可以说，戈夫曼等学者从个体角度出发对自我呈现理论的探索为组织角度的自我呈现研究打下了基础，这就为在新媒体环境中研究和探讨大学转型与发展需求所关涉的形象管理问题提供了理论支撑。

### 2.2.2 大学变革：压力到动力

当前，大学形象自我呈现面临的问题使研究这一现象有其意义和必要。就具体而言，大学自我呈现的压力目前主要来源于以下两方面。

一方面，大学职能的扩张、高等教育的大众化和大学教育的国际化等因素导致大学形象自我呈现的舞台异常广阔，形象管理的难度不断加大。

首先，大学的职能不断变化。20 世纪五六十年代，被誉为“美国高等教育之父”的克拉克·克尔在谈到未来的大学时，提出了“巨型大学理念”，并在《大学的功用》一书中指出：能够代表未来高等教育发展方向的是“多元化巨型大学”。多元化巨型大学是一种“多元的”机构——在若干种意义上的多元：它有若干种目标，不是一个；它为若干种顾客服务，不是一种。它不崇拜一个上帝；它不是单一的、统一的社群；它没有明显固定的顾客。它标志着许多真、善、美的幻想及许多通向这些幻想的道路，它标志着权力的冲关，标志着为许多市场服务和关心大众。随着时代的发展与变迁，多元化社会中的现代大学也随着社会的变化而不断发生变化，从而肩负起更多的职能，例如，人才培养、科学研究、社会服务等职能，大学逐渐成为“后工业社会”的“轴心机构”。此时，不仅公众需要对大学有更深入的了解，大学也面临着社会的监督，因而呈现一个良好的组织形象对新媒体时代的大学而言显得十分有必要。

其次，受高等教育大众化影响，多样化社会背景的学生进入大学。人们与大学的日常交往成为一件正常的事，但随着社会的变迁与发展，大学形象不可避免地发生偏移，公众对于大学的整体认识开始模糊。此外，在大众媒介中被动呈现和新媒体时代众声喧哗中的大学形象不可避免地呈现出世俗化、娱乐化的倾向，与社会公众对大学形象的期待与认知相差甚远，这时大学树立形象、塑造和维护形象自然变得十分重要。

最后，大学教育的国际化。随着经济全球化、文化教育全球的发展，大学教育逐步走向国际化。大学形象不仅关乎大学本身，更多代表的是国家的教育形象。作为一种文化软实力，我国大学急需建构并彰显一种国际化大学理念，积极走向世界，进行大胆的国际交流与合作，以提升我国大学在世界高等教育体系中的地位，这从客观上要求大学进行形象管理，实现中国高等教育从“引进”向“输出”的战略转型。

另一方面，大学作为一种社会组织，其内部影响自我呈现的因素越发复杂。

首先，教育功能主义和学生工具理性思想的抬头。近年来，我国大学毕业生数量屡创历史新高。受“去产能”等宏观政策影响，经济持续低迷，市场出现供大于求的情况，就业形势日趋严峻。然而，在求职竞争过程中，与重点高校相比，普通高校多处于弱势地位。因为看似无差别的高等教育体系，实际上在无形中划分了层次和等级，文化资本和声誉资本为精英类院校毕业生在人才市场保持优势提供了保障。同时，精英教育大众化的另一个后果是，高等教育赋予学生的优越地位已经大大降低，如何就业成为大学生的头等大事。这种变化最终促成并强化了教育功能主义和学生工具理性思想。

其次，大学管理官僚化和人际关系淡化。绩效与生产率成为高校管理层强调的重点，科研、教育都以实际产出来衡量，以政府部门意志为主导的科研项目化和教育竞争性成为常态，大学原有的闲庭信步式的学术传统与氛围难以再现。同时，由于大学扩招，师生比加大，教师劳动强度增加，教学越来越强调以学生为中心的学习和自我评估。受官僚化的指导标准、质量评估与保障制度的挤压，师生之间、学术同行之间的私人关系日益淡漠。

再次，行政权力的隆盛和教师地位的下降。随着高等教育大众化的推进，以及多样化社会背景学生的加入，传统的要素主义受到功能主义的抵制并不断削弱。巨型大学产生了具备超群经营能力的管理者——大学校长；塑造了诸多毫无个人感情色彩的信息传递角色——教师；教学和科研研讨会成为一场学术争论，更可能是一种“相遇群体”[1]的随意交流，学术团体对理想的追求感和对学院的归属感逐渐消退。

最后，大学二元结构模式基本形成。从世界范围来看，不管是政治和经济的目的，受人才市场的影响，高等教育分层的事实难以忽视。按国际标准，高等教育大众化的国家，必须强调对高等教育的集中规划。而现实情况却是，国家将权力下放到大学，对大学的规划和协调更多地采用“竞争”和“市场导向”。在这种“丛林法则”或是适者生存的“达

1 “相遇群体”是一个社会学术语，指人们在特定情境下不期而遇所形成的一种暂时性群体。如同车旅行的乘客，在途中出现车辆故障或其他不测情况，人们相互攀谈、发表议论，通过彼此了解和认识而形成的一种暂时性的人际结合。

尔文效应”下，恰恰只有那些善于利用当前政治和经济环境的大学才能得到发展。大学的生源之战、人才之战、项目之战此起彼伏。

可见，从拟剧理论出发，对大学形象自我呈现问题进行分析，有助于面对当前大学多元化、巨型化的挑战，有助于应对市场化竞争，更有助于大学自身的生存与发展。

### 2.2.3 媒介挑战：传统媒体时代到新媒体环境

近年来，移动互联网技术的迅猛发展，与微博、微信等移动社交平台的迅速崛起相辅相成，共同推动了媒体生态的深刻变革。多种媒体内容、传播渠道及功能实现了前所未有的高度融合，构建了一个形式多样、内容丰富、表达渠道畅通无阻的“新媒体时代”。这一时代以其独特的魅力和无限的可能性，正深刻地影响着信息传播与接收的每一个角落。显然，在这个传播链接充分、信息鸿沟缩小、自媒体十分发达、公众越来越靠近权利话语中心的时代，传统媒体语境中以理论体系为主，强调管理目标、管理规则及其监控运行的大学管理过于抽象；以经验体系为主，强调管理实务乃至管理方法、管理条例又过于具体，既不能满足新时代高等教育的发展需求，又无法适应新媒体时代大学形象自我呈现的必然趋势。清华大学新闻与传播学院金兼斌教授通过媒体对大学相关事件的热点报道的数据分析，得出一个结论：大学在媒体中的形象是“总体负面”，并提供了定性解释的若干视角。[1]中国社会科学院大学新闻传播学院院长胡正荣教授认为媒体肯定要关注高校，它更容易从娱乐的角度，从刺激的角度来关注，这种娱乐化的倾向对所谓的丑闻非常在意，它会带来高收视率或是阅读率。沃顿商学院教授乔纳・伯杰的研究表明，相比纠正性、解释性或调整性的事实报道，以惊惧、愤怒或惧怕为情感色彩的报道总能被更广泛地传播。这是由新媒体天然的传播属性决定的：适合病毒式传播的常常是情绪凌驾于事实之上的观点表达。[2]显然，新媒体时代的到来使大学形象管理面临挑战，具体而言，新媒体的冲击表现在以下四点。

首先，传播方式的广泛性。随着网络技术的不断发展，传播形式有了巨大的突破，以互联网为依托的传播媒介不断涌现，传播渠道大大拓宽，从而改变了公众过去被动接收信息的局面，使社会公众有了更多的自主选择权。

---

1 金兼斌 . 大众传媒中的大学形象 [J]. 国际新闻界，2006，28(2): 27-31.

2 刘学军 . 后真相时代社交媒体对美式民主的考验与挑战 [J]. 新闻战线，2017(3): 110-112.

其次，传播主体的多元性。在以往的信息传播中，由于媒介把控着意识形态的输出，话语权被控制在少数权威与精英阶层手中，传播主体往往是专业的媒体从业者。但新媒体时代，信息传播机制通常被看作“多数人对多数人”的传播，公众有了更多的话语权，任何人都可以通过微博、微信、微视频、博客、论坛等平台发布即时消息，传播主体变得多元化，“多数人对多数人”的传播已经成为现实。

再次，传播主客体的界限更加模糊。在信息传播的过程中，信息提供者（主体）与信息获取者（客体）之间可以双向互动。信息获取者（客体）作为网络沟通的终端节点，虽然获取信息的同时也有选择性筛选信息，甚至可以将自身作为他人视野中的信息源进行一定的信息反馈。这种情况下，信息获取者（客体）会转变为信息提供者，大众在信息的接收与传播过程中，主动性与被动性共存，传播主客体的界限也变得更加模糊。

最后，传播实现了对受众的细分。传统媒体传播信息时，首先会寻找受众；而在新媒体时代，无须事先细分受众，因为互联网具有全人口覆盖的特性，基于大数据的基础，信息的传播者可以依照大数据的分析来发现大众的需求，随后逐步实现对受众市场的细分。

当前，新媒体的广泛应用彻底革新了信息传播的传统范式与理念，深刻渗透并重塑了人们的日常生活习惯与行为模式。在此背景下，拟剧理论不断被赋予新的时代内涵：社会场景的瞬息万变促使前台与后台的界限趋于模糊，网络媒体的即时镜像效应进一步模糊了传统表演的舞台界限，导致区域性的“泛边缘化”现象加剧，表演者的身份变得难以界定，表演行为则展现出前所未有的多样性与隐蔽性。这些巨变对自我呈现构成了新的挑战：公众在享受新媒体赋予的强大自我控制力时，能够更自如地塑造并维护符合期望的形象；同时，观众群体的辨识能力也随之提升，对信息的真伪与价值的判断更加敏锐，传统权威体系面临解构，信仰的多元化与碎片化成为常态。因此，新媒体时代不仅为大学形象的自我呈现开辟了新的机遇与路径，如利用多元平台构建多维形象、增强互动性等，也为相关研究提出了新的课题与挑战，要求研究者以更加敏锐的视角、创新的思维，探索如何在复杂多变的媒介环境中有效构建并传播大学形象，同时回应公众日益增长的鉴别力与多元化需求。

本书试图从大学形象的媒介呈现研究转向大学形象的自我呈现研究，从传播学的研究视角转为社会学、社会心理学、语言学、高等教育学与传播学交叉的跨学科视角，试图构建一个大学形象自我呈现的整合模型。之所以做这样的努力，不只是因为想挽救现实生活中大学形象坍塌的危机，还有对新媒体环境下大学形象自我呈现的策略思考。更重要的是，戈夫曼作为20世纪中期杰出的传播社会学家，其创设的拟剧理论对现代社会有很强的指导意义，对社会、组织和个人的形象有其独特的建构方式。这一理论可以对社会机构，甚至任何组织的形象建设有所帮助。

综上所述，一方面，自我呈现的概念已从个体层面扩展至组织范畴，拟剧理论与组织形象理论的融合，为大学形象研究开辟了新颖的理论框架，提供了广阔的视野。另一方面，面对新媒体环境，大学的现代转型之路既布满荆棘也充满机遇。为了积极应对挑战并把握机遇，大学需主动出击，通过精心策划的自我呈现策略，强化其正面形象的传播，从而在软实力竞争中脱颖而出。因此，大学应积极寻求与社会的深度互动，构建一个集信息交流、思想碰撞、资讯共享于一体的平台，以此展现大学风采，实现自我形象的精准管理与有效提升。

# 3　大学剧班及互动关系

在自我呈现中，一个特定的参与者所作的情境定义，往往是由多个参与者合作建立并维持的情境定义的一个组成部分。因此，表演应从个体拓展到剧班。剧班是指在表演同一常规情境时相互协同、相互配合的任何一组人，是一个群体的集合，是在任何特定情境下，身处其中的剧班扮演者为了更好地符合剧本要求而与他人相互协调、相互配合的集体。[1]大学是一个为了实现其职能而各自承担不同角色分工、在共同目标的统领下从事协作行为的持续性体系。大学校园中的管理层、教师群体和学生群体对大学形象往往有着不同的认识，他们在大学这一体系中相对固定，既角色分明，又交叉甚多。“当某一剧班在呈现其表演时，观看表演的其他参与者，也在进行若干回应性的表演，这时他们自身也构成了一个剧班。”[2]大学剧班就是不同利益相关者群体——管理层、教师群体、学生群体的集合，他们都是大学形象的表演者和观众。同时，大学剧班核心成员的角色内与角色外行为，尤其是大学剧班不同群体的自我认同和印象监督直接影响着剧班配合，甚至决定着大学剧班自我呈现表演的效果。因此，大学剧班可以分为管理层剧班、教师剧班和学生剧班，三者相互依赖并密切合作进行剧班表演。

不管是在传统媒体时代，还是新媒体环境下，当富有竞争性和社交性的情境出现时，基于对情境定义的不同理解或者说由于不同剧班各自理念和诉求的差异，就形成了多元剧班模式。因而，在中介化交流情境——新媒体环境下，对大学剧班核心成员及其角色规范，以及影响核心成员自我呈现关键因素的考察是对大学形象自我呈现研究的前提和基础。

## 3.1　角色规范：多元泛化与公私消弭

新媒体环境下，大学形象自我呈现的角色发生了变化。在传统媒体时代，大学形象自

1　欧文·戈夫曼．日常生活中的自我呈现 [M]. 冯钢，译．北京：北京大学出版社，2008:89.

2　欧文·戈夫曼．日常生活中的自我呈现 [M]. 冯钢，译．北京：北京大学出版社，2008:79.

我呈现由管理层全面负责，一般是作为喉舌的党委宣传部门，代表学校对内对外进行形象呈现。大学利益相关者一般根据媒体报道需要，参与被报道过程，接受采访或被动发声。新媒体环境下，社交媒体的大行其道，赋予了个体更多话语权，大学形象自我呈现的主体扩展到大学校园的每一个剧班，大学形象的核心演员从管理层一方主导转变为管理层、教师群体、学生群体三方协作共同呈现。在这一逻辑支配下，一方主导转变为三方协作的表演剧班有两个责任必须履行：一是导演有责任纠正表演不当的剧班成员，要求其接受剧班方针；二是导演有权力指派主要角色和次要角色，还可以确定每一个角色的个人前台。只要剧班中有导演，其他人就会认为导演对表演的成功负有更大责任。在传统媒体时代，学校办公室或党委宣传部门充当了核心演员的角色，其导演是负责本部门的领导，指挥相对单一；新媒体环境下，核心演员增加，剧班导演发生变化，可能是管理者、教师，也可能是学生，每一个导演都代表不同的群体利益，加之戏剧支配优势和导演支配优势的不同，必然存在利益的博弈。这种博弈既包括大学内部对不同意见的质疑，也包括对外部权威的藐视。核心演员的增加、剧班导演的变化，导致了角色规范的重大修正与变革。

在传统媒体时代，大学为了维持在社会公众心中的完美或理想形象，通过设计的表演，引导社会公众形成符合自己期望的印象。同时，为了给社会公众留下良好的印象，大学剧班中的演员往往会采用一种能留下特定印象的方式与行为，按照角色规范与既定剧本进行表演。新媒体环境下，大学剧班中的演员不再是“听话”的被动表演者，他们的自我意识被唤醒及对角色规范的重新认知，对大学形象自我呈现提出了新课题。

### 3.1.1 演员与剧班的多元互动

“剧班是这样一种集合体：它与社会结构或社会组织无关，而是与维持相关的情境定义的互动或互动系列有关。”[1]简而言之，在任何特定情境下，身处其中的剧班表演者为了更好地符合剧本要求而与他人相互协调、相互配合，进行表演。因此，大学剧班可理解为在大学校园里的多个个体的集合，大学校园中的每个人都是表演者，他们通过密切合作维持一种特定的情境定义。大学剧班成员充分了解自己演出的是同一个剧本，而且剧班成员随着剧集演出的增多而逐渐了解舞台演出的秘密，他们都是同一个剧本的“知情人”。当大学剧班的表演正在进行时，剧班成员有可能会放弃表演，也有可能因不恰当的行为而

1 欧文·戈夫曼. 日常生活中的自我呈现 [M]. 冯钢，译. 北京：北京大学出版社，2008：89.

暴露或破坏表演，这些行为无疑会损害大学形象。这时只有剧班成员之间互相密切配合，维护共同的情境定义，才能展现理想化的大学形象。

然而，一种常见的情况是，当剧班成员在呈现其表演时，观看表演的其他参与者同时也按照自身的常规程序向另一个剧班表演，这就形成了两个剧班或多个剧班之间的互动。事实上，不管是二元剧班还是多元剧班，我们一般可以将其中的一个剧班视为表演者，其他剧班视为观众，且可以暂时忽略观众也会呈现剧班表演。在很多情境中，展现互动的社会舞台设置只是由其中的某一个剧班来配置和操纵的，也就是说，在社会交往中更主动的一方通常被称为表演剧班，而把其他剧班称为观众。需要明确的是，不管一个情境中出现多少个剧班，人们总是能够根据参与者为维持运作一致而进行的合作努力来对互动进行考察与分析。

戈夫曼认为，人们通常会选择与自己行为相近和利益相关的群体组成剧班。大学中的利益相关者包括教师、学生、行政管理、后勤人员、股东、用人单位、家长、社会公众、政府有关部门、校友、相关高校、合作单位、媒体、社区等等。结合大学形象的自我呈现和大学的基本功能区划，笔者摒弃了董事、社会、媒体等利益相关者，主要分析上述利益相关者中的最重要群体[1]，即管理层、教师和学生三个核心群体，这三者共同构成了大学剧班。他们虽是非平行的、不同性质的角色，但懂得剧班配合，保持适当距离，进行有效交流。其中，管理层是大学运行的组织者、服务者、协调者，主要从大学形象自我呈现的目标出发，对大学形象的认识具有战略性；教师群体形成学术型组织，对大学形象的认识更多的是从大学的科研能力和自身待遇水平方面来考量。而学生群体对大学形象的认识往往基于自身发展和实际利益，并因此组成各种社团或学生组织。这三者之间的合作互动使其成为大学剧班的核心成员。

### 3.1.2 角色规范的宽泛扩张

社会角色理论认为，社会互动离不开角色扮演，角色扮演是个体之间得以正常交往的前提。[2]当人们根据自身在社会中的所处地位实现自身义务与权利时，就扮演着相应的角

1 亨利·罗索夫斯基.美国校园文化：学生·教授·管理[M].谢宗仙，周灵芝，马宝兰，译.济南：山东人民出版社，1996：56-83.

2 李飞.大学生角色期待与行为引导：基于角色扮演的社会学分析[J].北京社会科学，2013(4):111-115.

色。[1]人们正是由于具备“扮演他人角色的能力”，才能够理解和辨认他人所使用符号的意义，然后才能预测对方的行为倾向。拟剧理论将“角色”同“规范”联系起来，认为“角色”是一种借之行动的规范[2]，并进一步提出了“剧本期望”的概念，即社会规范对各种社会位置上的角色的限定，亦即角色扮演需要个体根据自身所处位置，按照剧本期望和社会规范进行的一系列角色行为。事实上，个体不仅受到既定社会规范的总体限定，还受到其他表演者、剧班和观众期望的限定和影响。个体角色只有按照既定的角色剧本进行社会交往，才能成功扮演某种特定角色，从而实现成功的表演。

具体到大学而言包括以下三个方面。

1）管理层角色规范

大学的管理层是一所大学理想形象的设计者和大学实际形象的塑造者。大学的管理者，特别是校长，在教育、管理、服务过程中所展现出的文化素质、专业素质、办事效率及处世态度、个性风格等都直接作用于大学形象的塑造。“即使最伟大的大学，要是没有雄心壮志，没有高明的领导，也不可能达到更高的成就。”[3]大学管理层的眼界胆识、教育理念、管理能力、思想境界及人格魅力是确立大学使命、确保大学运行、树立良好形象的关键因素。

随着巨型大学时代的到来，大学承担着更多的人才培养、学术发展、社会服务等实际责任，大学管理层的权力、义务和责任与日俱增。从总体上来看，大学管理层同时具备管理职位赋予的行政权力、学术成就体现的专业权力及自身的人格魅力的感召力。“二级学院院长权力的三种来源就赋予其价值引领者、学术责任人和行政服务人的三重身份，扮演价值领导、学术领导和行政领导的三重角色。”[4]以高校二级学院院长为例，作为科层权威，院长需要以学术发展为出发点，在学院、学科和人才培养目标一致的情况下，科学地行使职权，作出决策；作为专业权威，院长需要凭借其学术造诣、专业素养对专业问题提出见解，同时要致力于创建一种自由和宽松的学术环境，保障学术人员和学科的健康发展；作为思想权威，院长需要明确办学理念、目标、定位和方向，把先进的思想、价值和理念贯穿到教师与学生日常行为和自觉行动的过程中，实现正确价值理念的引领。

新媒体环境下，网络社会的结构性变化对大学管理层提出了更现代化的管理标准，包

1 贾永堂．大学教师考评制度对教师角色行为的影响 [J]. 高等教育研究，2012，33(12): 57-62.
2 黄瑶．从戈夫曼《日常生活中的自我呈现》透视角色表演与角色外活动 [J]. 学理论，2013(9): 83-84.
3 谢安邦，周巧玲．大学战略管理中的领导：角色、挑战与对策 [J]. 高等教育研究，2006，27(9): 38-42.
4 郭赟嘉，闫建璋．学术领导：大学二级学院院长角色的本真定位 [J]. 现代教育科学，2014(1): 41-45.

括管理流程再造、管理手段电子化、管理结果可视化等。更重要的是，管理层的公私区域一并进入管理流程，他们对他人的态度、对公务与私人事务的处理及对业余时间的打发等都被纳入了公众视野。

以校长微博为代表的电子互动机制便是这一变化的直接外化。被评为“2015 年学生喜爱的大学校长”之一的西交利物浦大学执行校长席酉民是中国大学较早微博实名认证的校长。他的微博注册时间为 2010 年 9 月 1 日，微博认证为“西交利物浦大学执行校长、《管理学家》杂志主编”，截至 2025 年 3 月 25 日，他共发微博 8 703 条。

2018 年 9 月 22 日，席校长发了一条长微博，谈家长离开孩子后的感受及学生来校后的体验，在博文中对如何适应大学生活提出了五个方面的建议。微博还配了三张图：一位学生家长在孩子就读西交利物浦大学后的感受截屏，一本书的封面，一幅自己手画的、以学生为中心共同创造价值的圆形图。这篇博文是席校长下班之后所写，内容涉及学校、家长、学生等。作为一校之长，我们不仅可以从中窥见其校长的身份：校长在教育学生和与家长沟通方面所扮演的角色，体现了其对教育事业的重视；还可以把席校长看作家校的沟通者：为了避免孩子成为巨婴，家长要学会放手。我们甚至可以把席校长看作学生的知心人：告诉学生如何学习、如何成为一名真正的“西浦人”。从中我们不难发现，席校长的角色发生了变化，公域和私域的界限也消弭了。

### 2）教师群体的角色规范

教师是大学剧班的另一重要成员，正如哈佛大学原校长科南特所言：“大学荣誉不在它的校舍和人数，而在于它的一代代教师质量，学校要立得住脚，教师一定要有特色。”[1] 尽管不同学校和学科对大学教师的要求各异，但作为一个社会的特殊群体，大学教师有其群体的特殊属性和内在本质特征。社会对他们已经形成了某种固定的剧本期望，他们享有与角色相适应的权利、义务和责任，扮演着特定的角色，他们的行为模式也体现出某些共同特征。从大学以人才培养—学生本位、科学研究—学术本位、社会服务—社会本位三种价值选择来看，大学教师分别扮演着教育者、研究者和社会服务者的角色。[2] 作为教育者，大学教师需要以学生的成长和发展为本位，既应是灵魂的工程师、园丁、道德的化身，是思想的引领者和真善美的定义者，又应引导学生在不同价值准则、文化体系中寻找对话和

1 刘潮临 . 论大学形象 [J]. 湖北社会科学，2003(10): 76-77.

2 杨杏芳 . 大学教师角色扮演的哲学与社会学分析 [J]. 贵州师范大学学报（社会科学版），2006(2): 113-117.

沟通，切实发挥其引导示范作用；作为研究者，大学教师需要以学术和科研为本位，是学者、研究者、知识的权威、真理的化身，完成科研任务、创造高水平的研究成果是其主要任务；作为社会服务者，大学教师应以公共服务和社会责任为本位，同时被赋予了道德榜样、社会的良心等角色，要求他们运用专业知识服务社会，履行相应的社会责任。

新媒体环境下，教师的角色规范也发生了变化。教师的课堂可能有学生录视频、给教师拍照、拍课件……教师的一言一行正在进入学生视野，而学生手中的手机正在将教师的言行举止传递到浩渺无边的网络世界，一不小心教师的话语和行动成为网络关注的焦点。课堂如此，教师在生活中的角色也受到社会关注。对于教师发布的微信、微博和微视频等，不同的受众群体有不同的观点呈现。

3）学生群体的角色规范

学生群体的角色规范是指学生在校期间应该遵循的规范，使其行使角色权利、履行角色义务、承担相应的社会责任，做出的一系列符合社会期望行为的实际活动过程，是大学生在大学期间生活、学习等方面的态度与特征的总和。这一角色规范，既是由《高等学校学生行为准则》《大学生守则》等规章制度内在明确规定的理想角色行为模式，又是长期以来社会形成的对大学生的角色定位和角色期待。大学生只有在定位正确，明确所处社会地位、所扮演的社会角色之后才可能进行成功的角色扮演。作为大学生，其基本的角色必然是“学生”，其角色定位具体表现为“德、才、能”。所谓“德”，是指大学生要有较高的道德品质和人格修养；从“才”的角度来看，要求大学生具有较为完备的知识和思维结构，有一定的理论素养、操作能力和创新能力，能够顺利完成大学阶段的学习任务；“能”的定位则要求大学生积极参与社会实践，在探索中磨炼自身意志、积累实践经验、锻炼交际能力，能够在社会上立足和发展。

新媒体环境下，当下的大学生群体是伴随网络的壮大而成长起来的千禧一代。新媒体已是他们生活的一部分。他们的角色首先是网民，是网络元生代；他们习惯游走于网络世界，在虚拟世界里寻找人生方向，因此被打上了深深的网络印记。所以，他们的角色规范应该是网民 + 大学生。

当然，需要注意的是，在不同的社会交往情境下，演员在角色规范内可能做出不同的表演。人们都是在一定情境和不同场合下进行交往的，所处的环境不同，人们为此所做的印象管理也会不同。例如，大学管理层想要了解教师的工作情况和学生对教师的满意程度往往会采用两种方式：一是通过校长谈话，每个班级邀请 3 ～ 5 名学生去校长办公室进行谈话，以直观地了解学生群体对教师群体的整体印象。二是规定学生每学期期末查成绩之前都需要在网上进行评教，才能查看自己本学期的成绩，管理层通过访谈和网上评教来看教师群体建立起来的形象。然而，综合两方情况发现，结果相差很大，在与校长谈话时，几乎听不到学生指责教师的声音，而网上评教的差评却不在少数，并且很多差评集中在个别教师身上。也就是说，同一个演员在面对不同的社会交往情境时，所进行的表演是不同的，这对理解新媒体环境下大学剧班各种演员的表演有一定帮助。

在新媒体环境下，大学核心演员的角色规范发生了变化。过去，社会公众考量大学核心演员的标准和尺度，是基于当时媒体不发达的背景，从朴素的观念出发得出的角色规范，重点考量大学核心演员的公域规范。当下，新媒体强势崛起，大学核心演员的公域与私域都被呈现在社会公众的视线中。社会公众对大学核心演员的角色界限已然模糊，对他们的角色标准和角色期望开始虚高，呈现不断增加角色规范内容、扩大角色规范区域的趋势。正如网络上所流传的那样：大学教师既是颜值担当又是使命担当，不仅要长得好看，也要受学生欢迎，更希望是社会的灯塔和高尚精神的守护者。如此，在新媒体环境拓展了大学核心演员的角色规范，掩盖了大学核心演员的私人角色定位。

## 3.2 角色互动：从科层架构到扁平沟通

在新媒体环境下，大学剧班的角色配合与互动主要发生在三种核心演员之间，通过考察和分析不同利益相关者的角色配合，可以窥探大学剧班成员对自身形象构建的理念及角色认知。在传统媒体时代，角色互动相对单一，大学多采取科层制、金字塔式的管理模式，上下级之间以服从为唯一标准。在新媒体环境下，大学管理由过去的科层制管理模式嬗变为网格扁平化管理模式。大学形象自我呈现的剧班从不同层面发声，表现出主体多元、思想多元的态势。过去话语权缺失的学生群体，在新媒体环境下被赋权，甚至因为集体的力量和群众的智慧，以及“滚雪球效应”形成几何级增长，一度掌握了核心话语权力。

同一剧班的成员是相互依赖、相互依存的关系，他们都心照不宣地演出同一个剧本，他们随着剧集演出的增多都了解舞台演出技巧的秘密，都是同一个剧本的知情人。因而，剧班的表演需要剧班成员之间密切配合，共同维护剧班方针和维持情境定义，以使整个剧班能够运作下去。即使剧班的某一成员不小心在观众面前出现了差错，剧班的其他成员也应克制自我情绪，不能当众爆发或直接惩罚出错者，而要待演出结束、观众退场后在后台区域进行。剧班一旦确定立场，剧班成员都有义务遵循，在观众面前公开一致，保持并维系既定的剧班印象。但剧班要明确告知成员其所站立场，以免出现口径不一的尴尬局面。[1]这意味着大学剧班成员之间不仅存在着相互依赖、密切配合的合作关系，也存在着不配合、不协作的破坏关系。

一般而言，当大学剧班成员意识到其与剧班整体在行为准则上趋向一致时，个体则倾向于维护大学剧班定义。而当剧班成员与剧班整体之间标准的差异较大甚至对立之时，个体就会放弃表演，甚至破坏表演。[2]也就是说，角色配合与不配合都可能存在。一旦剧班里的核心演员发生角色错位或是偏离，就会影响甚至破坏大学形象的自我呈现。

### 3.2.1 管理层与教师：从“上行下效”到“各说各话”

在科层制管理模式下，大学形象管理指令一般由行政管理层发出，经由教学院系传达给教师，教师被动接受，上行下效，类似于传播学意义上的魔弹论。在新媒体环境下，人人皆可发声，每一个教师都可以是新闻发言人，对学校下达的指令，可以选择性执行或发表自己的观点，甚至进行批判。教师对待大学形象有时漠不关心，认为与己无关；有时则兴趣盎然，视为自己的形象并坚决维护。

事实上，在剧班互动中，常常存在着指导和控制戏剧行为进程的导演，他们有履行某些职责的特殊义务，也形成了支配优势。在大学形象自我呈现中，导演显然是由管理者担任的，也就是说，管理者既是演员，也是导演，控制着表演进程、符号装备和表演道具。一方面，当演员表演不当或出现偏差时，导演必须采用制裁或安抚的方式进行管理，促使演员的表演与剧班既定方针协调一致。另一方面，导演还有责任分派表演中的角色及每一角色所使用的个人前台，分配各种符号装备或仪式道具。[3]显然，在大学剧班中，占据主导和控制地位的导演——管理者对大学剧班的成功表演负有比其他剧班成员更大的责任。

一般情况下，在大学剧班中，当大学领导和教师出现在同一表演情境时，二者总是倾

---

1 欧文·戈夫曼．日常生活中的自我呈现 [M]. 冯钢，译．北京：北京大学出版社，2008：77.

2 汪广华．述评戈夫曼的社会拟剧理论 [J]. 连云港师范高等专科学校学报，2001，18(3)：28-30.

3 欧文·戈夫曼．日常生活中的自我呈现 [M]. 冯钢，译．北京：北京大学出版社，2008：84-85.

向于维护共同的情境定义和剧班方针。大学剧班必须对他们所采取的立场“统一口径”，同时隐瞒这一立场实际上并非他们各自独立做出的这一事实，以向观众完成自我呈现。换句话说，当大学管理层和教师群体在某个情境中表演崩塌后，二者基于大学形象自我呈现的战略规划，需要共同维护既定的情境定义和剧班方针。然而，在新媒体环境下，导演的角色发生了变换，管理层的权威在新媒体的赋权机制下已然消弭，各种观点可以公开表达，大学管理层与教师群体相互包庇与“运作一致”只能是一种理想状态，于是原有的上行下效变成各说各话，控制与被控制往往发生在两者的博弈之中。

2018 年，网络上一篇关于出国审批手续烦琐的文章引发了热议。对这一高校普遍存在的问题，管理层与教师群体各执一词，网上讨论热烈。虽然发帖者没有明确指出哪一所高校，但是由于正逢暑假，大学因公因私出国人员相对密集，因此迅速在网络上发酵成了热点事件，对高校管理层形成了舆论压力。

截取在网络上典型发言的图片可以看到：教师群体对各种繁复的“手续”与“审批”普遍感到反感；对管理层的“折腾”“拖延”敢怒不敢言；认为教师办理审批手续的斯文扫地“侵蚀着本来的正常性”等。因公出国的确需要审批，但是让教师为了办理出国手续反复往来于外事部门，不惜牺牲教师宝贵的教学科研时间，甚至浪费出国经费，就是不作为和无服务意识。因此，教师群体的意见和矛头指向管理层也在情理之中，毕竟大学不是衙门，教师的主体地位如何体现？教师的重要性是不是说起来重要，做起来的时候就忘掉？这一系列的疑问为教师在网络上发声提供了注脚，教师群体便有如下声音发出（图 3-1）。

面对教师群体的质疑与不满，管理层也很无奈：因公出国手续要求严，最终审批权不

如果说冗长的等待耗费的只是时间，那么繁复的“手续”“想定”则令人抓狂、耗尽精力——“它正在侵蚀着我心中存在的本来的正常性”

正在被折腾中，两个月了，申请的吉尔吉斯签证、7 月 14 日准备出去，结果现在还没有消息，前面准备材料、公示，省外办批件，送驻京办、审批。从省外办到驻京办，据说走他们公证还要半个月！所以让我自己去送的。这一步本来是可以网上办理电子签的，他们说必须走他们的方式…… what? 省外办说电子签不行，只能走传统方式自己找不到申请表，厚着脸皮跑了一趟领事馆，要到申请表，递交驻京办……

作为一名青稞，已经有很多次这样堂而皇之被耍的经历了。我们经常折腾几个月的材料，最后因为这些机构太忙或一遍遍把我们当猴耍，耽误时间太久，导致错过时间不能成行。白白浪费科研经费心疼不说，我们还得写检讨，要各个部门解释为什么没能出去，检讨中只能从自身找原因，不能提到这些机构有任何过错！

审批吧！反正有大把时光

譬如：两个月拿到签证？这“真的挺快的了，要求也不算苛刻”。

在国内各个部门之间跑半个月，就为在境外停留三天。

挺快的，我报销国际会议跑了三个月！还是双一流里的一流大学，真一流！我是服！

我们交到学院，还必须放到办公室墙上公示至少一周才报国合，简直故意拖延。

四月份开始办出国审批，以上流程全部走了一遍，真心累。关键是 8 月初的国际会议，现在签证还没下来，我已经不想去了。

刚领教过，提前近 3 个月开始办理手续，最后拿到护照签证是会前一天。拿到护照是早十点，立马订机票，国内出发，到参会地方，已错过早上的主题大会。曾经被虐得多次想放弃……而且一直被灌输，你是用国家的钱……（意思是虐你是正常的）。

图 3-1 关于审批手续烦琐的网络声音

在学校外事部门，外事部门只是“二传手”，如果达不到规定要求，省外办是不予通过的；外事工作无小事，每天加班加点，如履薄冰，从来不敢折腾教授和教师；真的有教师是借着开会出国度假或看小孩，不审批也是不作为，如果申请马上审批，又会被扣上乱作为的帽子，甚至被举报；希望换位思考，多从制度上找原因等。管理层认为，自身没有衙门作风，也以折腾教授和教师为耻，只是上级规定严格，不按照政策规定办理，不仅不能通过而且会更加耽误出国行程。对此，管理层也发出了自己的声音（图 3-2）。

作为专办员，我们也很无奈，规定严，老师烦，我们也是夹心饼干。关于各种表格，我们学校是校内审批一张表，填写人员信息和出国简要情况，相关部门审批；其他表格都是规定中要求的制式表格，并且根据出国目的不同提供不同的 sample，并附填写说明，只需提供电子版。关于翻译件，属规定材料，主要是提供给省外办审批使用。关于日程和经费，从国家到省，确实都有很明确的规定和要求。关于材料修改，校内审批表一般不需修改，其他材料有问题最多返修一到两次，接件人负责到底。关于流转时间，校内审批牵扯多个部门，时间会稍微长些向省外办提交的材料齐全，一周内下批件，再三个工作日出护照，签证时间有长有短。因公出国流程确实烦琐，我们也是日复一日地重复，更希望程序简化。望能互相理解吧。我虽不是做因公出访的，但我知道我的同事是多么日夜加班、全年无休、如履薄冰地做这份工作的，很多无理要求，苛刻规定，需要翻译都是省里外省部门要求的，国际处的工作人员也是按照上级要求处理，否则老师们的批件根本过不了审。理解万岁吧。

我也是高校一名小工作人员，而我们办公室只会为这种不断来回折腾教授和老师的事情为耻。往往会有很多苛刻的表格填写和文件要求，就会制作相应的 pdf 模板，用红色标出重点要求，甚至会编写 email template 给到教授来帮助他们和对方机构交流，制作注意事项清单或者直接电话联系老师尽量不用多次往返。即使只是一个小小的经办人员，用心不用心做自己的工作老师们和教授们都会感觉得到。文中这位老师已经非常自主自立自觉了！

我是高校负责办理因公出国的工作人员（从来不敢自称老师，我们就是服务人员，不过作者直接否定我们是老师还是蛮扎心的），首先文中反复多次让老师修改确实有些过分，我们一般都是一次性把所有问题说清楚修改。其次，作者抱怨审批复杂，其实跟办事人员真的没多大关系，如果你看过上级所有规定你就懂了为什么我们这么严格，我们只是执行政策规定，如果能简化流程，减少工作量我们为什么不呢？再次，关于一刀切的问题，大部分老师出国都是完成正常的科研任务，但是真的有老师就是借着开会出国度假或是看小孩，现在国际会议鱼龙混杂我们不可能知道每个学科哪些是真正厉害的国际会议，每个老师都说自己参加的是国际顶尖学术会议。最后，我觉得这个工作理解特别重要，互相理解可能事情不会更好办，但是你的心境会平和许多，中国行政程序是因公出国这一项复杂吗？所有的制度都有一个改进的过程，我们和老师一样在期待着！

作为一个曾经国际处因公出国手续的办理人员，希望大家换位思考，如果有机会到国际处尝试帮其他老师办一次手续，估计就没这么激烈的言论了，请各位不要只站在自己的利益上，问题的根源或许是制度，但绝不是国际处，甚至是懒政的国际处工作人员背得起锅！

图 3-2　关于审批手续烦琐的网络声音

某大学国际交流合作处一位负责人认为，让教师“来回跑”与办事员业务水平等有关。而中国教育科学研究院的郭元婕则从制度层面分析指出，这一现象的出现源于大学内部管理落后，大学管理层的“放管服”改革不到位，缺乏服务意识。更主要的是，大学互动沟通机制薄弱，教师通过网络发文抱怨，反映出教师群体诉求渠道的缺失。

“各说各话”的根源在于扮演的角色不同，一般发生在两者对角色认知的差异较大甚至对立时。这一状况发展到顶点时，一方很有可能会放弃表演，甚至破坏表演。近年来，这种情况不在少数，而且多是身为教师的演员不配合管理层制定的剧本进行演出。

纵观因公出国审批热议事件，再次印证了戈夫曼的拟剧理论：当管理层与教师对角色认知差异较大时，一方可能会放弃或破坏表演。大学管理层依然存在的行政化倾向，导致教师在校内的发言权缺失，只得转而通过网络发声。其实，这一事件中教师的诉求非常明确：出国审批简单点。然而，出国审批这件事只是一个表面现象，高校教师的“影子工作”才是问题的根源。

具体而言，“影子工作”是指曾经由专业员工负责，但现在由于技术的普及转由教师、学术人员亲力亲为的工作。以前，教师出差，很多工作都由办公室的行政秘书人员负责安排；教师撰写基金申请、报销需求、为资助项目进度报告收集信息、展示详细账目表等常规行政工作，则多由科研秘书和部门办公室工作人员处理。但是，目前的情况是，这些事情多由教师借助网络自己完成，这就使教师花费在与学术无关事务上的时间越来越多。西方大学对“影子工作”也颇有微词，这促使管理层进行了改革。国内重点大学开始反思教师的“影子工作”，加大了对学院管理队伍的专职化力度，强化了管理队伍的服务意识和考核准则，使教师逐渐从“影子工作”的桎梏中挣脱出来。

2016年，麦可思公司曾对大学教师科研工作中存在的难题进行过调研。其调研显示：科研工作存在的首要问题是“其他工作任务过重，时间精力不足”，在所有调查人员中这一比例高达75%。而这一状况显然对高校管理层提出了新的管理要求。事实上，在新媒体时代，手续的简单化可以通过技术化手段实现，比如网上审批、流程再造、一站式服务中心等在某些大学已是基本的服务理念和配置，但有些大学却习惯衙门作风，高高在上，殊不知一种好的制度能服务人，一种坏的制度让做事的人遭遇重重困难。

角色认知的差异也会导致“各说各话”。当前，工业文明的发达，催使市场规律向每一种业态侵入。随着世界高等教育向多样化、竞争性发展，大学正从传统的学院派文化转向管理型文化。为适应外部竞争压力和减小市场经济影响，大学管理层参照产品营销模式，将高水平特色化与核心竞争力作为发展目标。这也使“教学是大学教师的根本，科研或学术则让他们更特别”“教学只能保证教师立足，科研却能促使教师发展”等社会上流行的腔调在大学管理层中非常盛行。而很多大学教师由于不直接面对就业市场和经济市场压力，仍然沉浸于高蹈封闭的学院派文化中。大学管理层在考量学院绩效和教师业绩时，更关注科研的产出与成果的转化，把隐形的教学视为必要的条件，而大学教师群体则更多地关注教学和知识的传递，对科研与大学生群体的生活并不十分关心。这时，两者对角色认知的矛盾必然促使角色配合出现问题。近年来，不少大学教师在互联网上对大学的绩效奖励政策进行抨击，就是这种角色认知出现偏差甚至对立的结果。

值得注意的是，大学有一种特殊的现象就是部分学术水平较高的教师往往会成为大学管理者。大学作为学术重镇，“学而优则仕”并非学者的诉求，而是管理的必然。从这一点来看，大学管理层与教师群体有着内在的一致性。如果身兼两种角色的教师，能够作为大学管理层和教师群体沟通的桥梁与纽带，促使两者达成共识，则教师群体与大学管理层的相对默契有望达成。

### 3.2.2 管理层与学生：从“两相脱离”到“越级对话”

在传统媒体时代，管理层高高在上，对学生群体的指令往往通过行政渠道层层传达。学生群体则在大学形象的自我呈现中表现为一种固定的、群体性的“求学僧”的形象。在两者的沟通中，作为大学形象呈现的官方对外发言人，管理层往往在与学生交流情境中处于优势位置，其对突发事件的反应速度和处理方式直接影响了社会公众对大学的基本印象。在新媒体环境下，各种群体借助网络工具交流互动成为日常，管理层一改过去冷冰冰的说教面孔，开始放低身段，与学生群体采取协商交流的互动模式，变强硬的规定为民主的讨论，变单向度的发号施令为双向互动的友好沟通。学生群体的发声渠道则大大拓宽，不仅自己可以组织话题向权威媒体和社交媒体传播，还可以一键直通管理层的话题平台，甚至@校长或者发起话题。如果说过去管理层与学生群体相对脱离的话，那么在新媒体环境下则实现了无时不在的链接和超越层级的对话。这种对话有时甚至能演变为一种压制的力量，因为借助新媒体的协同性，大学生群体可以实现群体的互动，变单一的力量为集体的力量，变一个学校的力量为几所学校的力量。

当前，手机吸引着学生的注意力，占用了学生大量时间，甚至在某种程度上扰乱了正常的课堂秩序。目前，为了减少课堂上的低头现象，多所高校制定了新的上课规定，泰山医学院、石家庄铁道大学和成都的部分高校在每个教室都挂上了手机收纳袋，号召学生在上课前自愿把手机放入收纳袋。手机放入收纳袋采用教师、党员、班干部带头的方式，以改变大学生上课听课不认真的形象。此新规定一出，就引发学生群体各种各样的议论，反对之声不绝于耳。

面对学生群体的激烈质疑和抗拒，管理层选择了用较为轻松的方式与学生群体打交道：校团委先后在学校官方微博上发起#今天，你交手机了吗？#和#用一句话表达交手机后的感受#，引起了学生群体的热烈互动。

网友“今天也是大哥呀”表示：#今天，你交手机了吗？#用一句话表达交手机后的感受#我今天第一天尝试交手机了，意外地发现老师讲课还是有点意思的，看我能坚持几天吧。

网友“能有几多愁”表示：#用一句话表达交手机后的感受#交手机的第一天，想它，想它还是想它，啊啊啊，我离不开手机啊，不过，我是什么时候变得对手机这么依赖的呢？

网友“喵喵酱大仙”表示：#今天，你交手机了吗？#今天，我交手机了呀，虽然上课一摸口袋有点奇怪，不过也没想象中那么困难啦，不是说21天能养成一个好习惯吗，哈哈，期末考试我就变身学霸了！

对大学课堂手机的管理规定上，管理层采用一种符合新媒体时代学生“口味”的方式，与学生进行剧班配合，不仅很好地维护了大学治学、锐意进取的新面貌，而且管理层在微博上互动的“妥协”，较好地实现了与学生群体的协商交流，这种协调方式跳出了传统二元对立式的强制思维，使学生群体更容易接受，也为高校知识教授和文化传承营造了优良的氛围。

任何剧班都有一个整体目标，即维持剧班所构建的情境定义。我们仔细观察会发现剧班中有一些信息是致命的，一旦披露，就会严重破坏剧班所要维持的形象。比如曾经因学生集体要求装空调而上了微博热搜的海南大学。2016年5月，微博热搜上出现了一条名为#海大，你这么热，校长知道吗#的话题，该话题的累计阅读量高达39.4万，一时间，全国关于大学宿舍安装空调的问题引起了热议。

不难看出，该事件是学生群体对管理层权威的直接挑战。学生群体利用微博话题榜构建话题#海大，你这么热，校长知道吗#，话题直指以校长为代表的管理层。学生通过大量评论、晒图、转发，成功引起了学校管理层的注意，最终海南大学的管理者发布公告表示会积极进行整改并向学生道歉。显然，学生群体在网上要求安装空调的过程就是管理层剧班的泄密过程，教职工与学生生活水平的极大差异破坏了管理层构建的“一切为了学生”“让学校变成家”等剧班方针。

一般而言，在管理层、教师群体和学生群体三个剧班的配合中，如果教师和学生出现摩擦，管理层往往倾向于站在教师一方，这也是在社交媒体上常常有高校学子偏离剧本表演，直接将某些不利于大学形象自我呈现的信息公布在互联网上的原因。

### 3.2.3 教师与学生：从“师道尊严”到“平等对话”

在传统媒体时代，师生关系相对单纯。“师者，所以传道受业解惑也。”所谓学为人师、行为世范。学生，则是受教导者与被指引者，是接受教师权威的被启蒙者。然而，随着社会的发展和大学功能的拓展，两者的关系悄然发生了变化。当市场行为侵入大学校园后，教师的角色开始由单一的教书育人功能发展为学科领军人、项目负责人、首席专家甚至科技公司经理，与市场经济的结合越来越紧密，与大学校园越来越疏离，世俗的洪流开始裹挟着教师按照市场规则行事。而学生也不再是被教师指引的对象，他们与时代同行、张扬个性，以天之骄子自居；同时，作为伴随着互联网成长起来的一代，他们熟悉新媒体，懂得网络社会的秩序结构，能够多途径、多样化地获取知识，自我学习能力增强，但缺乏自律意识，容易深陷网络游戏和信息海洋。于是，在这一变革中，新型师生关系也诞生了：学生更愿意与教师建立平等合作的新型师生学术共同体，即亦师亦友的感情，而不愿意重复过去严格的、耳提面命、师道尊严的师徒关系。学生对教师认知的改变，也导致教师出现了两种倾向：一种是顺应时代变化，建立符合社会进步的师生关系；一种是认知失衡，建立或亲密或疏离的师生关系。

众所周知的“Me Too”事件说明，在新媒体环境下，教师与学生之间的关系本质并没有发生改变，但是，教师的绝对权威及“听老师话”的社会语境在改变，课堂与课余的边界慢慢在消弭，师生演出场景的转换，情景定义也随之明确，舞台虽易于选择，但难以创设。同时，角色具有学习功能和进取意识，角色认知一旦偏离师道尊严和经师人师的道路，心怀侥幸与人身依附的双方在全景敞视社会中，势必会受到正义的拷问。

当不同人群出于某种目的聚到一起时，每个人都依据剧班的常规程序，表演着剧班分派给他的角色，每个人都和本剧班成员与其他剧班保持一种亲密无间的样子。但是，这种情形并不意味着剧班成员之间的相处方式与剧班呈现给观众的表演一样。罗茜茜事件即在于其巨大无法排解的精神压力，“前台”德高望重的导师和“台后”潜规则的导师这两种情境角色的巨大反差，使罗茜茜再也无法与其进行剧班配合。

近年来，导师与研究生的关系成了网友和媒体关注的热点。深究这些剧班表演失败的案例，我们不难发现声讨导师压迫、剥削的背后，论文、求职、出国、奖学金等问题，才是师生矛盾尖锐化的根源。可见，学生对教师的强大依附关系，逐渐使导师和学生之间的关系扭曲，导致剧班成员偏离角色规范，表演出现偏差，使大学形象呈现负面效应。

大学剧班的核心演员是大学人，包括管理者、教职工、大学生等角色群体。每一个角色在扮演之前，都有一个所扮演角色的社会期望，会形成对角色行为模式的理解，即角色认知。角色认知是对社会角色期望的认知，是认知结构问题，角色作为内容被定义为社会群体成员共同的社会期望，这种社会期望可以是明文规定的，也可以是约定俗成的。大学角色群体本身就有社会期望，人们对大学校长有作为教育家、政治家的双重要求；对大学管理者有服务师生、履职尽责的敬业标准；对大学教师有作为“经师”“人师”的双重要求；对大学生有作为“建设者”“接班人”的双重要求。角色一旦定位，行动就必须与社会期望一致。

当然，角色认知还需角色学习，角色学习需要遵从理想角色的内涵规定。大学角色群体的表演也应该按照角色期望来进行，符合角色认知，进行角色学习。从大学形象自我呈现的实际情况来看，角色定位准确，管理者、教师、学生角色领悟到位，角色扮演就会成功，大学各角色间就会协调一致，互相支撑、共同维护良好的大学形象，反之，就会导致极其不利的后果。遗憾的是，在新媒体环境下，演员和剧班的管理问题愈发严重，不仅管理层与教师群体"各说各话、管理层与学生群体"越级对话"，而且教师群体与学生群体之间矛盾迭起，师道尊严受到挑战，教师污名事件此起彼伏，导致大学形象自我呈现的困难重重。

## 3.3　角色认同：镜像多元与舆论监督

随着时代发展和高等教育职能的扩展，"田园牧歌"式的传统大学逐渐卷入喧嚣的政治、经济、社会之中，大学的角色逐渐模糊，其非营利性、非政府性、自治性和民间性受到前所未有的挑战。而且，当"文化资本"重新回归社会垄断地位、"声誉资本"成为具有战略意义的经济学新概念时，教育质量的差异、教育机会的不平等及与此密切相关的贫富差距问题日渐凸显：大学生数量不断激增；高等教育质量持续下降；科研与商业交织密切；学者身份地位明显降低……大学原有的社会基础和学术文化发生了极大变化，而这一切在前台、后台逐渐交融的新媒体时代被放大与凸显，其形象自我呈现与控制的难度不断加大。

当下人们已经进入万物皆媒、所有人对所有传播的网络社会。一个显著的变化是，信息的交流已经部分替代了商品和人员的交流，甚至形成社会生态。日新月异、争奇斗艳的新媒体以搜索引擎、社交媒体等多种形式为载体，彻底颠覆了传统的信息传播方式、传播关系、传播理念、传播规律。与以工业化为背景、以面对面为日常交流方式的大众社会不同，以后工业化为背景的网络社会，各种新媒介成为日常交流不可或缺的工具，并在大众社会的基础上进一步疏离了人与人之间的现实关系。

在新媒体环境下，由于网络提供了不同的意义镜像，学生群体的角色认同出现了迟疑化、多元化的迹象。而随着传播途径的扩大，教师群体和管理层面临的舆论监督增强，舆论影响力也随之扩大。同时，网络挟裹着各种不同的民意，影响了业已形成的角色规范和角色认同。

### 3.3.1 多元镜像中的众声喧哗

法国心理学家拉康认为，自我的内涵是由“他者”所决定的。因为一个不与他者发生关系和互动的自我没有意义，而一个人对自身的体认，总是通过他人的眼光进行的。简而言之，我是一个什么样的人，我自己的认识既不一定正确，也没有绝对意义；相反，他人认为我是一个什么样的人，才具有社会价值；而我对自身的认识，同样要借助他者的认识方能获得。此时，他人对我的认识构成了一个个镜像，在这一个个镜像中，所谓的“我”才能得以描述。换言之，“我”的社会角色，事实上是由他人给我定义的，而非出自自我的认知。

符号互动理论的创建者之一、美国哲学家米德同样认为，自我是在社会交流的角色扮演中形成的。在米德看来，一个有机体的理性不可能是完全性的、不与任何他人发生互动的绝对性个体。只有将自我投入社会情境中，或者在经验行为背景下，采取客观的态度，与他人进行互动，才能够正视自我，认识他人。“自我的生成已经为自身提供了它的社会经验，自我作为可以成为他自身的对象的自我，本质上也是一种社会结构。”[1]因此，自我是来自社会经验的，在不同的社会情境中，它表现为一个个角色，而这些角色所提供的认同性的内容，同样来自社会中“他者”的意见。

大学生正处在青春期，是自我构建的关键阶段，而要实现这一点，就需要进行充分的自我表达、自我反省和社会交往。在传统媒体时代，这一过程主要通过面对面的人际交往、大学生班级组织和社团组织的交往完成。在新媒体时代，QQ、微博、微信、知乎等成为大学生获取信息的主要渠道和交际场所，各种网络上的互动行为成为大学生的交际日常。受全球化的影响，各种文化与价值观开阔了大学生的眼界，同时影响了大学生世界观、人生观、价值观的形成与自我构建。

中国互联网络发展状况统计报告数据显示，截至 2023 年 12 月，我国网民规模达到 10.92 亿，手机网民达到 10.91 亿，网民使用手机上网的比例为 99.9%。[2]互联网已成为社会公众的必需品，逐步渗透到生活的每个角落。走路时看手机、上课时看手机、晚上睡觉时看手机等现象已经司空见惯，聊微信和 QQ、刷微博、看知乎……网络已深刻地影响着大学生的学习、生活和工作方式。2024 年 2 月，腾讯发布了 2024 年第一季度财报，数据显示，

1　王振林，王松岩 . 米德的“符号互动论”解义 [J]. 吉林大学社会科学学报，2014，54(5): 116-121.

2　中国互联网络信息中心 . 第 53 次中国互联网络发展状况统计报告 [EBOL].（2024-03-24）[2024-05-28]. 中国互联网络信息中心网站 .

截至 2024 年 12 月，微信及 WeChat 合并月活跃用户数达 13.85 亿。2025 年 3 月，新浪公布 2024 年财报，截至 2024 年 12 月，微博月活跃用户超 3 亿，日活跃用户超 2.6 亿，超过八成用户为 30 岁以下人群，这些人群是微博的主力军。

可以说，新媒体的出现使大学生的眼界不再局限于大学校园。网络社会为大学生提供了更丰富的意义环境，进而直接冲击了其自我认知与角色认同。具体而言有以下两方面。

#### 1）价值排序与价值选择的非理性

从各类社交 App 中的话语显现中看，当前部分大学生在“价值排序”与“价值选择”问题上已经出现了错乱。

“价值排序”错乱表现在：一是底线价值的缺失。当前多元价值盛行，大学生大多具有包容的心态，然而，多元价值的存在需要底线意识，否则就极易滋生出网络暴力、犬儒主义和对他人隐私的侵犯。二是价值的双重标准。大学生的价值取向与社会价值规范虽有一定的区别，但在根本上是彼此联结、互为支撑的。只有在满足社会价值规范的基础之上，个体价值才能得以实现。换言之，自由的获得来自对社会规范的遵守和对社会义务的履行。遗憾的是，当前部分大学生表现出对个体自由的无限迷恋，殊不知，个体自由的无限扩张只会导致一种没有节制和没有内涵的绝对自由主义，其结果只能是一种对他者的侵犯，最终也会侵蚀社会价值规范。

“价值选择”错乱表现在：一是线上线下的差异化。大学生热衷个性的表达和自我的自由。但是，这种强调在线上空间和线下空间却表现得截然不同。在线上，他们会借助各种符号系统来传达自身的价值认同，用转发、点赞、吐槽等方式表现自己的选择。但是在线下社会实践中，需要以现实的行为方式来展现自身的价值取舍时，不少大学生却保持了缄默，选择了观望。而这种虚拟情境和实际情境之间的表演差异体现了大学生价值选择的不一致性。可以这样认为，大学生在无人监督的网络空间里表现得敢打敢拼，而一旦进入现实空间，他们很可能沦为了旁观者，变得十分消极。二是出发点与归宿的迥异化。一个人的价值取向会因为环境的变迁、知识的获取而不断发生变化，但总体而言，总是具备一定的时间延续性。如果价值取向发生突变与断裂，就会陷入个性表达和价值认同的困境。在新媒体环境下，大学生有较多的自我表达和意义学习的机会。这一机会的获得，反而使其在网络空间中难以找到自身定位，忘却大学生身份，产生目标失落和价值迷茫，结果不知不觉地被碎片化信息所吞噬，看似得到了虚拟满足，实则无尽空虚。正如一个网络顺口溜说的那样："睡前抖音熬半宿，早上头条看世界。有钱淘宝快剁手，没钱鸡汤补励志。……每条推送都震惊，每个消息都刚刚。全家微信学养生，好友全在拼多多。"

2）价值相对主义

价值排序一旦错乱，就会随之出现价值相对主义。对此，波兹曼在其著作《娱乐至死》中曾有过非常精彩的说明。在他看来，网络空间是一个"躲猫猫的世界"，在网络中的任何严肃题材，无论是新闻、政治还是社会文化，都能够瞬间瓦解并被不断重构；传统的"能指"与"所指"的固定连接不复存在了，有的只是漂浮而不断增值的"能指"符号，于是，在公众场所中也接二连三地出现了一个个"匿名权威"。[1]这种匿名权威之所以能够存在，是因为整个网络空间众声喧哗，发声者的声音如果能够迎合公众的情绪，便能得到拥护与信仰，并在这种拥护与信仰达到一定程度后反过来影响公众。如此一来，本应是来自"自我"的思想、愿望的活动最终被一种"伪活动"所取代，并生成"伪自我"，这种"伪自我"虽然打着自我的旗号，但灌注其中的、表现在外的只是一个虚伪的、体现着他人的期待与意欲的角色。这种"伪自我"是如此的强大，以至于它能够反过来压抑真正的自我，让自我只是在梦中、幻想中、无意识中时才能得到喘息，让人体会到自身应有的，而非由他人代理的思想与感觉。[2]不难看出，一个人如果在网络空间中为这种多元意义的发声与喧哗所淹没，那就失去了自我的意义支撑，也彻底丧失了自我的认同，意义就会因此进入一种漂浮而无所依归的状态之中。

从大学现状来看，大学生的价值观尚在形成中，价值排序与价值选择的非理性及价值相对主义在大学生中不同程度地存在。角色定位一旦处于迷茫状态，表演就可能远离剧班方针，导致角色偏移和表演崩溃，这样的例子在高校比比皆是。网络上热议的校园贷、大学生网红、大学生游戏成瘾等，都是多元镜像的众声喧哗。

### 3.3.2 舆论监督中的认同变更

与学生群体的角色认同处在形成阶段不同，大学教师群体和管理层的自我认知与角色认同已经形成。然而，新媒体环境的出现使教师群体也成为被报道的常客。新媒体环境下

1　师曾志，仁增卓玛．泛娱乐时代个体生命倾向性的狂欢 [J]. 教育传媒研究，2018(4): 8-14.

2　艾里希・弗洛姆．逃避自由 [M]. 刘林海，译．上海：上海译文出版社，2015:135.

传播途径的扩展和舆论监督的增强，使舆论影响力进一步扩大，有趣的是，这些影响力的存在，又进一步影响了传统的角色规范与角色认同。

陕西师范大学的吉晨晓以“高校教师”为关键词，对新浪网 2014 年 7 月 1 日至 2017 年 6 月 30 日的共计 294 篇新闻报道作了整体性分析，得到结果如图 3-3 所示。

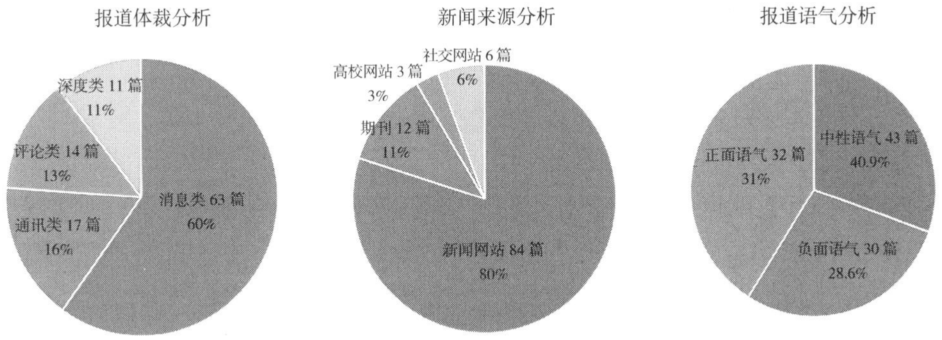


图 3-3 报道体裁、新闻来源和报道语气的分析结果

（1）从报道体裁看：消息类报道最多，占 60%；通讯类次之，占 16%；其余为评论类报道和深度类报道。

（2）从新闻来源看：新闻网站数量最多，占 80%；期刊数量次之，占 11.4%；其余为高校网站和社交网站。从新闻来源看，以媒介呈现为主，高校自我呈现不足。

（3）从报道语气看：中性报道最多，占 40.9%，体现权威媒体的客观公正的立场；其次为正面报道，占 30.5%；负面报道次之，占 28.6%。吉晨晓的分析认为：新浪网新闻频道中性报道涉及教师职称评定、薪酬，高校教师创新走红、值得点赞和好评等内容；正面报道涉及高校教师立德树人、教书育人、教学科研、社会服务、师德师风等；负面报道涉及高校教师徇私舞弊、违法违纪，与学生发生不正当关系等内容。

（4）从报道内容看：职业工作类报道最多，约占 42%；社会新闻次之，占 25%；其余为经济新闻和法律新闻。大学成为轴心机构之后，大学教师与社会经济的联系日益紧密，使经济新闻频发。另外，随着新媒体的发展，教师负面新闻产生后，随之而来的法律纠纷新闻报道也呈增长之势（图 3-4）。

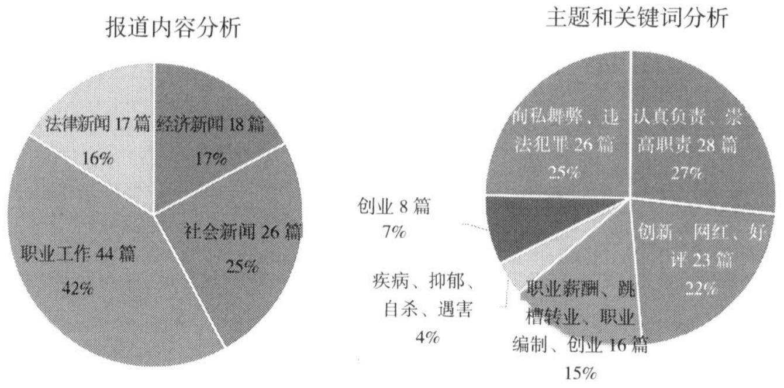


图 3-4　报道内容和新闻主题、关键词的分析结果

（5）从主题和关键词看："认真负责、崇高职责"等主题较多，占 26%；"徇私舞弊、违法犯罪"等主题也大量存在，占 24%。"创新、网红、好评"等关键词较多，占 22%；"职业薪酬、跳槽转业、职业编制、创业"等关键词次之，占 22%；"疾病、抑郁、自杀、遇害"等主题的新闻也同样吸引公众眼球。从数据分析看，正面主题和关键词较多，中性主题和关键词次之，负面主题不同程度存在（图 3-4）。

借助新浪网对高校教师报道的分析，我们可以得知高校教师在新媒体中的形象。其正面形象在于坚守岗位、情系学生、勇于创新、知识高深，而其负面形象在于违背伦常、师风日下、师德沦丧。其中，某些教师以权谋私、与异性学生发生不正当关系是高校教师群体遭受污名化的最主要原因。

在这样的舆论监督下，舆情挟裹着不同的民意，影响业已形成的角色规范和角色认同，并参与新的角色构建。部分教师开始在教师身份的同时，逐渐向网红身份认同靠近，塑造出新的大学教师形象。

2010 年 6 月 23 日，李培根在华中科技大学 2010 届本科生毕业典礼上发表了名为《记忆》的毕业演讲。演讲中，他激情四射，极富感染力，短短 16 分钟的演讲，赢得了 30 次热烈掌声。全场 7 700 多名学子忘情起立，齐声高呼"根叔！根叔！"其视频和演讲词在网络上一经发出，随即掀起了一股热潮。究其原因，在短短两千多字的篇幅中，李培根院士将国家大事、学校发展、身边人物与当时的网络热点事件和网络话语结合到了一起。他的演讲既铿锵有力、激情澎湃，又平易可亲、真诚坦率，给原本准备好听一篇官样文章的学生带来了一顿不一样的麻辣大餐。因此，这次演讲不但得到了学生的认可，还在网络中掀起了一股"根叔旋风"。虽然，2010 年并未有"网红"一词，但根叔的形象与其有着深度重合。而从根叔的演讲中，我们也可以肯定他在有意识地向网络空间靠近，塑造出新媒体时代崭新的高校教师乃至高校校长形象。“你们一定记住了‘俯卧撑’‘躲猫猫’‘喝开水’，从热闹和愚蠢中，你们记忆了正义；你们记住了‘打酱油’和‘妈妈喊你回家吃饭’，从麻木和好笑中，你们记忆了责任和良知……”[1]这里面有的是对公平正义、良知责任的呼吁，但呼吁者的形象，却在网络空间中显得更为年轻、时髦。

有主动靠近新媒体的，当然也有引领新媒体的。如李某某院士，他在中国科学院大学做讲座时被拍的一张照片在网络上迅速走红。照片里，他黑衣、蓄有胡须、光脚穿着布鞋，被网友称为“仙风道骨”。人们惊讶这位不修边幅的老人，就是国际遥感基础研究“李-Strahler几何光学学派”的创始人。人们称赞他就像《天龙八部》里的扫地僧，低调而有内涵，是科学界的良心。然而，在他的秘书、学生眼中，这并不奇怪。在他真实的朋友圈里，“小伙伴们”反应很平静。在他所带的研究生QQ群里，没有人因为这件事一惊一乍，群里没有人讨论李院士的衣着，偶尔蹦出的话题也是和遥感技术相关的。正如有的网友评价的那样，对李院士的关注，其实也是一种借他人之酒杯，浇自己胸中之块垒的举动。人们对李院士“扫地僧”形象的肯定与宣扬，表达的是他们对科学界存在的功利现象和浮夸行为的失望，对各种“学者”中庸混世、缺乏傲骨状态的不满和厌恶。从这个角度看，李院士的形象成了一种群体性想象和情感宣泄的载体。这个人物的被聚焦，恰恰在于他契合了公众的美好愿望。而在这个过程中，他的形象也在不经意中成为大众对高校教师形象认同的来源之一，当然，也是高校教师自我认知的镜像之一。

1 李培根. 记忆：华中科技大学校长李培根在2010年毕业典礼上的致辞[J]. 湖北教育（领导科学论坛），2010(4): 74-75.

# 4 表演场景及区域变迁

新媒体的使用，颠覆了传统的信息传播方式和信息传播理念，对人们的日常生活产生了深刻影响，同时在某种程度上形塑出人们全新的行为模式。在新媒体环境下，拟剧理论逐渐衍生出新内涵：社会场景的差异及快速转移使“前台”与“后台”发生变化，网络媒体的镜像呈现使传统的表演框架更加模糊，区域的“泛边缘化”趋势明显，表演者身份难以认定，表演的行为越来越多样化甚至隐蔽化。在此剧烈变化下，生活于其中的人们自我呈现控制能力越来越强，越来越易于制造出符合预期的形象，然而，与之相对应的是观众的鉴别能力也越来越高，传统的权威性日益坍塌，可信仰之物不复存在。

在新技术和新媒介的影响下，现代大学与社会公众、社会组织之间的交往，不再是传统意义上直接、真实的人际交往和组织互动，而是越来越趋向深度卷入“媒介互动”。人类社会俨然进入了“媒介化事实”时代，人们生活在由媒介塑造的虚拟环境之中，几乎所有的事件、信息都是媒介加工及整合的结果，都被媒介化为“媒体事件”[1]。在互联网、社交媒体等媒介形式的充分参与下，传统大学的前台和后台逐渐转变为“媒介化”的前后台，不仅现实与媒介世界的前后台呈现出界限消融、相互位移的态势，甚至媒介化的前后台本身也有这种趋势。这种复杂的关系，使得大学形象的自我呈现越来越难以实现前台表演的一致性以及对后台内容的垄断和控制。

因此，适应新媒体环境下大学形象前台与后台发生的新变化，结合网络社会信息传播和情境定义模式，考察前台的“增建”和后台的“去蔽”，关注大学复杂的后台运作机制，以及当前前后台界限日趋消融、新的混合情境开始生成的事实，有助于加深对新媒体环境下大学前后台行为的认识，进而解决其关系的协调问题。

1 胡西伟 . 当代中国大学形象的媒介呈现与重建 [D]. 武汉：武汉大学，2013.

## 4.1 前台的“增建”

一直以来，大学都被视为与社会经济、政治机构既相互关联又鼎足而立的教育机构。它不仅是知识的传承、生产和传播的场所，更是高水平的科研基地，以及引领经济社会高质量发展的旗帜标杆。中国大学坚守着知识论的价值取向，实行党委领导下的校长负责制，将立德树人作为根本任务，并将这种思想贯彻于学校治理的内部运作中。在这样的价值取向和制度规范下，呈现在社会公众面前的大学形象，必须是符合政治正确性，且以培养人才、服务国家和社会发展为己任的理想化形象。因此，大学的前台表演，是经过严格编辑把关和带有偏向性议程设置的。其所建构呈现的大学形象文本，必然要符合一定的规范与要求。基于党管媒体原则，大学的报道必须具有政治正确性，必须坚持贯彻党和国家关于大学“双一流”建设的政策思想，其所构建的大学形象，一般以积极正面的宣传报道为主，重点强调高校深厚的历史文化底蕴、卓越的学术成就、高水平的师资力量及独树一帜的大学精神等，这些内容符合社会公众剧本期望的内容。大学选择呈现的前台行为，必须符合理想化的要求和剧班期待，不能随意将后台与前台不兼容的动机或行为暴露出来。

在传统媒体社会中，实现上述要求是可行的。一方面，信息传播渠道的单一保证了信息的呈现与流露，报纸、广播、校刊等媒体是大学展现表演、传播相关信息的单一渠道，保证了社会公众从传统媒体获取的大学信息和大学形象认知来自大学主动的自我呈现和信息披露，有利于建构理性化、正面的大学形象。另一方面，大学作为事业单位，党管媒体的职能也能有效促使媒体封锁和隐蔽相关负面消息，实现后台行为和信息的观众隔离，造成社会公众的认知局限和偏差，大学也因此获得了间接舆论把控权。

然而，在新媒体环境下，传统的做法逐渐难以应对。近年来，微博、微信等移动社交平台迅猛发展，媒体内容、渠道、功能高度融合，一个媒体形式丰富、内容多样、表达渠道通畅的“新媒体时代”应运而生。在这个传播连接充分、信息鸿沟缩小、自媒体发达、公众越来越靠近权力话语中心的时代，传统媒体语境中大学形象自我呈现的目标、规则及监控运行能力已跟不上时代步伐。既不能满足新时代高等教育的发展需求，也难以适应大学形象自我呈现的新趋势。大学形象自我呈现的客观需要，呼唤着能与当前媒体语境相适应，更符合广大受众心理的前台呈现。

于是，在网络技术的助力下，大学自我呈现的前台，较之传统媒介时代，在呈现的范围与渠道上有较大改变，微博、微信、微视频等日益兴盛，被广泛应用于大学形象的自我呈现中，使大学自我呈现的范围变得宽广，大学自我呈现的渠道更加多样。具体而言，大学仪式性前台、学术性前台及自媒体前台的扩充、放大与互联，我们称这种现象为前台的“增建”。但同时，大学自我呈现的价值性内容与之前相比并没有发生根本性的改变，如果说大学形象是大学剧班在互动情境中展现出来的大学精神、历史积淀、综合实力及发展潜力等因素的综合反映，良好大学形象的自我呈现，旨在增强内部向心力和外部感染力，提升内在发展动力和外在竞争力的话，那么当前大学精神、大学特色、大学价值依然是大学形象自我呈现前台的核心要素。

戈夫曼认为“前台”用来指称特定表演的场所，是个体按照剧本期望和社会规范，面向观众进行表演和印象管理的区域；而“后台”则是与前台相对的概念，是表演者限制观众、不让观众和局外人进入的舞台部分，是道具和剧目的藏身之所，是设计与排练的空间，也是印象的塑造之地。表演者可以在后台暂时脱下面具，表现自发性的主我。[1]需要指出的是，前后台的划分指向特定的情境定义，是表演时不同场所承担的功能，并非某个固定的物理空间。而且，前后台具有相互转化的可能性，当观众闯入后台后，后台区域的行为就会转变为另一场表演的前台。

显然，人们主要通过前台行为有选择性地进行理想化表演，以期达到良好的自我呈现效果。在前台表演时，任何剧班及剧班成员都会努力展现理想且完美的自我形象和社会行为，同时竭力掩饰和抑制那些与理想化形象相悖的内容和失范行为。换句话说，前台呈现的通常是理想的成品，而那些复杂艰辛的生产过程、失误与半成品则藏于幕后秘不示人。前台可分为舞台设置和个人前台两个部分，前者通常用来指称表达性装备的场景，是演员进行表演的场景和区域，前台是表演者精心设计准备的表演区域，是面向观众展示、建构意义的舞台部分。[2]后者主要是由各种刺激构成，由“外表”和“举止”两个部分组成，个人外表意在传达表演者的社会地位；举止则意在表明表演者在互动中所扮演的角色。[3]

作为建立大学内外形象的中枢，大学形象自我呈现的前台，就是呈现在社会公众面前的群体和形象文本的集合体，如高校的校园环境、学习氛围、师生群体和识别系统等内容和元素。而后台则涉及大学形象的设计和管理的区域或部门，是大学形象的建设、规划和表演等幕后生产活动，一般不对社会公众或观众开放的隐藏区域。其中，“前台表演必须

1 欧文·戈夫曼．日常生活中的自我呈现 [M]. 冯钢 ’译．北京：北京大学出版社，2008：97.
2 欧文·戈夫曼．日常生活中的自我呈现 [M]. 冯钢，译．北京：北京大学出版社，2008：94.
3 欧文·戈夫曼．日常生活中的自我呈现 [M]. 冯钢，译．北京：北京大学出版社，2008：94-95.

受到社会制度、组织与规范的控制，不允许随意发挥”[1]。

### 4.1.1 仪式感的扩充

作为一种术语，仪式活动代表着一种个体必须守卫和设计的其行动的符号意义的方式，同时直接呈现对其有特别价值的对象。互动仪式就是一种表达意义性的程序化活动，对于群体生活或巩固团结来说尤其具有重要意义。[2]每个人在他人面前呈现自我，这种呈现或者说表演，都需要遵循在社会中得到正式承认的价值，在此意义上，可以把它看成一种仪式，看成对共同道德价值的表达性复原和重申。

虽然个体的自我呈现是一种常规仪式，但在传统环境中，这种仪式总是在现实中展现并上演的，发挥着自己体现价值的功能，也重复着仪式的意义，这也最终使它超越于一般的无意义行为。然而，在新媒体环境中，仪式展现上演的场合进入了虚拟的空间中，它作为意义表达行为因此得到了更大的表演空间，其价值——独特地承载了校园文化的仪式感，也因此得到了巨大的扩充。

当前，大学的两种仪式性表演备受关注：一是校庆活动；二是录取通知书的设计与宣传。这两类表演都是大学利用特殊时期，主动创设情境和议程，以展示大学形象的举措。

#### 1）线上线下的校庆展演

大学校庆是高校各级权力机构自上而下组织的仪式活动，既是一所大学隆重的庆典、盛大的节日，又是一个展示教育成就、凝聚情感、唤醒精神思想的重要舞台。大学校庆的价值与功能集中体现在对其精神文化、思想内涵、气质品格、理想追求以及社会贡献的彰显。[3]作为一种具有仪式性质的庆典，大学校庆传递的是一种大学的价值、精神、文化与信仰，能够凝聚社会的情感及认同感。正如涂尔干所言，仪式是激发、维持、重塑群体某种记忆或心理状态的一种重要行为方式。作为一种文化仪式和文化记忆，大学校庆不仅是对过往的追溯，具有自我经验总结的性质和价值，而且指向当下，还能为大学提供反思决策的依据；更展望未来，为发展指明方向。从这个意义而言，校庆活动就是一个大学集聚面向在校师生、知名校友、社会名流的特殊“前台”，对大学的形象建设和宣传具有重要意义。

---

1　周葆华．从“后台”到“前台”：新媒体技术环境下新闻业的“可视化”[J]. 传播与社会学刊，2013（25）：35-71.

2　周鸿雁．仪式华盖下的传播：詹姆斯·W. 凯瑞传播思想研究 [D]. 上海：上海大学，2011.

3　左鹏军．仪式和记忆：大学校庆的精神象征与文化内涵 [J]. 华南师范大学学报（社会科学版），2013（5）：65-68.

2017 年 10 月 3 日，中国人民大学（以下简称“人大”）举办了 80 周年校庆活动，习近平总书记等党和国家领导人相继致信祝贺，人民网、新京报和中央电视台等主流媒体纷纷报道，校庆的各类宣传画和标识同时亮相时代广场、4 号线地铁站及北京各大标志建筑物，引起社会各界人士的广泛关注。人大在校庆期间举办了丰富多元的比赛活动与演出，如合唱团演出、校友论坛、足球赛、文艺晚会等不一而足。人大为领导、嘉宾、人大师生、校友等提供了特定表演的场所。同时，人大开设了校庆专题网站，通过微信公众号平台发布了 H5“人大春秋图”，人民网、中国社会科学网、新京报、网易等主流媒体纷纷报道，不仅新京报分别以“栉风沐雨，砥砺前行”“脚踏实地，实事求是”“立学为民，治学报国”和“以人为本，人文立校”为标题刊登人大建校 80 周年的四辑纪念特刊，而且人大借助校庆，将微博、微信、网络等新媒体平台变成人大形象宣传的前台，通过官方账号图片、视频、文字等形式的宣传，与校庆活动形成联动宣传态势。可以说，在此次校庆活动中，人大在社会公众面前塑造了一个理想化的前台形象。

前台由各种“刺激”构成，戈夫曼将其区分为“外表”和“举止”两个部分，其中外表是“在告诉人们表演者的社会地位时起作用的标志”。在以“始终奋进在时代前列”为主题的 80 周年校庆中，人大不仅发布了 80 周年校庆视觉标识，而且官方微信公众号推出了“校庆头像生成器”的 H5 页面，在短短 6 小时内创下阅读量“10 万 +”的成绩，刷爆了“人大人”的朋友圈，头像 logo 在此成为人大学子的身份象征。借助微信这一社交媒体，人大学子在前台观展 / 表演中通过互动找到了认知和情感归属，进而获得了自我和社会的身份认同。此外，在新媒体的作用下，该校独特的视觉识别系统在网络上的传播铺天盖地，其名校形象、精神风貌和历史人文底蕴通过其“外表”得到了充分展现。

“举止”则意在标识表演者在互动中所扮演的角色。校庆期间，人大官方微博推出一系列形式新颖、生动有趣的线上互动项目，吸引了广大师生和校友共同参与为母校庆生的活动。10 月 3 日校庆日当天，其官方微博开通了直播平台，通过互联网向全球直播校庆庆祝大会和文艺晚会，现场的网络直播打破了校庆表演前台和工作后台的界限，实现了前台与后台的连接，一些后台区域的工作和相关人员也暴露在镜头下，成为大学校庆形象的前台。

可以说，人大盛大的校庆活动，充分调动了前台“外表”和“举止”因素，人大深厚的文化底蕴、优秀的人才资源、高水平的科研成果等内容，得以重温、提炼、概括和表达，完成了一次成功的自我呈现。人大在前台成功的形象展示，离不开后台精心的策划、筹备和排练，前台与后台的配合为校庆活动的成功奠定了基础。当然，在知乎、百度贴吧等网络社区搜索“人大校庆”的相关内容，能够发现许多匿名用户对此次人大80周年校庆表达了不同的看法，如后期保障不足、各学院内部的攀比及过于重视形象工程的建设等负面评价。毕竟社会公众通常只能看到大学前台的华丽形象，却难以知晓后台的情况。

2）录取通知书的个性化设计与宣传

大学利用特殊时期，主动创设情境和议程来宣传大学形象。高质量的人才培养是现代大学运转的核心任务和目标追求，而生源质量是大学人才培养的首要前提，一所大学生源质量越高，学校的竞争力和吸引力就越强。因此，越来越多的大学加入了“生源抢夺战”，招生宣传方式“花样百出”，这也成为大学日常前台表演的重要维度之一。

2013年7月14日，@人民日报以“用毛笔手写的通知书，请珍藏”为题发布了博文，展示了陕西师范大学本科生录取通知书的特色：一群年逾古稀的退休老教授，用毛笔一笔一画手写通知书的情况。陕西师范大学回应称：“师大，还是坚持手工书写每一份通知书，饱蘸浓墨，一笔一画。”随后，包括中央电视台在内的众多权威媒体跟进报道，陕西师范大学的毛笔手写录取通知书迅速走红网络，不少网友纷纷点赞，称其“笔端有真意”“一笔一画写出来的，确实值得好好珍藏”“是最值得珍藏的录取通知书”。

2018年7月17日，人民日报发布消息称，陕西师范大学录取通知书已坚持12年毛笔手写的传统，值得称赞。参与手写的10位退休老教授中，年龄最大的85岁，他们用一周的时间完成新生录取通知书的手写工作。

在陕西师范大学“手写毛笔大学录取通知书”这一招生前台行为和文本中，大学着重呈现退休教授的自发组织的公益参与性质，强调花甲之年教授们的手写工作量，以及一丝不苟的匠人精神，凸显中国传统文化和大学文化特色等内容，诸如“老师们对自己的要求都非常高”“不收任何费用”“希望为莘莘学子献上开学初礼”“学为人师，行为世范”“让学生感受到中华传统文化和独特的校园文化”“传播中华文化”“养成良好的学风”等信息，有意无意间传递给了社会公众。毫无疑问，在新媒体环境下，陕西师范大学这一仪式性的前台表演行为，既蕴含着深厚辉煌的大学文化底蕴，又激励着当代人不断创新开拓，为陕西师范大学“厚德积学 励志敦行”的校训增添浓墨重彩的一笔。

与陕西师范大学有着浓厚的文化气息相比，清华大学2018年录取通知书内夹带了一份激光雕刻的3D清华“二校门”纸雕工艺品；浙江农林大学则展现农林特色，其录取通知书采用刨切微薄竹技术，以浙江毛竹为原材料制作并印刷而成；四川大学的录取通知书被网友称为“土豪金”，实际上该校通知书的颜色是代表厚重历史感的“古铜色”，采用的是金沙纹特种纸，暗纹中印有巴金、朱德、张之洞、张澜等与四川大学关系密切的历史人物，颇具历史文化感；西北工业大学体现了新科技的运用，2017 年寄给新生的是 AR 录取通知书，2018 年又定制了基于大数据统计的生涯密钥。这些大学之所以花费心思，精心设计录取通知书，从大学形象自我呈现的角度来看，是大学管理层精心准备的前台，这些前台的展示既有招生部门想方设法招揽新生的手段，也有学校管理层对学校形象和文化的挖掘与呈现，还有必要的经费预算作支撑，后台的精细规划是必不可少的。

### 4.1.2 学术圈的放大

大学作为一个学术型组织，其理论与实践源于德国大教育家洪堡创办的柏林大学。洪堡提出大学的“研究”功能，把学术性确立为大学的根本属性，开辟了大学教育的新境界。“大学虽然是社会组织系统中的重要构成部分，但是大学区别于其他社会组织的显著特点是它的高度学术性、教育使命性”“学术既是大学的历史原点，也是逻辑起点，还是大学精神、大学理念和高等教育管理思想及原则的基本来源。研究高深学问是大学的学术宗旨”“从大学的发展历史长河来看，学术本位始终是大学发展的核心力量”。[1]作为学术机构，大学的形象需要从学术层面进行考量。正是在这一理念指引下，在新媒体环境下，原本具有专业性和封闭性的学术圈也逐渐开放，让“学术”成为一个大众也许不懂，但不妨碍了解其影响力的关键词，学术圈也因此成为一个备受关注，影响力不断扩大的群体。

当前，在国家的指引下，“双一流建设”和重大科研新发现是学术性的表现形式。在新媒体环境下，这两点也成为人们关注的焦点。

#### 1）围绕“双一流建设”的话语发酵与权力博弈

2017 年 9 月，我国教育部正式公布了世界一流大学和一流学科建设高校及建设学科名单，这是继“985 工程”和“211 工程”之后的又一国家战略。自名单公布以来，全国入选“双一流建设”的高校纷纷召开研讨会和座谈会，相继发布了各具特色的双一流建设方案，积极响应教育部号召，加快推进双一流建设进程。

---

1 陈锡坚. 基于学术场域大学治理现代化的探究 [J]. 黑龙江高教研究，2018，36（6），65-68.

从双一流的前台“外表”来看，入围双一流则意味着高校被赋予了“建设世界一流的大学和学科”的华丽标签和全新定位。作为大学形象自我呈现的前台，“双一流建设”既是对中国大学未来发展的规划和蓝图设计，也是对中国高水平大学的重新认定，有利于提升高校的整体实力和国际形象。对入选高校来说，“双一流建设”这一前台不仅代表了国家层面对其教育质量、科研水平、学科建设、创新能力等方面的综合评价，也为其在各大媒体平台展示一流大学或学科形象，形塑社会公众对大学整体形象的认知提供了机会。

以一流大学建设高校名单为例，“双一流大学”在原39所“985工程”建设高校的基础上，增加了郑州大学、云南大学和新疆大学3所高校，共计42所，其中A类36所，B类6所。新增的3所大学与湖南大学、东北大学、西北农林科技大学3所原“985工程”高校一同划分到B类层次。教育部之所以将双一流大学分为A、B两类，是因为通过级别的动态变化，打破固化的传统体制和高校身份限制，为高校内部提供竞争压力和内生动力。但这一评级对“985工程”大学而言，比如湖南大学，是对其近年来教育建设、学科发展、人事调动等情况的综合反映，不利于其进行自我呈现和社会印象的管理。事实上，在双一流名单公布前，网络上就有湖南大学落选A类双一流大学建设的消息，学校在前台努力通过“辟谣”来控制舆论。而当名单正式公布后，湖南大学被降级为B类一流大学，并登上热搜榜，引发广泛关注。彼时，湖南大学虽然在前台积极响应国家“双一流”建设，但在内部要求学生不接受任何媒体采访，不通过自媒体发表意见或转发负面消息，同时鼓励大家维护湖南大学的外部形象。

相比之下，郑州大学、云南大学和新疆大学这三所原“211工程”高校入选“双一流建设”名单，在名单尚未正式公布之前，它们就开始进行前台的宣传和表演，引发网络相关话题持续发酵，成为社会舆论关注的焦点，这些举动无形中提升了这三所大学的外部形象。

2017年8月13日，新疆维吾尔自治区主席到新疆大学调研时透露，“新疆大学已被教育部列入国家‘双一流’战略布局中42所‘世界一流大学’建设之列”；8月24日，云南大学法学院举办新生、家长见面会时和大家分享了“云南大学被列入国家培养的世界双一流大学名单”；12月28日，云南大学官网公布《云南大学一流大学建设方案》。由此可见，这几所高校通过开展相关会议、活动及宣传等前台表演，提升了自身在广大考生和社会公众心目中的整体外部印象，在社会评价、考生选择和自我发展等方面起到了积极的作用。

然而，当各大高校助力“双一流建设”宣传，为大学形象前台建设高歌猛进之时，有关“双一流建设”后台的非官方话语内容也在网络上流传，诸多网友认为，部分高校在前台名义上申请“双一流建设”是在后台经过学科重组和包装的，旨在通过教育部审核，以争取更多的科研经费。同时，也有网友在后台质疑“双一流建设”的评选标准，例如只有三个学科被列入一流学科的重庆大学被纳入一流大学名单，而拥有六个一流学科的东北师大却未入选。这表明在“双一流建设”的后台，也存在着权力和利益的博弈。

2）聚焦高水平科研成果的不遗余力

科研能力与水平是大学前台表演的另一个维度。对于高水平大学来说，越来越多地将学科科研成果、承担课题的层次、科研经费等，作为衡量其综合实力乃至塑造大学形象的重要标志。2016 年 5 月 2 日，河北科技大学副教授韩春雨的团队在 *Nature Biotechnology* 上发表题为“DNA-guided genome editing using the Natronobacteriumgregoryi Argonaute”的论文，该论文一经发表，不仅引起了国内外相关研究领域的密切关注，而且网络舆论从最初的推崇到后来的质疑的反转在国内外媒体中产生了巨大的反响。有论者对 2016 年 5 月 2 日该论文发表到 8 月 16 日进行了全媒体监测，结果显示“共发现相关报道 21 592 篇，其中论坛 1 051 篇、博客 962 篇、新闻 5 086 篇、原发微博 1 247 条（转发微博 9 365 条）、纸媒 282 篇、微信 2 497 篇、App 新闻 1 075 篇、问答 26 条、视频 1 条”[1]。其中，不少前台文本极为关注韩春雨本人及其研究环境，高度推崇这位“三无”教授（非名校、非名人、无职位）在“三差”条件下（工作条件差、经费少、资源不足）而取得“诺奖级研究成果”。而当事人透露的“好几年没有写过论文”“学校比较宽容”“河北科技大学的环境很宽松”“实验室有点儿寒酸”等有关大学科研环境和待遇方面的信息也在新旧媒体中广为流传。

河北科技大学也将韩春雨团队的科研成果视为高校的科研水平来进行自我呈现。在河北科技大学官网上，以“韩春雨”为关键词进行搜索，有 20 页近 200 条搜索结果，内容主要是《人民日报》《光明日报》《中国教育报》《河北日报》《北京日报》和财新网等媒体对论文本身内容、科研团队、科研环境，尤其是韩春雨本人学历、出身等的正面报道。2016 年 5 月 23 日，河北科技大学官网发布通告，公示推荐韩春雨参评申报河北省教育厅、中共河北省委宣传部“美丽河北最美教师”；5 月 26 日，该校发布通告，公示增补推荐韩春雨参评 2016 年度享受政府特殊津贴人员；2016 年 9 月 30，又发布通告，公示韩春雨成为该校 2016 年国家创新人才推进计划暨“某某计划”科技创新领军人才、科技创业领军人

1 高宏斌，王大鹏 . 全媒体视角下的韩春雨及其论文舆情 [J]. 科学通报，2016，61（31）：3292-3295.

才推荐人选。显然，河北科技大学将韩春雨高质量的科研成果，以及各大媒体对韩春雨的正面评价置于表演前台来进行形象管理和自我呈现，希望借此赢得社会对该校科研实力的信赖与认可，提升大学科研形象，丰满整体形象。然而，随着韩春雨的科研成果遭到学术界广泛质疑，舆论出现反转。最终论文撤稿，这场表演彻底崩溃，该校前期极力营造的高科研质量的高校形象也于瞬间崩塌，甚至产生了负面影响。

### 4.1.3 新媒体的互联

互联网将传播带入全新世界，互联网时代的信息传播模式重构了传播流程。在新媒体环境下，过去的议程设置与把关人理论变成了“事件即刻发生，传播即刻开始”，打破了信息单向传播方式和精英话语权的单一性。大学管理者意识到新媒体的力量，纷纷入驻新媒体平台，借助网络开发和强大的信息资讯，改进形象呈现方式，以提升大学形象。而拍摄形象宣传片和打造校内校外有影响力的自媒体则是每一所优秀大学的共识。借助新媒体的互联作用，大学形象呈现每时每刻都在进行，且形式丰富多样。

#### 1）形象宣传片的摄制与推广

大学形象的专业化传播是大学进行自我呈现，以巩固和提升自身形象而进行表演的最直接的形式。大学管理者往往通过对影响大学发展和社会公众认知元素的整合、取舍，以文字、图片、音频、视频、动画等形式，直接或间接地向社会公众和媒体传播相关信息。大学形象推广片或宣传片即为大学形象管理的前台之一，是塑造大学理想化形象的重要载体，精彩的创意与构思、生动的故事情节，辅以图文并茂、影音互动的形式，经由新媒体平台，能在短时间内传递大量的信息，积聚网络人气，给社会公众留下深刻的印象。

2014 年 6 月 5 日，某某大学青春系列微电影《星空日记》举行新闻发布会，新闻发言人蒋朗朗宣布该部微电影正式上线。人民网、央广网、中国青年网等网站第一时间发布了该消息。随后，该片也相继上线于优酷、爱奇艺等视频客户端，并迅速蹿红网络。该片上线不到一周，优酷网点击率就超过了 180 万，有关青春与梦想的话题也引发了网友和观众的热议。《星空日记》是继微电影《女生日记》《男生日记》之后，北京大学推出的“青春日记系列三部曲”收官之作，也是北京大学最新形象宣传片的前台作品。北京大学官方微博发布《星空日记》校友致辞视频和电影链接后，立即引来广大网友的点赞和转载，李思思、李彦宏、撒贝宁等北京大学优秀校友录制了梦想寄语和祝福视频，# 北大新闻 # 北大微电影《星空日记》校友致辞："岁月流转，每个人都有自己的梦想，而梦想唯有坚持才能实现……并踏上一段新的星空之旅。"

与前两部作品相比，《星空日记》在青春主题上更注重展现北大学子追逐梦想的过程。微电影抛弃了以往主旋律式传播大学精神的模式，从一名从小拥有"摘星梦想"的北大寒门学子的视角出发，讲述了一路被外界嘲笑的他在梦想与现实之间的矛盾困境中，在某某大学这片沃土里快速成长最终追梦成功的故事。影片围绕"梦想是最真的现实"，对青年学子心中的梦想和"北大精神"作出了新的诠释。同时，《星空日记》全方位展示了北京大学的校园环境、人文风貌和校园生活，包括北京大学的标志性景观，如燕园的湖光塔影、亭台楼阁，以及未名湖和博雅塔等，呈现出一个理想化的大学形象的前台。借助网络等新媒体平台，该微电影以生动的形式展现了中国最高学府的风采，打破了大学形象的传统宣传模式，凸显了北京大学这一百年学府的人文底蕴和大学精神。

在新媒体环境下，大学形象宣传片一改过去政宣的面孔，体现了新媒体特征，在摄制与推广的前期、中期和后期全部依托互联网的特征，吸引了校内校外众多关注，成为大学形象自我展示的新途径。结合各大高校的形象宣传片热播情况不难发现，新媒体环境下大学形象宣传片从策划、摄制到宣发、推广，形成了新的联动机制。一是在策划与摄制方面：大学形象宣传片题材与体裁选取独具慧眼，讲究故事性、情节感，以微电影的形式呈现，强调视听冲击力，努力向电影艺术水准靠拢；改变过去说教的宣传口吻，采取叙事视角，更多的是以个人成长为轴心，变宏大叙事为个体故事，让受众有参与感、互动性，引发情感共鸣；改变单一的表现手法，运用创新的表达方式如 MV 式、Lipdub 式（一镜到底式），清华大学形象宣传片、浙江大学形象宣传片就给受众带来了美的享受和精神的激励。二是在宣发推广阶段：改变过去只在校内宣发的模式，不再是内卷化的传播，在网络平台、视频网站及学校三微一端（微博、微信、微视频和移动客户端）同步推广，实现媒体互联，通过多维度推送引发裂变效应。加之名人校友的助力，大学形象自我呈现取得了良好效果。为了保持热度，部分高校采用多集推送的方式，形成主题链，全面且持续地展示大学形象。

### 2）官方微博和公众号的运营

随着手机上网的便捷与费用的下调，手机媒体功能得到了更充分的发挥。大学生是手机媒体的庞大用户群体，为了激发媒体效应，越来越多的高校借助微博与微信公众号等新媒体以多媒体、多角度、多样化的方式进行自我呈现。2016 年 3 月 7 日，武汉大学官方微博发布了一条关于去武汉大学赏樱花的微博，微博内容为“走走走，到武大看樱花”“看樱花，要约哦”。这部由武汉大学联合湖北广播电视台共同拍摄的一分钟赏樱宣传片《文明有序，有“约”在先》，由武大学生黄灿灿主演。她在 2013 年因参加“星耀女神”的评选活动而走红，被网友称为“武大女神”。娱乐营销专家、品牌策划人 @ 田金双称：现在的大学管理者与时俱进，也善于利用新媒体了。武汉大学用本校学生、微博红人黄灿灿当公益广告女主角，既发布了赏樱新规定，又扩大了武汉大学的学校传播力。网友 @ 梦梦啊 suki 称：武大樱花已拍到，就是没有见到女神。截至 2018 年 2 月 1 日，该视频在武汉大学官方微博上的点击率已达四万人次。该宣传片通过以黄灿灿为学生代表和学校管理层的相互配合，使原本严肃的宣传公益氛围，增添了青春活力，更易于新媒体时代的公众接受，武汉大学的形象在自媒体的自我呈现中不断提升。与此同时，武汉大学也在自己的门户网站上发布了消息：《你约了吗？且看武大赏樱公益广告》。武汉大学为了挽回网络上关于赏樱收门票的负面形象，联合主流媒体拍摄宣传片，目的就是向公众表明今年赏樱不要门票，但需预约。为了达到良好的宣传效果，更是让武汉大学校花黄灿灿担任主演，并从武汉市民的视角切入，取得了良好效果。武汉大学还把这一靓丽前台通过校园新媒体广为传播，“三微一端”同时发力，这则一分钟的公益宣传片，借助新媒体的联动，既宣传了学校，又宣传了“新政策”，赢得了各方好评，武汉大学在社会公众心中的形象有了新提升。

大学微博和微信的运营模式也发生了变化。一是改变过去严肃说教的风格，采用卡通形象、俏皮称谓，拉近与大学生和受众的距离；二是交给学生社团运营，秉持“给学生看的内容推送交给学生自己做”，教师进行把关即可，这种同视角、同兴趣、同味道的推送能够吸引更多关注，实现形象展示的基本功能；三是大学也在走上推销自我的道路，形象创设更具目的性，比如武汉大学的樱花节宣传，就是典型的形象打造。通过与权威媒体的互动，借助媒体力量，结合热点活动和名人效应，使学校形象深入人心。

## 4.2 后台的“去蔽”

如果说大学形象的前台即为大学剧班及剧班成员面对观众按照剧本期望进行角色表演的特定场所，是其刻意强调某些活动及事实的前台区域，那么与之相对，大学形象后台即为大学形象规划、建设、表演等幕后活动，是隔离观众并掩盖某些事实的区域。后台隐藏着表演的关键秘密，大学可以在后台暂时地取下“理想化”的面具，表现自发性的主我，其行为可以与其所扮演的角色完全不符。在戈夫曼看来，“一个人在地位金字塔中位置越高，能与之亲密交往的人就越少，在后台待的时间就越少，就越有可能要求他既得体又有礼貌”[1]。

新媒体时代，以互联网为基础的媒介技术、传播技术飞速发展，信息传播的速度和质量超过了以往任何时期。信息流通呈现出超时空趋势，实时传输或延时传输、任意或选择接收，使传统媒体发生了“革命性变化”[2]。这种变化极大地突破了传统媒体的线性传播、单向传播模式，让传播机制和传播格局呈现出多层次、多元化、多维度的特点。其中，以微博、微信、微视频为代表的社交媒体平台，在社会舆论和大学形象管理中发挥着越来越重要的作用。在新旧媒体融合传播和媒介形态不断革新的趋势下，大学形象呈现出前台日益扩展，后台遮蔽日益澄清的现象，具体表现如下。

首先，微博和微信等社交平台的兴起，增加了大学形象后台曝光的机会。大学形象管理后台的工作人员或师生群体，可能在其个人化的社交媒体平台透露大学后台不可见的或官方话语，如内部会议信息、规章制度或负面消息等内容。除了大学官方微博账号发布消息，师生群体等第三方也能随时在社交平台上分享与大学形象后台有关的新闻或信息。例如，2018 年 1 月 18 日，武汉大学某教授就通过微信公众号“知识分子”发布举报文章，直指武大某学者论文涉嫌造假，迅速引起社会广泛关注，武汉大学相关部门也随即展开调查。

其次，网络直播等新媒介形式的出现，促进了大学形象后台与前台的融合。比如大型校园演出活动，从传统活动性质来看，其前台表演与后台运作是相互独立的，但网络直播即时、直观的特点，使其除了能展示前台精彩的表演，原本处于后台的演员化妆、排练等活动也逐渐被当作一种表演呈现在前台。

再次，新媒体环境打破了地域与场域的限制，网络、社交媒体、移动设备、大数据、传感器及定位系统等技术，营造了一种共同在场的亲密氛围，使临场变成了临场感，在场变成了在场感，推动大学形象管理走向前后台交融的“场景时代”。在这样的媒介环境下，大学形象文本的创作也逐渐大众化、多元化和个性化，大学形象后台的内容随之大规模地在前台呈现，极大地促进了大学形象在社会公众面前的媒介塑造。

最后，新媒体环境下平等的信息交互模式，实现了传受双方的双向互动，颠覆了传统社会单向传播模式，使大学形象自我呈现的前台与后台的权利结构关系发生了变化。互联

1 欧文·戈夫曼.日常生活中的自我呈现 [M].冯钢，译.北京：北京大学出版社，2008：112.
2 田智辉.新媒体环境下的国际传播 [M].北京：中国传媒大学出版社，2010：122.

网赋予普通民众或师生群体一定的前台话语权，他们可以利用自媒体参与大学公共事务，曝光后台不可见的侵权行为，以此维护自身的合法权益。尼古拉斯·阿伯克龙比提出了网络时代一个新的“观展、表演”范式，他认为，“随着社会化媒体的广泛使用，每一个人都可能成为表演者，而你也会观看其他人的表演，每个人都拥有观展和表演的场所，传受双方的互动会更加泛化”[1]。显然，媒介技术的发展与革新，不仅催生了手机、微信、微博等多元化媒介形式，还进一步提升了社会公众在传播格局中的地位与作用，激发了民众的参与意识和民主意识。而自媒体具有私人化、平民化和自主化的特点，可以为不同类型和不同层次的群体提供角色扮演和话语讨论的场域。因此，大学剧班成员常常通过匿名的方式在新媒体平台自由地发声、参与大学公共事务、消解权威、争夺情境的定义权和话语权，以自我赋权的形式打破了前台与后台的界限。

### 4.2.1 私人领地的开放

在演出中，各种意义情境以及在这些意义情境之下的仪式、规范动作、脚本等各种日常生活表演是最值得关注的内容之一。前后台的区分总是相对于特定的情境定义与特定表演而言的，它们并非固化的物理空间，而是在特定表演时不同场所所承担的功能。前后台可以相互转化，如果当观众闯入后台，那么后台就会变成前台，成为另一场演出的前台，剧班常常会采取一定措施以保证后台的安全。

在新媒体环境下，社交媒体即时性、交互性、碎片化的传播特点，进一步压缩了大学教师的后台空间，在人人都是传播者的环境中，进一步增加了大学形象后台乱象曝光的机会。

2017 年 1 月，《中国青年报》一则关于博士师生关系的报道，引发网络热议。这一事件不能不让人怀疑，导师与学生在学术科研光鲜前台表演的背后，实则是权力和利益的博弈，是导师与学生关系的错位。在一些大学中，学生沦为导师的私人管家和学术民工，参与的学术科研工作也只是辅助整理材料、处理杂事。借助互联网的影响力，当前大学中学生参与管理导师私人生活以及师生角色关系错位、学术和生活界限模糊的后台行为，得以展示在大众面前，私人领域于是开放为公众领域，并直接对大学形象管理造成了极为负面

1 ABERCROMBIE N，LONGHURST B. Audiences: a sociological theory of performance and imagination[M]. London : Sage Publications，1998：10.

的影响。

私人领地的开放，是当下出现的新情况。私人社交场合中师生的互动容易引发人们的诸多遐想与主观臆断。过去，国学大师留学生在家吃饭是一段佳话，而在新媒体时代，帮导师取快递、打扫卫生、洗袜子等行为被新媒体贴上标签，导致教师被污名化。反思私人领地开放并无不妥，师生关系能够体面进入教师家庭，是一件值得赞誉的事，体现教师的师德与大爱。在新媒体环境下，教师和学生对私人领地的界定与关注点都需要有清醒的认识，虽然前台与后台的界限已然消弭，但仍存在中区，深后台仍是不能闯入的禁地。中区的表演必须遵守角色规范、符合剧本期望。因此，在爆料文化盛行、知识精英易被污名化的大环境下，私人领地的开放应当格外谨慎。

### 4.2.2 灰色地带的澄明

大学科研课题管理后台主要负责科研项目的组织、申报、检查，以及科研成果的鉴定、宣传及奖励等工作。作为大学形象管理的后台部门，大学科研管理处本应履行科研立项、管理和项目审查的职责，为学校争取更多的科研项目，但事实上，该机构却成为大学内部另一个权力和利益博弈的场所。课题立项主要取决于有一定人际资源和学术影响力的领导或知名教授，但这些获得课题立项的领导或知名教授往往并未实际开展科研活动，而是将课题转包给“第三方”。由此，大学科研形成了一个包括立项、申报、研究、结题整个过程的利益链，大学科研管理处由此成为部分知识权贵谋取私利和非法收入的后台。

从中国青年报的报道看，《科研经费乱象：判决书里的“科研经费”犯罪》[1]所表述的只是已经判决的数字，其余进行纪律处理的数量更多（图 4-1）。

近年来，众多大学科研腐败案件经媒体曝光，涉案大学教授的后台违规行为凸显出科研管理后台的积弊和问题，严重影响了大学形象管理，损害了大学在社会公众心目中的印象。以某大学 2016 年社会科学研究国家级项目为例，在 40 多项国家级课题中，学校领导等行政人员和政府行政官员立项的数量占总数的 1/3 以上。同时，大多数重点项目也呈现出向行政领导倾斜的趋势，反映出高校科研项目申报行政化的现状，极易滋生权钱交易、徇私舞弊等后台行为。

科研项目审查监管缺失，加之制度约束失效，使内部“潜规则”在后台监管缺位的环

1 何林璘，肖岚，朱彩云 . 判决书里的“科研经费”犯罪 [N]. 中国青年报，2017-07-20（4）.

中国青年报·中青在线记者在中国裁判文书网上以“科研经费”为关键词进行检索，共获得287个结果，其中有34份判决书与科研人员犯罪有关。这34份判决书中，科研人员被判贪污罪的占比62%，受贿罪的占比18%，同时被判贪污罪和受贿罪的占比9%，而贪污罪加行贿罪、贪污罪加私分国有资产罪、贪污罪加滥用职权罪、贪污罪加诈骗罪等4种情况各占比3%。在犯罪主体方面，有74%的犯罪主体为科研人员（25人），另26%是与科研相关的行政人员。在科研人员这一主体中，又有68%是高校教授（17人），32%是科研院所人员（8人）。

图4-1 科研经费乱象：判决书里的“科研经费”犯罪新闻报道

境下肆意运行。然而，这些在前台被粉饰过的头衔、身份、形象，却是其科研后台违法贪污的源头。显然，部分大学科研工作者企图通过科研成果获取经济利益、社会地位，这种急功近利的动机在相对缺乏规范制约和有效监督的后台环境中，极易导致科研工作者恶性争夺科研经费和学术造假等不良现象。

上述事件反映出大学科研经费使用、管理和监督等方面存在的问题。此类后台行为在前台曝光后，有损浙江大学作为中国顶尖大学在社会公众心目中的地位，对浙江大学的印象管理造成了一定的负面影响（图4-2）。

2013年,《中国青年报》曾报道浙江大学教授陈英旭涉嫌贪污科研经费被审判(详见2013年7月29日《亿元课题经费被控贪污千万》。

既是浙大水环境研究院院长,又是政协第十一届全国委员会委员,陈英旭被杭州中级人民法院认定,身为国有事业单位中从事公务的人员,利用国家科技重大专项“苕溪课题”总负责人的职务便利，采用编制虚假预算、虚假发票冲账，编制虚假账目等手段，将国拨科研经费900余万元冲账套取，为己所控，构成贪污罪。

图4-2 《中国青年报》2013年7月29日新闻报道《亿元课题经费被控贪污千万》

### 4.2.3 内部通道的公开

招生办公室是组织全校招生与录取工作的职能部门，负责招生制度与政策、计划制订、宣传咨询、信息数据管理、录取与新生报到等工作。作为大学形象管理的重要后台之一，大学招生办公室随着高校招生自主权的扩大，自主招生环节内部腐败随之滋生，相关后台被新媒体推向前台后，不利于大学形象的自我呈现与印象管理。近年来，诸多高校招生后台的腐败问题引发社会公众的关注和质疑，尤其是当大学表演在前台与后台表现出不一致的行为时，会对前台表演造成毁灭性的破坏。

内部通道与私人领地不同，内部通道处于大学后台甚至是深后台，基本不展示给观众。但是在新媒体环境下，以往那种封闭操作的、不留痕迹的后台行为已不复存在。拿受人诟病的自主招生和艺术考试进行分析，过去认为操纵的可能性降至极低。数字化与模拟化的不同就在于：可控、复制、留痕。招生流程在新媒体环境下完全公开，从报名到审查到考试再到录取，全程数字化并且可追溯。部分家长为让孩子获得招录资格不惜造假论文的事件，在数字化时代很容易相互印证，难以遁形。艺考与自主招生逐渐实现了无人现场评分的主观做法，取而代之的是全程数字化录制，“被遗忘权”在新媒体环境中被剥夺。后台行为前台化，公开成为常态，不公开视为特殊。

## 4.3　混合情境的生成

随着时代的发展、媒介技术的革新及相关理论研究的深入，前后台的理论也有了新进展。与戈夫曼强调特定交往地点“环境的限定”的静态情境分析相比，这种分析局限于个体间面对面的交往，忽视了社会秩序的变化和新媒介所带来的情境整合和行为变化。梅罗维茨的动态情境开创性地引入了媒介这一要素，他认为并非自然环境本身，而是信息流通的形式决定人们互动内容及性质。[1]对行动者而言，不同的行为需要不同的情境，不同的情境同样需要不同的界限。一旦多种社会情境出现重叠时，社会角色就容易出现认知混淆，行动者的行为也会出现不可控的重叠，新情境的生成就不可避免。

当前网络传播结构直接影响了新情境的生成。在传统媒体时代的人际交往中，更有价值也更常见的是面对面的交往。但是在当代的网络环境中，人们即使身处不同的地方，但只要借助网络产生了交流，那么他们也是处在同一个情境之中了，信息的交流连接了彼此。而这样的网络情境显然就是一个过去不曾出现但现在却随处可见的新情境。

基于此，梅罗维茨进一步提出了“中区”的概念，他认为中区行为是新情境出现后所产生的行为。由于不同情境的分割与重叠，部分情境距离的缩小或增大，“深后区”和“前前区”的行为成为可能。梅洛维茨强调，媒介新技术（当时是电视）会产生“混合情境”以及该情境下新的“侧台”或“中区”行为——它们来自传统的“后台”，但已构成新的“前台”，

1　田中初.电子媒介如何影响社会行为：梅罗维茨传播理论述评 [J]. 浙江师范大学学报（社会科学版），2006，31（1）：108-112.

代表前后台分界线的移动。换言之，传统媒体时代的表演场景可以用前台、后台加以概括，而在新媒体时代中，更准确的概括也许是前前区、中区、深后区。

传统媒体时代，单向性的信息传播形式对情境或人的行动影响不大。事实上，传统社会大学形象管理的前台与后台区隔明显，大学官方掌握着传统媒体报道的主动权，对大学形象的管理具有绝对话语权，并长期与社会公众保持着“我传你受”的单向信息传播沟通模式。信息自上而下的单向传输，决定了社会公众很难对大学前台表演进行协商式或对抗式解读，进而大学较为容易实现对前台和后台区域的管理与控制。而大学借助于前台与后台的分离，在广大社会公众面前塑造了良好的前台与后台形象，并随之实现了对知识的控制和人才培养的垄断。

在新媒体环境下，现代大学的形象已不再是传统意义上与世隔绝的“象牙塔”。大学与社会公众、媒体的交往不仅日益频繁和密切，而且以一种前所未有的速度迅猛发展。新媒体环境中，大学形象自我呈现前后台的界限在不断被打破、重构，人们通过文字、图片、表情、视频等各种符号不断增加大学形象后台的曝光程度，个体空间与公共空间不仅在界限上变得模糊，也不再受时空的限制，大学形象表演的舞台随着表演者的移动而不断变化。可以认为，新媒体环境增加了大学后台行为的曝光机会，前台与后台的界限逐渐模糊，出现了“公共情境”与“私人情境”整合后的“混合情境”。这既为大学形象的自我呈现带来诸多隐患，同时也意味着诸多机会。

### 4.3.1 中区的形成

在新媒体环境中，中区这一特别的舞台区域开始产生。在这个区域中，一部分是原本前台扩建后的产物，一部分则是后台收缩后的产物，原本是前后台的事物进入了中区之中，接受观众的检验和审视。显然，如果说前台往往意味着公众情境，需要接受观众的审视，而后台多意味着私人情境，如果可以有所隐瞒的话，那么中区出现这一状况往往表现为私人情境与公众情境的融合，意味着新媒体出现后带来了公开化的扩张和公众权力的扩大。

公众权力的扩大，是由新媒体特征所决定的。新媒体环境下舆控越来越不现实，甚至适得其反。传统媒体时代，发声渠道单一，议程设置层层把关，公众在权威媒体的发声几无可能，新媒体时代，人人都是电视台、个个自带麦克风，发声渠道从自媒体到各种网站，加之独立撰稿人的存在，各种观点在网上集聚容易形成网下群体效应。北大沈阳事件和后来的学生要求信息公开事件，就是典型的网上观点集聚引发网下行动的例子。除了舆论发泄渠道的开放和媒体的兼容性，还保证了文本、图像、视频、音频、Flash 等的畅通无阻，过去的封、堵、删除信息的做法，现在也防不胜防。加之 @ 和 # 的可制造话题性，使得同一意见群体的聚集能够实现病毒式传播和无法预期的结果。正视公众权力的扩大，在大学各个剧班层面就要实现平等赋权，公开各类群体的知情权、参与权、决策权，给大学营造一个清清爽爽的文化氛围。

### 4.3.2 新行为模式的出现

在传统社会中，表演大多是人与人面对面进行，因此了解场景的情况至关重要。知道了自身所处的场景状况，也就基本可以确定表演的行为模式，换言之，该进行怎样的展示选择。同时，前台多是固定形式的，为观众设定的特定情境的舞台部分，主要由布景、个人外表和举止三个部分构成。所以，人们扮演某种特定的社会角色时往往会发现，特定的前台早已准备就绪。相比之下，后台是不会让观众、局外人进入的舞台部分，只有关系亲密无间的人才有机会看到后台。因此，一个场景应该与另一个场景区分开来，我们才能领会并好好扮演自己的角色。正如在医院的值班室中，医生可以和护士开玩笑，因为那是后台，但在病人面前却并不会如此，因为病人面前意味着前台。医生通过区分值班室和病人面前这两种场景，确认自己该做出何种行为，如果医生不能区分出这两者的不同，则医生的行为就会变得无所适从。

在新媒体社会中，电子媒介打破了场景的界限，带来了新的现实。梅罗维茨对此也有论述，在他看来，所谓的社会现实并不是存在于人们行为的总和之中，而是存在于所有场景行为模式的总体中，因此，当不同场景的界限或区别消失后，社会现实也会随之发生变化。换言之，当中区出现后，人们既不能用应对前台的方式加以应对，也不能用应对后台的方式加以应对；既不能严肃认真，又不能太过随意，而是要建立一种符合这一混合情境的新行为模式，才有可能恰当地应对。

梅罗维茨曾以成年人的晚会为例分析了这个问题。他认为，所谓成年人的晚会，所谈论的多是成年人的世界——死亡、金钱和性等话题，这往往是后台的状态。然而，如果有未成年人进入晚会，一种前台情境就出现了，成年人往往会立刻默契地住口，转而谈论更符合未成年人认知的话题。但是，如果未成年人一直和大人们待在一起，这个场景就会发生折中式的转变，晚会会变得兼具成人和儿童的风格，既有成人感兴趣的内容，又有适合儿童的元素。成年人的话题也不会刻意避讳未成年人，但这些话题可能会以比较隐晦、隐喻的方式被加以表达，成年人能够心领神会。“成年人的晚会”恰好能够解释场景变换所产生的行为变化。随着网络社会的崛起，新媒体的大行其道，“中区”有了存在的土壤和情境。“中区”行为便应运而生。在中区中，新的行为模式最大的特点便是私人行为与公共行为的界限模糊，权力的扩大则是这一行为模式带来的后果。它要求我们不能再依赖原有表演行为中的首要划分——对情境的界定，而是要以更灵活、更开放、更与时俱进的方式确定自身行为。

当然，正如前文所说，后台进入前台导致了中区的出现，但这并不意味着后台消失。事实上，后台永远都会存在，新媒体的特性只是让它进一步后缩，转为了深后台而已。事实上，面对当前的新媒体环境，不少大学主动开放部分后台，将其转变为形象展示的前台，并希望借此建立与公众之间的信任。如一些大学在教室、办公室、实验室等场所安装了高清监视器，将后台场所的行为曝光在社会公众面前；一些大学的庆典活动或文艺晚会也会在特定的时间开放直播，将后台变为形象自我呈现的前台。然而，这些开放都是经过精心排练与布置的，是可控的开放。部分后台的工作和演员的准备会以理想化的形象呈现在观众面前，借此塑造大学自身的理想形象。换言之，虽大学部分后台“前台化”，但始终存在着更为隐秘、无法公开的“深后台”，而且随着控制幅度的变化，原本可见的内容也可能转为不可见。在这种情况下，如何找到一种具有通用性的行为模式，显然是社会互动的重要课题和挑战。

# 5　作为日常表演的自我呈现

对于大学而言，不管是主动选择的自觉表演，还是真诚流露的不自觉表演，其目的都在于围绕其人才培养、科学研究、文化传承、社会服务、对外合作交流等基本职能，借助理想化、神秘化、误导性、补救性等形式或手段，控制他人的行为以及他人对自己的反应，从而得到良好的形象呈现，进而塑造自身的社会角色与社会功能。正如戈夫曼所认为的那样，演戏的目的即在于维护和控制他人印象，对自我形象进行包装、修正、改善、提升，以使自身在社会之中处于有利位置。这种控制通过三个步骤来实现：一是通过表演影响他人；二是主动形成限定；三是采取隐含引导的方式达成控制目的，实现印象管理。

随着新媒体的发展，“后真相时代”的到来，对“演员”（大学）的要求不断提升，观众（社会公众）的权力日益扩张。此时，大学形象的自我呈现不再仅基于真相管理，对社会公众的情绪管理开始成为不可忽视的内容。应当说，在“后真相”时代，事实和真相并没有被篡改或否认，只是感觉和情绪更容易占据主导地位。在新媒体环境下，由于强势意见的缺位和表达渠道的畅通，人们更愿意相信自己的主观感受，不仅会忽视与自己观点相悖的事实和观点，还更倾向于从个人利益出发解读相关事件。这一状况满足了人们在传统媒体时代无法实现的信息传递、意见表达、社交等方面的需求。信息生产者通过大数据算法机制精准地生产和推送信息，不仅满足了受众的个性化需求，也能聚合相同观点，形成“回声室”[1]，进而导致大学形象管理出现内卷化效应[2]，最终引发一场深刻的传播危机和形象呈现危机。

## 5.1　大学形象自我呈现的表演日常

就日常表现而言，大学一般通过理想化表演、误导性表演、神秘化表演、补救性表演

1　胡泳 . 新词探讨：回声室效应 [J]. 新闻与传播研究，2015，22（6）：109-115.

2　计亚萍 . “内卷化”理论研究综述 [J]. 长春工业大学学报（社会科学版），2010，22（3）：48-49.

等方式进行自我呈现，以维系良好的社会印象。在交互性、即时性、个性化充分彰显的新媒体环境中，尽管理想化表演和补救性表演渐趋日常化，误导性表演和神秘化表演越来越困难，但这些表演形式仍是大学成功表演不可或缺的表演手段。

### 5.1.1 理想化表演

库利认为，我们只有更好地表现自己，才能更好地提升自我，这种提升其实是由表及里的，也是持续培养自己的过程。当下，人们喜欢在微信、微博中晒花、晒书、晒美食，在点赞和评论中获得满足感。而这种经过包装的生活方式，只不过是把自己塑造成理想状态中的样子。因此，理想化是基于"想得太好"的目标构想成的理想之物。因为有一个"想得太好"的目标构想，所以理想化就可能产生。[1]同理，只有坚持长期的形象规划和设计，有一个"想得太好"的目标，才可能实现大学形象的理想化。人们在表演时总是倾向于迎合并体现那些在社会中被正式认可的价值，强调的是依据社会规则和社会期望进行的表演，尽管其行为并不具备这种价值。如果组织或个体要达到理想目标，往往会给人这样一种印象，即其所表演的常规程序是唯一，或至少是最基础的内容，其所呈现的角色就是他们所拥有的一切。同时，表演者倾向于昭示这种常规程序的表演对观众的特殊意义，在此表演情境的自然性得到了强调。

然而，如果个体或组织希望达到某种理想的标准和效果，就必须摒弃、隐瞒诸多与该标准不一致的信息和行为。一是组织或个体往往从事某种有利可图，但往往不能让观众知晓的活动。二是表演者通常在正式表演前就纠正了过失和差错，那些纠正过失与差错的符号把表演本身掩盖了起来。三是表演者在呈现某种形象之时，往往只向观众展示最终的结果，有意将观众的评价引导到某个经过精心包装达到无可挑剔的形象上。四是理想形象的呈现往往需要以某些"肮脏勾当"为前提，无论这是表演者的直接或间接行为。五是当组织或个体需要同时达成某种理想目的，其必须牺牲其中的某些标准，这样才有可能使其他标准在观众面前得以维持。当然，其所牺牲的标准往往是缺失后很能够被掩饰的。六是当一个组织需要实现某种理想目标时，有时必须暂时忽视组织的其他理想，但同时又必须维持这种理想仍然有效的形象。[2]

1 李春玲 .1949 年以来中国教育理想化问题研究 [D]. 上海：华东师范大学，2002.

2 欧文・戈夫曼 . 日常生活中的自我呈现 [M]. 冯钢，译 . 北京：北京大学出版社，2008：29-41.

清华大学百年校庆献礼电影《无问西东》，堪称理想化大学形象管理的典范。电影讲述了在时代潮流中，那些或奋进，或挣扎，或迷惘困惑的小人物的故事。这些“小人物”却被塑造为清华学子的典型代表，电影中的他们敢于冒险、敢于尝试，在战乱年代弃理从文，投笔从戎；他们不屈从于命运的考验，面对人生抉择时，坚守本心，无问西东。电影除了对清华学子的歌颂，更展现了大学精神。在影片中，清华大学对弱势群体的同情、对社会的责任感、对真理的求知欲、对世俗的洞察力贯穿始终，展现了一所大学该有的精神面貌和社会责任，潜移默化地提升了自身的形象。

大学往往结合角色期待和角色定位进行理想化表演。华中师范大学将自我定位为一所“培养优秀教师人才、发展师范教育事业”的高校。根据对华中师范大学官网 2018 年 1 月的“华大新闻”的汇总，可以发现，除了“华大学子”专题报道，共有 14 篇报道内容与华中师范大学的重点教育会议、教育项目及杰出代表有关，如《首届华中学前教育高峰论坛在我校召开》《我校被认定为教育部第一批教育信息化试点优秀单位》《我国“十三五”期间首个面向教育行业国家重点研发项目计划落户我校》《崔鸿、万坚入选“湖北名师工作室”主持人》等。在这里，华中师范大学形象自我呈现的理想化表演方式之一是成果展示，如陈列其所有荣誉和奖项，而不提及其所耗费的时间及其所付出的代价。这种方式不仅以一种学术研究的姿态与在校师生、主管部门、政府单位等潜在受众密切联系起来，掩盖了其期待获取更多政策支持、财力资助、招生资源的意图，而且很容易把观众对学校的评价引入到一个经过精心包装、看似无可挑剔的境地。此外，在官网首页很难找到有关其人才培养问题方面的报道，这也是华中师范大学理想化表演的另一个体现。

### 5.1.2 误导性表演

误导性表演，主要是指向观众传达出和社会事实相背离的虚假印象的表演，其目的在于使观众产生错觉，相信某种表演。在戈夫曼看来，个体常常有意地制造各种虚假印象，通过含沙射影、模棱两可、遗漏要点等方式，既使自身不至于因明显撒谎而无法辩解，巧妙地规避了风险，又通过误传、撒谎等方式获得了好处。一方面，几乎所有个体或组织都会以某种隐蔽的方式从事与表面印象不一致的活动，即使这些表演、角色或常规程序根本不需要表演者隐瞒任何东西；另一方面，个体总是需要依靠符号呈现其活动，不仅误传难以避免，其所构建的形象无论在何种程度上基于事实，也如同其他印象般容易遭到破坏。

误导性表演在大学有其存在的旧思维。传统媒体时代，学校管理层为了现实的好处和维护学校的形象，往往大肆进行误导性表演，比如转变言说方式、避重就轻、选择性遗忘或顾左右而言他等。比如大学发生火灾，一般悄无声息地处理，将原因归咎于学生的一不小心，而掩盖多年电路老化带来的危险及消火栓的形同虚设的事实。但是，新媒体时代看似操作性很强的误导性表演完全失去了生存空间，经不起追问和信息公开的考验，或可隐瞒一时，但瞒不住历史的真相。武汉理工大学的研究生跳楼事件发生后的两天，仔细搜索其官方微博、微信，都在发布心灵鸡汤和学校学术活动、学生活动等，似乎在展示积极向上而不是“武理取闹”的大学形象，但是，只要点开官微的评论区，就能看到超过 5 000 条的留言在持续发酵和聚集。

### 5.1.3 神秘化表演

神秘化表演，即是通过与观众保持一定的社会距离，使观众产生并保持一种敬畏之情。人们总是会借助各种仪式和人为的神秘氛围，在自己周围构筑起一道屏障，防止交往过密，并以此给个体或组织表演及观众的想象提供一个神秘化的机会。需要指出的是，神秘性源于观众对表演者的敬畏，一旦神秘感消失，表演者的羞愧就在所难免。

历史上，大学形象的神圣性和大学价值的崇高性，为大学表演的神秘化提供了有效途径。在传统社会，知识机构或权力机关把控和垄断了教育和知识，他们凭借这一优势备受尊敬、仰慕，往往被视为智慧、启蒙、理想、领袖的象征，扮演着“拯救人类”的神圣角色。在当代，大学精神依然有遗留，在大学中，人们除了学习科学知识，还要追求人文修养。

如果说科学知识的任务在于揭示事实、阐明事物原理，解决的是“合规律”问题，那么，人文知识系统所阐释的则是事物的价值，解决的是“合目的”问题。[1]人文知识虽然指向人生和现实生活，但并不止于当下，而更指向人生的理想世界、未来世界。在理想与现实中，理想是对现实的超越和批判；在理论与实践中，理论是对实践的超越和批判。[2]尤其是人文学科、人文知识直面人生和社会，直面个体的精神与灵魂，具有鲜明的社会批判功能。因此，有论者认为，大学是从事社会批判的中心，批判精神是大学精神的集中体现，批判是大学的本质。同时，还有论者指出，“大学是这样的组织，它对现行的一切永远都不满，

1 刘振天 . 大学社会批判精神的源泉及当代境遇 [J]. 北京大学教育评论， 2003，1（3）：60-65.

2 伽达默尔 . 赞美理论：伽达默尔选集 [M]. 夏镇平，译 . 上海：上海三联书店，1988：21.

它总是用更高更博大的真理来对当前的真理质疑”[1]。可以说，正是由于这种形象遗留和批判精神，大学与社会保持了一定距离并得以开展自身的神秘化表演。

成功的神秘化表演有其形成的必然条件，这就是通过各种仪式创造一种让观众产生理想化想象的机会与氛围，从而使观众产生并维持一种敬畏。2016 年 5 月，河北科技大学教师韩春雨因在国际顶级期刊《自然 - 生物技术》（*Nature Biotechnology*）杂志上发表了一篇科研文章突然爆红网络。这一研究成果因发明了一种新的基因编辑技术，而被称为“诺贝尔级”的研究发现。这位“网红科学家”的独特之处，不仅在于这项受到全球关注的研究成果，更因为他并没有海外留学背景，且工作的单位——河北科技大学也并非顶级名校，在此之前他连续四年都没有发过学术论文，因此被称为“扫地僧”式的科学家。让人称道的不仅是韩春雨本人，还有河北科技大学。因为这所学校并没有因为他十年没有发表论文，就对他进行降级、降薪等中国高校常见的行政化管理，而是给予了相对宽松的研究环境。一时间，韩春雨成为耐得住寂寞的真正科学家的代表，而河北科技大学也得到了网民的一致好评。在这一事件中，韩春雨的科研成果是普通人很难理解的生物技术，他接受媒体采访时体现出来的淡泊名利、安心科研的形象，以及河北科技大学的系列表态可谓是“神秘化表演”的典范。如果不是一年后该论文的相关结论被质疑，最终被撤稿，这一表演对该校的自我呈现可谓是意义重大。

新媒体环境下，随着知识性质、知识结构、知识受众的变化，大学对人文关怀的追求和对真理的探索逐渐式微，其特有的批判功能也日益远离神圣、崇高和神秘。尽管如此，批判精神仍然是现代大学进行神秘化表演的重要依据之一，同时，大学也会因为这种神秘化表演的崩溃而广为社会议论和诟病。

### 5.1.4 补救性表演

补救性表演主要是指个体或组织为规避和解决日常表演中可能出现的大量导致表演崩溃的意外因素而采取的补救措施。在戈夫曼看来，导致表演崩溃的因素主要包括: 无意动作，即表演者诸多微不足道、漫不经心的动作传达出的与表演本身意图不一致的举动；不合时宜地闯入，主要是指那些局外人无意间进入某一表演区域或观众意外闯入后台，造成了表演者与其所维持印象不一致的情况；失礼即个体或组织有意或无意透露出来的那些隐秘、

1 施晓光 . 自我批判是大学的一种自我“救赎”[J]. 上海采风，2015（12）：92.

评价不高的内容，破坏或至少削弱了其他表演者对情境的定义。如果这种行为使其他剧班陷入窘境，则可称之为“冒失”或者“闯祸”。无意动作、不合时宜地闯入及出丑、冒失等行为是造成窘迫和不协调的主要因素，如果表演者能意识到这些行为可能带来的后果，则完全是可以避免的。闹剧即是指表演者意识到相关行为可能会造成的后果，并采取的某些造成不协调的行为或举措。[1]

基于以上日常表演中存在的大量不确定因素，戈夫曼提出了针对表演者的防卫措施和针对观众的保护措施，以确保表演顺利进行。防卫性的补救表演包括戏剧忠诚、戏剧纪律与戏剧谨慎。戏剧忠诚一般通过在剧班内部发展高度的群体团结，使其形成一个完整固定的社会共同体，从而赋予表演者位置与道德的合法性：戏剧忠诚的实现需要定期更换观众，避免表演者与观众之间的密切关系，防止表演者因过于体谅观众，而向观众泄露其表演的意义；戏剧纪律要求剧班成员必须遵守专业素养，“装出一副其理智与情感都卷入了他所从事的活动中的样子，但又必须防止自己真的被自己的表演所迷醉”[2]；戏剧谨慎即表演者必须在表演时审慎缜密，做好应对意外发生的准备，并利用一切可以利用的机会。保护性补救表演主要包括以下措施：个体总是会自觉离开未被邀请进入的地方；观众也会懂得适当地反馈，使表演者不致旁落，如“禁止可能会导致失礼的言行；避免争吵的意念；克制自我表演；给予适当的关心”等，以帮助表演者完成表演。

一旦出现无意动作、不合时宜的闯入、出丑、冒失、剧班不忠诚等突发事件时，印象管理就有可能出现问题，个体或组织需要第一时间通过补救性表演，以消除该事件对组织以往既定印象的负面影响。

显然，在形象危机事件发生后，组织的日常形象必然会出现窘迫和混乱现象，以往的情境定义和社会地位岌岌可危，参与者的行动也有可能随之失去方向。正如戈夫曼指出的“由有序的社会互动创造和维持的小社会系统变得紊乱无序了”。此时，问题的关键就在于重新界定情境，以避免表演的崩塌。所以，大学的每一场表演都要关注表演主体的永久性声誉，表演主体的声誉一旦受损，表演主体的合法性就会受到质疑，形象就会窘迫。武汉大学面对社会系统的紊乱，保持了镇定，校方立即启动调查鉴定，与被质疑团队和媒体三方联动，密集发声，及时公开回应事件关键信息，接受社会公众监督。其中，武汉大学官方微博多次主动发声，及时转发公布相关后台的实验数据等信息，既消除了相关信息盲

1 欧文·戈夫曼 . 日常生活中的自我呈现 [M]. 冯钢，译 . 北京：北京大学出版社，2008：179-198.
2 欧文·戈夫曼 . 日常生活中的自我呈现 [M]. 冯钢，译 . 北京：北京大学出版社，2008：185.

区，又营造正面强大的舆论场。因此，三者的积极密切配合，成功化解了该形象危机，维护了武汉大学的公众形象。

还有前文提及的韩春雨事件，韩春雨的其研究成果在被报道 3 个月后遭到广泛的质疑。媒体则从最初的讴歌“诺奖级成果”，到迅速跟进这些质疑，也造成了处理此事的社会压力。但媒体既不是无事生非，也不是因为对基因编辑这样专业的领域游刃有余。媒体后期跟进质疑，恰好是韩春雨等人的论文在前期被拔得过高，被迅速赋予了政治意义，引发了海量的报道，报道者中必然有对此事持续感兴趣的媒体记者；而所谓“诺奖级”的说法，自然也让对该成果的质疑具有了极大的新闻价值。在这次事件中，“有关部门”又一次选择了缺席或回避，尤其是韩春雨所在的河北科技大学，对各种指控的缄默和回避态度，让舆论对科研诚信的质疑声浪不断高涨。在这种情况下，《自然 - 生物技术》杂志开展了严谨而又坚实的专业调查工作，包括内部审读、组建特约第三方小组、与作者团队进行认真严肃但又很有善意的沟通，最终决定撤稿。2018 年 8 月 31 日，河北科技大学官网刊发了《学校公布韩春雨团队撤稿论文的调查和处理结果》。此时，距韩春雨的论文从《自然 - 生物技术》在 2017 年 8 月 3 日在各方压力下“主动”撤稿，已过去 1 年多时间，让此事有了一个最终结局。但这一补救性表演实在太晚，错过了第一时间挽救表演的黄金时间。

## 5.2　大学形象自我呈现的表演悖谬

从表达的内容来看，大学的表演可分为两大类别。一是大学相对容易操纵和控制的部分，可视为有意的呈现或自觉的表演，主要是指言语表达。二是大学未加留意、没有控制或难以控制的部分，可视为真诚的流露或不自觉的表演，主要是其流露出来的印象。正如戈夫曼所分析的那样，前者是给予性表演，后者是流露性表演，后者比前者更容易看到表演背后的实质。人们可以通过观察他人表达行为中难以控制的内容或行为，对照检查容易控制的内容或行为的真实性。然而，当表演者发现人们借助行为的那些不太可能控制的方面来对照那些比较能控制的方面之后，往往会加强对不可控制方面的操纵，以获取更大的利益。而人们也可能会觉察到，表演者正在操纵其行为中那些看似自发的方面，从而进一步在表演者操纵行为中寻找其尚未加以控制的行为内容去检验表演者的行为。

在新媒体社会中，表演的场景面临着强大的冲击与挑战，呈现出与传统社会截然不同的面貌：一方面，即使是给予性表演，其中也存在不可控之处，新媒体环境让这种破绽暴露的可能性大大增加；另一方面，即使是流露性表演，也未必就一定会导致表演的崩溃，新媒体也有使沟通进一步深化、理解进一步落实的可能性，其结果则是在原有表演崩溃的基础上重新建立起了新的理想化表演。

### 5.2.1 不可控制的给予性表演

表演的破裂在于观众闯入了后台，换言之，借助流露性表演的内容，发现了给予性表演的漏洞。为了维持表演，掩饰后台情境，确保自身的给予性表演乃是一种本能。任何一个剧班都有一个总体目标，那就是维持它的表演所建立的情境定义，为了维持这一情境定义，必然会涉及对一些事实的掩饰和对另一些事实的渲染。因此，一旦情境定义出现了问题，掩饰和渲染出现了无法落实到位，那么形象的自我呈现必然会出现问题。

问题在于，新媒体作为一种无孔不入的技术和手段，使打破、颠覆前台情境几乎成为一种必然性。在传统媒体中，掩饰后台情境是可能的；但在新媒体环境下，网络事件一旦进入大众视野，经过舆论的发酵，其后台的呈现成为必然。新媒体带来的赋权、监控无所不在。加之大数据、人工智能等科技的助力，加大了后台被曝光的可能性。网络具有留痕的特质，使一切行动不再神秘与保密，不管行动或不行动，都会留下痕迹，而新媒体足以从痕迹中获得一切信息。

我们不妨对大学的给予性话语做一个数据分析，以此窥探大学给予性表演背后的情况。选取 2018 年 7 月 1 日到 7 月 31 日《南方周末》清博大数据、清博指数上高校微信公众号排名前 50（Top 50）的热文标题进行分析，可发现整个 7 月 Top 50 中阅读量达到“10 万 +”的文章有 7 篇，这 7 篇中有 3 篇是报道校友、1 篇报道校长、1 篇报道引进人才、2 篇报道与高考有关的录取分数和录取通知书。此外，还统计了这 50 篇文章的关键词和出现频率情况，结果如下（表 5-1）。

表 5-1 清博大数据、清博指数高校微信公众号 Top 50 热文标题主题词词频统计

| 录取分数线通知书 | 校友 | 学科专业排名 | 毕业典礼致辞 | 学者 | 学霸学生 | 校园生活 | 校园美景 | 师德师风 | 其他 |
|---|---|---|---|---|---|---|---|---|---|
| 9 | 7 | 7 | 5 | 3 | 3+2 | 3 | 5 | 2 | 4 |
| 18% | 14% | 14% | 10% | 6% | 10% | 6% | 10% | 4% | 8% |

从这些数据可以看出，大学最重要的两件事情是录取分数线和校友，而从直接表现来看，有关校友内容的热度甚至高于录取分数线。事实上，从这一点出发，借助网络，我们可以进一步搜索到各类校友新闻，从而发现更多的给予性表演。如武汉提出“百万校友资智回汉工程”，该倡议得到了武汉大学、华中科技大学、中南财经政法大学等重点大学校友企业家协会的响应，现场签约金额已超万亿元，推动了武汉的发展。

拥有杰出校友群体，可以说是衡量一所大学是否成功的直接标准，也是高校人才培养最直观的“指标”之一。借校友之名，建大学形象，是某些大学的“惯用招数”。然而，对校友的重视是否需要达到这种程度？事实上，大学校友不等于大学本身，大学校友的社会知名度和声望也不同于大学的社会声望，政府和大学在形象管理过程刻意将二者联系起来，表面上展现了一个人才辈出的地区和大学形象，实际上却是对其形象的窄化。

有网友评论，每个学校的校友资源都被学校视为最宝贵的财富，学校也想方设法去挖掘更多的校友资源，但大学真正重视的，无外乎知名校友和校友捐赠。为此，负责联络校友的职能部门——校友会，便这样诞生了。然而，校友会事实上是一个充满歧义的名称：从字面理解，校友会应该是服务广大校友的；但实际上，校友会主要的目标并不在此，正如前面所述，校友会的作用在于联系知名校友，进一步募集捐赠。[1]不难看出，大学当前围绕校友的表演，是一场针对成功校友的“作秀”，最终目的在于捐赠募捐，而这让广大的非成功校友感受到了隐约的伤害。著名教授、北京大学中文系主任陈平原就此发表评论：“目前各大学重视校友工作，大多从‘筹集经费’着眼；校友工作最怕的就是‘无事不登三宝殿’，一开口就是募捐，好的校友工作应该是‘水过无痕’。”[2]王瀚东教授对此也进行过批判：“我们看到中国大学花样翻新、愈演愈烈的校庆活动每每挥发出上市公司挂牌仪式般深长而隆重的意味，以及校友会、杰出校友等名目在大学形象塑造中所营造的‘股票’价值。”[3]他认为这是过度消费校友的行为，一方面说明大学打上了商业的烙印，另一方面说明大学自我呈现的片面性。

也许有人会认为，校友现象因其是大学教育成果的展现，大学不吝对其进行呈现，结果言多必失，让人看到了理想化表演背后的“马脚”。然而，新媒体洞彻幽微的功能，足以让它对不呈现的事物和现象也进行深入的分析并窥视其表演的后台。正如戈夫曼所说，“不呈现其实也是一种呈现”。

1 作者不详．学校应该如何开发和维护校友资源？ [EB/OL].（2018-03-31）[2024-05-28]. 知乎网．

2 红艳，赖妙红，王丽霞．陈平原批中国校友会势利 反感筹集经费 [EB/OL].）（2009-11-13）[2024-05-28]. 新快报．

3 王瀚东，周中斌．大学形象研究的布尔迪厄立场：《国家精英》的启示 [J]. 新闻与传播评论辑刊，2014（1）：73-78.

另外，大学自身的组织实质和观众形象认可之间存在的差异，也是给予性表演永远面临审视的根源之一。在新媒体环境下，这种差异被进一步放大。具体而言，大学组织实质和形象认可之间的差异大致有以下三类：

一是大学作为文化机构与其官僚管理机构之间的矛盾。在大众认知中，大学是一个文化传承与社会服务的机构，在很大程度上忽视了自身也是一个社会化的官僚管理机构。事实上，自现代性发展以来，科层制在各个社会组织中都得到了广泛应用与发展，大学也概莫能外。只是在大学的日常表演中，自身拥有的是“符号资本”这一事实，往往强调前者而遮蔽后者，却又往往因其两者本为一体而发生无意的流露。尽管所有大学呈现的“表演”都倾向于通过科研成果、教学质量、优秀校友、学科排名、国际影响等方式给他人留下尊重知识、尊重思想、尊重学术的印象，但其在突出这些行为内容的同时，内部运作管理等困境还是会不经意地流露出来。

二是大学作为草根上升途径和精英进修机构之间的矛盾。大学最本质的特点在于其是一个教育机构，对受教育者理应一视同仁、不分彼此的，但彼此之间资源的差异使它的受教育者既可能是草根，也可能是社会精英，大学因此成为草根上升的途径，也是精英再学习的机构。但大学的日常表演往往突出前者，淡化后者，虽然后者本由前者转化而来，对大学的影响与作用更加举足轻重。如2016年的“4000万言论事件”。虽然该言论也有支持者，但更多的是反对声音。如郭之纯就评价说该微博不但给所谓的知识分子的成功开出一个明确的价码标准，而且其隐含的逻辑更是对整个高学历群体的一种羞辱：如果赚不到4 000万，你就是一个失败者。而如此一来，该条微博也就对人们通常认同的知识分子的清高和使命进行了一个全面的挑衅。郭之纯认为，就社会的意义而言，那些不讲究功利甚至“重义轻利”的知识分子才是更值得尊重的，因为只有这样的人，才会超脱于个人的利害关系之上，关注整个社会的问题的解决，更广泛也更深刻。他认为古人树立的‘为天地立心，为生民立命，为往圣继绝学，为万世开太平’应该是知识分子的至高境界”。更有网民嘲讽董教授自设成功标准，是不是有不可告人的隐情。至此，精英的意见被敏感的草根群体所注意，便成为一种流露性表演。

三是大学作为一个相对封闭的组织与社会开放空间的冲突。布尔迪厄认为，随着现代性的发生，社会中的各个群体建立了属于自己的相对封闭的场域并得到了快速发展，而大学，显然是属于知识分子的场域空间。长期以来，大学都被视为一个“象牙塔”似的超功利空间，有其封闭性。然而，在当前的网络空间中，社会组织经历了一场“再开放化”，在网络中，大学原本因其封闭而造就的神秘化表演被曝光于众人之下，成为一种流露性的表演。

### 5.2.2 自发补救的流露性表演

新媒体的出现，让本应是理想化的给予性表演再难维持原有状态，但值得指出的是，新媒体并不意味着一种总是打破表演状态，让交往互动无法维持的破坏性力量，新媒体同样具备建设性力量，只不过其建设性不是一种维持以往交往形态的建设性，而是一种在破坏原有交往形态的基础上构建新的成功交往形态的建设性。从它能导致以往流露性表演产生自发性的补救力量这一点出发，我们不难窥其大概。

在传统大学教育中，给予性表演主要体现在课堂教学、学术报告、社团活动等方面。教师精心准备教案，力求在课堂上呈现出专业、权威的形象；学生则通过积极参与讨论、完成高质量作业等方式，以此展示自己的学习成果和能力。然而，随着新媒体的日益普及，这种理想化的表演状态逐渐受到冲击。社交媒体上碎片化的信息、即时通信工具的实时反馈机制，使学生更容易接触到多元的观点和信息，进而对传统的教学方式产生怀疑和反思。

在大学校园中，学术诚信是维系学术生态健康发展的重要基石。然而，新媒体时代下的信息便捷性和匿名性，为学术不端行为提供了温床。当学术不端事件被曝光后，传统的处理方式通常侧重于惩罚和警示，却很难从根本上解决问题。在这种情况下，自发补救的流露性表演就显得尤为重要。

例如，某大学发生了一起学术抄袭事件，涉事学生在社交媒体上遭到了广泛批评和指责。面对舆论压力，该学生没有选择逃避或辩解，而是主动在学校的学术论坛上发布了一篇长文，在文中，他详细阐述了自己的错误行为、心路历程及未来的改正措施。这篇帖子迅速引起了师生们的关注，许多人纷纷留言表示理解和支持，同时也提出了宝贵的建议。通过这次自我反思和公开道歉，该学生不仅赢得了部分人的谅解，更重要的是，在全校范围内引发了一场关于学术诚信的深刻讨论。这种基于流露性表演的自发补救行为，不仅修复了个人的学术形象，也为整个校园营造了更加积极向上的学术氛围。

在大学教育中，师生交流是提升教学质量、促进学生成长的关键环节。然而，在传统的教学模式中，师生交流往往受到时间、空间的限制，难以达到理想的效果。新媒体的出现，为师生交流提供了更加便捷、灵活的平台。

某大学的一位年轻教师，利用微博、微信等社交媒体平台，开设了“课后小灶”专栏。在这个专栏里，他不仅会分享自己的学术见解和教学心得，还会针对学生在课堂上提出的问题逐一进行解答。更值得一提的是，他鼓励学生在评论区畅所欲言，无论是关于学术问题的探讨，还是个人成长的困惑，都可以得到他耐心的回复和指导。这种基于流露性表演的师生交流方式，不仅打破了传统课堂的局限，让师生关系更加亲密融洽，也激发了学生的学习兴趣和探索精神。许多学生表示，通过参与“课后小灶”的讨论，他们不仅学到了书本外的知识，还学会了如何独立思考和解决问题。

新媒体在大学校园中的广泛应用，不仅促进了学术诚信的重建和师生交流的深化，还在更广泛的层面构建了新型校园社交生态。这种社交生态以真诚、开放、包容为特点，鼓励学生勇于表达自我、追求真理，实现自我价值。

某大学的环保社团，利用微信公众号、抖音等新媒体平台，开展了一系列富有创意和影响力的环保宣传活动。他们不仅发布环保知识、分享环保故事，还通过线上互动、线下活动相结合的形式，吸引了大量学生的关注和参与。在一次关于垃圾分类的宣传活动中，他们制作了一系列幽默风趣的短视频，在抖音上获得了数十万的点赞和转发。这些短视频以流露性表演的方式，展现了垃圾分类的重要性与趣味性，引发了学生对环保问题的深入思考和积极行动。通过这次活动，该社团不仅成功地传播了环保理念，还增强了社团内部的凝聚力和影响力，为构建绿色、和谐的校园环境贡献了自己的力量。

## 5.3 大学形象自我呈现的表演互动

### 5.3.1 大学形象自我呈现中的冲突

大学形象的自我呈现之所以在当今时代并不完美，是因为对新媒体的不适应。在传统时代中，大学管理层全体已建立起一个自上而下的封闭式的宣传体系和呈现系统，对发声渠道的严格把控足以使其形象呈现达到标准及要求。然而，新媒体的出现使传统的经验不再具有有效性。而媒体时代对普通民众的自我赋权本质上又是与权力群体相对应的存在，管理者面对这一状况措手不及，消极应对便是一件必然之事。而新媒体本身对民众的自我赋权也会导致民众欲望的高涨和呈现的奇观化，进一步加剧了新旧的冲突。

1）陈旧的宣传习惯

由于不受市场竞争压力的影响，高校并没有像社会其他系统一样快速转型和融合，旧的系统和新的形式，仍在不同程度上同时存在。大学形象管理部门一般由学校办公室和党委宣传部共同负责，但是职责划分不清，由于职能的不同，其管理理念也存在差异，学校办公室更关注信息和形象，党委宣传部则关心典型引路和意识形态把控。对外宣传工作和形象管理工作往往混为一谈，导致重宣传轻传播，重信息轻形象。在这种情境中，大学的自我呈现势必导致语态固定刻板、话语生硬、形式陈旧老套，而且主动迎合政治话语体系，呈现“正确的废话多、常说的套话多、严谨的老话多、漂亮的空话多、违心的假话多”的现象，导致“‘说’与‘听’平行发展，重合度很低，甚至根本互不搭界，说归说，听归听，互不相干”。[1]

事实上，大学宣传部门是形象建设与维护的重要部门，坚持“正确的办学方向”和确保“意识形态领域安全”，坚持政治准确的宣传基调，是职责所在，也是应尽之务。但大学宣传部门如果与国家政府部门和公司企业类比，失去了大学的价值追求和独特形态，显然就丧失了自己的立场和落脚点。但是长期以来，大学宣传管理部门在不同程度上陷入了“泛宣传化”“自我设限”“自我封闭”“自我僵化”的心理优势与心理惰性之定式，结果导致大学剧班的表演呈现单调、呆板、盲从、空洞。而在新媒体环境下，传统的宣传工具系统的作用日益弱化和边缘化，同时新媒体介质强势入驻，当大学自我表达的“老三样”——校报、广播、电视台开始逐步过渡到“三微一端”——微博、微信、微视频、客户端时，一旦宣传习惯依然保留，将新媒体单纯视为介质的而未意识到媒体性质的变迁时，自我呈现的问题进一步凸显。

2）消极的互动机制

大学宣传部门的表演偏差还常表现在与观众的消极互动上。戈夫曼认为，互动大致可以定义为当若干个体面对面在场时，彼此行为的交互影响。新媒体环境下，与观众不在场的互动随时可能发生，如一问一答、点赞或者反对、批评或建议等，皆可在虚拟的空间进行。但是，在各高校的网站、微博和微信公众号中，消极互动的问题都不同程度存在。

研究者随机对 10 所大学官方微博进行了测试，以高校同行的身份向中国高校排行榜前

1　段功伟. 权力的辩护：执政党公共形象传播研究 [M]. 广州：广东人民出版社，2015：144.

10 名的高校微博后台发送问题：“管理员您好！请问贵校官方微博是由哪个部门哪位同志具体负责？想向他讨教贵校被新浪评为十大高校官方微博排行榜的经验！盼复！”重庆大学的互动是这样的：

“感谢您的私信，官博君正在赶来回复你的路上，由于小编是人工回复，私信较多、精力有限，希望大家谅解。

A. 常见招生问题请戳以下链接：

重庆大学本科招生网 http://t.cn/zOqid2M

重庆大学研究生招生信息网 http://t.cn/RQQtvLg

重庆大学招办电话 023-65102371 / 023-65102370

重庆大学招生办公室微信公众号：CQU_Admission

重庆大学历年录取分数与招生计划可直接点击：http://t.cn/RBUFKs3

B. 在校学生生活学习服务如【校园卡充值】【校历】等请关注重庆大学微信公众号。

C. 投稿请私信图文或发微博 @ 重庆大学即可。

D. 商业合作、企业广告及校外无关消息官方微博均不转发，敬请谅解。

CQU 在山城期待你的到来。

北京大学、浙江大学、上海交通大学、武汉大学 4 所大学也是即时回复，内容与重庆大学的相似。通过后台向中山大学提问，回复为“由于对方的设置，你不能发送消息”。北京大学、清华大学、复旦大学、南开大学均未回复。人民网舆情数据中心主任、舆情分析师熊剪梅曾撰文提出：官微自动回复不可取。她说：“自动回复容易造成敷衍、不重视网民反馈的印象。”在新媒体环境下，网上办事成为常态，回复都存在问题，那么办事就可想而知了，学校形象恐怕就会蒙上灰尘。

实际上，互动在戈夫曼的自我呈现理论中占据重要地位。他甚至将“人格—互动—社会”三个不同领域中的概念整合到一个框架。他提出社会互动应该是剧班之间的对话，如果一方出现“暂停”，互动情境也会随之停止；参与者则会失去行动的方向，情境就会变得尴尬，双方都会不知所措，小社会系统就会陷入紊乱。的确如此，一篇微博可以不回复，一个社会问题可以不理睬；当校园出现舆情事件时，如果习惯性地不予理睬，社会互动就会“失去行动指向”，“情景定义”就会停止，舆情就会呈现一边倒的态势，大学校园小社会系统就会变得混乱无序。

### 3）自我呈现的“小报”化

新媒体赋予了民众话语权，然而，民众观念不一，欲望纷杂，赋权行为也会直接导致媒体内容小报化。具体表现为：在报道内容上，硬性内容减少，软性内容增多。为迎合受众需求，不再将重点放在国计民生、社会发展、国际冲突、文明教化等具有重大深刻意义的内容方面，而是转向明星生活、爆笑日常、时尚游戏等软性内容上进行引导。在报道题材上，力求在各类严谨的前台呈现中找到可供窥视的后台场景和娱乐元素，不惜挖掘娱乐的因素，想尽办法出新奇，呈现方式极为夸张。可以说，当前媒体内容的小报化与消费社会中个体将消费当作意义和动机的来源密切相关。在消费社会中，消费逐渐成为社会公众自我呈现的手段，这一手段甚至成为一种可怕的群体认同，一旦形成群体认同，就会以价值观的方式深入社会公众的内心，进而影响人们的日常生活。在消费社会中，人的需求是被塑造出来的，生产服务于消费。也正是在这个层面上，小报化内容成为受众的欲望体现，并直接影响了自我呈现。大学本应是引领社会的灯塔，但是，随着社会环境的变化、新媒体的兴起，大学与社会、政府紧密关联，大学已不再是一方净土，被打上了世俗的烙印。

如 2015 年度浙江大学微信公众号阅读量过万的微信内容就明显体现了这一点。这些高阅读量的内容共计 38 条，根据内容和呈现方式大致可分为三大类：

第一类是涉及校园日常报道的“标配”内容。其线上呈现形式与线下基本一致，仅就从标题而言，即使放到纸媒上也并无不妥。此类内容共 13 篇（表 5-2），分别为：

表 5-2 浙江大学微信公众号 2015 年度阅读量过万文章分类（1）

| 序号 | 时间 | 栏目 | 标题 | 阅读量 |
|---|---|---|---|---|
| 1 | 2 月 25 日 | 微校友 | 浙江大学将现 88 年教授博导 | 479 343 |
| 2 | 10 月 22 日 | 创业白皮书提前看 | 浙江大学企业家校友大盘点 | 184 721 |
| 3 | 5 月 9 日 | 教授观点 | 彭笑刚：执教浙江大学，三问大学教育 | 128 021 |
| 4 | 7 月 26 日 | 沉痛悼念 | 抗病魔 fat 英年早逝，爱浙大陈天洲浩气长存 | 61 684 |
| 5 | 10 月 19 日 | | 捷骏奥迪・2015 浙大校友秋季毅行 | 30 859 |
| 6 | 11 月 21 日 | 热点 | 李克强总理来浙大都干了些什么 | 30 714 |
| 7 | 8 月 29 日 | 奇迹 | 浙大校友谢震业代表中国田径队夺得世锦赛 4×100 米接力银牌 | 25 385 |
| 8 | 12 月 25 日 | | 献给我的校园——浙大之江校区（珍藏版） | 22 000 |
| 9 | 1 月 10 日 | | 浙大最牛班级大盘点 | 18 237 |
| 10 | 1 月 10 日 | | 2014 年度国家科技奖揭晓——浙大综合排名第一 | 15 870 |

续表

| 序号 | 时间 | 栏目 | 标题 | 阅读量 |
| --- | --- | --- | --- | --- |
| 11 | 2月10日 | 纪念竺可桢 | “毕业后要做什么样的人”演讲原文 | 14 348 |
| 12 | 6月2日 | 关注浙大 | 大学学科排行榜发布浙大居首 | 10 601 |
| 13 | 8月14日 | 人物 | 李兰娟与郑树森：浙大医学界的传奇伉俪 | 10 088 |

第二类内容具有传统新闻的严肃性，但在呈现方式上更迎合新媒体读者的喜好，是典型的“网络”风格内容。此类内容虽然涉及了校长更换、校友遇害、就业质量等大学最关注的焦点，但在网络呈现上却与吐槽、有钱、薪资等结合起来，并以此获得更高的关注度。此类内容共有6篇，具体如表5-3所示。

表5-3 浙江大学微信公众号2015年度阅读量过万文章分类（2）

| 序号 | 时间 | 栏目 | 标题 | 阅读量 |
| --- | --- | --- | --- | --- |
| 1 | 1月17日 | | 浙大校友纪欣然在美遇害案初审结束，犯罪动机竟是觉得中国人有钱 | 2 382 920 |
| 2 | 2月16日 | 校长去哪儿 | 浙大人纷纷吐槽 | 78 555 |
| 3 | 3月26日 | 头条 | 千呼万唤始出来，吴朝晖出任浙江大学校长 | 28 295 |
| 4 | 1月16日 | | 浙大毕业生平均薪资最高：大数据盘点75家高校2014届毕业生就业质量 | 20 260 |
| 5 | 12月15日 | 关注浙大校长 | 浙大校长林建华挂帅北大，浙大校长再次缺位 | 11 636 |
| 6 | 2月28日 | 关注 | 陆盈盈美国导师：她解决了持续40年的学术难题 | 11 057 |

第三类内容无论在主题上还是在呈现方式上，均表现出了娱乐性、奇观性，呈现“小报”倾向。此类内容也是最多的，共有19篇，具体如表5-4所示。

表5-4 浙江大学微信公众号2015年度阅读量过万文章分类（3）

| 序号 | 时间 | 栏目 | 标题 | 阅读量 |
| --- | --- | --- | --- | --- |
| 1 | 2月3日 | 求是召集令 | 既然要创业，何不在一起——浙大校友创业孵化器项目招募令 | 1 997 720 |
| 2 | 11月28日 | 感恩ZJU | 不！这不是浙大！ | 1 904 420 |
| 3 | 6月27日 | | 我们又统计了920所高校的校徽，发现有学校是用Word画的 | 11 158 |
| 4 | 2月5日 | 美丽浙大 | 华家池：你负责好好学习，我负责貌美如花 | 45 212 |

续表

| 序号 | 时间 | 栏目 | 标题 | 阅读量 |
|---|---|---|---|---|
| 5 | 1月7日 | 美丽浙大 | 雪中浙江大学，仿佛置身童话世界 | 28 180 |
| 6 | 10月25日 | | 住在文三路的那些年 | 18 948 |
| 7 | 10月26日 | 创业白皮书 | 那些估值超过一亿美金的校友创业项目 | 17 419 |
| 8 | 10月27日 | 关注 | 西湖大学，来了！！！ | 16 712 |
| 9 | 9月29日 | 微校友 | 浙大暖男学霸与男友相爱十年，旅行32个国家~ | 15 708 |
| 10 | 9月29日 | | 剩菜能不能吃？浙江大学实验室给你权威答案！ | 14 374 |
| 11 | 2月27日 | 关注 | 27岁女学霸走红背后 | 13 859 |
| 12 | 1月22日 | | 浙大光华法学院期末试卷“神考题”同学们戏称“哭晕在厕所” | 13 822 |
| 13 | 5月20日 | 校庆118 | 我和浙大的118件小事，戳中30件就是骨灰级ZJUer！ | 13 599 |
| 14 | 3月21日 | 美丽浙大 | 在浙大取景的影视剧们，美美哒！ | 13 080 |
| 15 | 1月1日 | 浙大往事 | 上千人的毕业照，你见过吗？！！！ | 12 699 |
| 16 | 10月7日 | 头条 | 史上最大规模浙大创业大普查 | 12 350 |
| 17 | 8月20日 | 重磅 | 七夕古装大片秀！是谁让你一见钟情？快来投票吧！ | 11 090 |
| 18 | 1月14日 | 趣说浙大 | 老和山职业技术学院 | 10 697 |
| 19 | 10月12日 | | 之江校区人像摄影攻略 | 10 619 |

在此类内容的呈现中，“好好学习”与“貌美如花”相提，“童话世界”与“人像摄影”并论。一方面是估值、创业，另一方面则是相爱、旅行。至于“美美哒”“在一起”“女学霸”“骨灰级”等网络术语更是频繁出现。当前，也有看似比较正统的说法，如“老和山职业技术学院”，然而，这所职业技术学院正是浙江大学玉泉校区，也就是浙江大学老校区的网络戏称，看似一本正经，实则充满搞笑调侃。

不难看出，在点击率最高的内容中，第一类有13篇，后两类共计25篇，后两类内容数量显然超过了第一类，而阅读量级达到百万级别的有3篇，即1月17日的文章《浙大校友纪欣然在美遇害案初审结束，犯罪动机竟是觉得中国人有钱》；2月3日的文章《既然要创业，何不在一起——浙大校友创业孵化器项目招募令》；11月28日的文章《不！这不是浙大！》；均属于后者。显然，人们的兴趣度与其标题的吸引力和内容的奇观化程度密切相关。而如何改变认知，调整心态，在观众需求和自我表达中找到一条出路，就成了大学形象自我呈现面临的新挑战。

### 5.3.2　跨越话语鸿沟的自我呈现

卢新宁曾提出，当前存在三种话语体系：网上活跃知识分子的批判性话语体系、社会上表达各种诉求的民间话语体系和传递政党和国家意志的治理者话语体系。[1]这三种话语体系中，大学话语体系应该横跨批判性话语体系和治理者话语体系，让社会公众“愿意听、愿意看、愿意信”，从而在公众面前传播良好大学形象。“讲述大学故事”是沟通社会公众、树立大学形象的捷径。叙事学理论由茨维坦·托多洛夫最早提出，后来成为一种经典表达和推理模式。其中，关于叙述、文本、事件及“讲述故事”的理论，被认为是人们将各种经验整合成意义事件的基本方式。陈平原教授认为：“从故事入手来谈论大学，既怀想先贤，又充满生活情趣，很符合大众的阅读口味。”“这些校园里广泛流传的故事，比那些确凿无疑的口号、校训更实在，也更有用”。台湾学者甚至提出“学校故事学”[2]，意即通过校园故事的叙述、社会公众的阅读和对意义的理解，传递崇高信念、价值标准和知识经验，赋予大学新的意义，给予社会公众对大学的重新解释。

这一说法可以为如何在新媒体环境中做好大学形象自我呈现的表演提供一点启示。新媒体的出现，引发了大学形象呈现的新旧冲突，让给予性表演无法控制，让本就有内在矛盾的大学形象管理机构束手无策，但新媒体的出现也为大众中的积极性力量提供了机会，能让崩溃的表演得到拯救。可以说，新媒体对大学形象呈现而言并非阻碍因素，它既带来了新挑战，也提供了新机会。从根本上说，关键在于大学如何利用它，实现批判性话语体系和治理者话语体系的跨越，让社会公众“愿意听、愿意看、愿意信”，从而实现大学形象的重塑。

武汉大学在这方面做了表率。武汉大学极其重视其微博、微信公众号等新媒体传播渠道。在由中国互联网发展基金会主办，国家互联网信息办公室、教育部、工业和信息化部、原文化部、原国家新闻出版广电总局五部委指导的首届“两微一端”百佳评选榜单中，武汉大学官方微博名列其中[3]，荣获“微博贡献力十佳”奖。专家评价其微博“在社会热点

---

1　卢新宁．重构现代政治话语体系 [EB/OL].（2012-10-26）[2024-05-28]. 新华网．

2　林曜圣．“学校故事学”理论架构之探究 [J]. 教育学报，2012，8（6）：61-72.

3　武汉大学新浪官方微博是全国最早开通的高校官方微博之一，2009 年 12 月上线，目前吸引了 76 万粉丝的关注，是教育部首批 50 家官方微博联盟成员。作为对外展示学校形象的新窗口，官方微博以“文化和知识品位”为核心理念，将官微打造成大学文化的“公开课”；通过栏目化运营、话题策划、“文采输出”语言风格展现校园文化，传递正能量；敢于发声，善于沟通，充分发挥微博特性进行舆情应对与引导；通过不断加强机制建设，为官方微博的专业化、可持续发展提供保障。

舆情中，起到了议程设置者和舆论压舱石的作用，弥合了舆论撕裂，凝聚了社会共识；在贡献力方面，借助微博推动‘互联网＋社会治理’的机制创新；在创新力方面，开创了新闻宣传和政务公开的新的话语方式。”除了微博号，武汉大学的微信公众号也因其内容设置、功能全面获得了广泛关注，成为大学自我呈现的典型范例。

人才培养是大学的核心职能，中国高等教育始终把人才培养摆在突出位置，从早期单一传统的精英教育，到精英教育与大众教育并存，再到如今的个性教育和全面教育并重，教书育人、立德树人向来被视为一所大学的基本职责。优秀的学生和校友为衡量其人才培养质量的重要指标，也是高校微信与微博呈现的重点。

2018年4月30日，武汉大学的微信公众号发布了《赞！武大学子摄影作品登上〈自然〉杂志》，文章介绍了曾参与我国第31和第32次南极考察，在南极中山站驻守15个月的武汉大学博士生李航摄影作品登上国际权威期刊*Nature*为契机，引用该专栏文章“来自武汉大学的李航拍摄了这幅星空和极光的全景图。在长达两个月的极夜中，南极科学家们生活在一片黑暗、寒冷和孤独中”的内容，不仅展现了武汉大学所培育出的优秀人才及科研精神，更凸显出该校厚重、博大的科研竞争实力。2018年4月25日，武汉大学官方微信公众号发布了《雷军今日回武大，公布了这个决定……》，文章详细介绍了双方的合作意向和内容，“推进小米与母校之间的合作”“出走半生，再回校园”“回到母校，我看了看心里的那团火，它和当年一样炽热、明亮”等话语。2018年7月20日，该公众号发布文章《雷军再回珈 |“小米上市，我首先想到的就是回来感谢母校！”》。文中校方代表指出小米公司表现强劲，为母校赢得了荣誉，学校为拥有雷军这样的校友和小米这样的校友企业深感骄傲。雷军回应，“创业八年来，母校给了小米公司巨大的支持和鼓舞，这种支持是全方位的。所以当小米能够取得今天这样的成绩的时候，我们首先想到的就是回来感谢母校！”不仅优秀校友和校方双方话语之间，而且这两篇文章的字里行间也难掩骄傲、欣喜之情。

另外，学校还会召开表彰大会，公开表扬表现优异的学生，借此激发受表扬学生的荣誉感和其他学生的进取心，在校内营造一种和谐的竞争氛围，从而培养出更优秀的学生。《榜样 |2017年度“十人珞珈风云学子”出炉》采取视频、图片、文字相结合的方式，从学术科研、知识服务、创新创业、志愿服务等角度，对武汉大学在校优秀学子进行了表彰。这些学子的经历不仅透露出武汉大学特有的精神气质，也折射着他们在各领域努力奋斗的历程。文章直接指出“勉励全校学生以风云学子为榜样，秉承初心、决心与恒心，做珞珈精神的传承者和践行者，成长为顶天立地的新时代弄潮儿”。无独有偶，5月6日武汉大学官方公

众号《这十位追逐青春理想的杰出青年，来认识一下》也以同样的方式，展示了武汉大学学子释放青春激情、追逐青春理想的一面。

在展示科研成果中，武汉大学微信公众号倾向于以“成果发布消息”和“作者采访”相结合的方式，展示武汉大学的科研成果，以及专注、艰苦奋斗的科研精神。2018 年 6 月 9 日，《*Science*！〈科学〉发表武大宋保亮团队最新研究成果》与《宋宝亮：探究胆固醇调控“密码”》两篇文章相辅相成，较为全面地介绍了宋保亮教授课题组最新研究成果在《科学》杂志的刊发情况及研究成果亮点；2018 年 8 月 2 日，组合文章《刚刚，〈自然〉发表武汉大学刘正猷邱春团队最新研究成果》与《刘正猷：看潮起潮落，听声抑声扬》也以同样的方式呈现，彰显出武汉大学的科研实力、科研氛围和科研情怀。此外，还有《厉害了！武大 4 项成功获 2017 年度国家科学技术奖（1 月 8 日）》《今天，武大这位教授荣获“中国青年女科学家奖”（1 月 12 日）》《厉害了！武大这个团队入选首批“全国高校黄大年教师团队”（1 月 15 日）》《创历史新高！武大 25 人入选第十四批国家青年千人（2 月 9 日）》等报道，高度自觉地通过新媒体文字、图片、视频等塑造自身大学形象。

社会服务与文化传承一直是武汉大学新闻报道的重点。在社会服务方面，诸如“大山里的魔法教室[1]”“研究生支教团”等偏远地区支教项目都在各类微信公众号中展示。比如人民网的《教育扶贫：为欠发达地区“造血”》、武汉电视台的电视直播和武汉大学学生会官微推送的《爱，因为在心中——记“爱在大山·恩施学子武汉行”活动》等。尽管报道内容和人物不同，但其所呈现的始终是武大积极投身社会服务、关心社会发展的大学形象。

在文化传承方面，武汉大学着重宣传了该校举办的年度珞珈诗会、樱花笔会，各种红色育人文化工程项，各种活动的举办，成功地为武汉大学贴上了“文化底蕴深厚”的形象标签，体现了学校面对世界文化博采众长，始终坚持正确的政治方向和价值导向，做好文化传承工作的行动与决心。此外，对外合作交流也成为武汉大学重要的宣传工作之一。2018 年 1 月底，英国首相特蕾莎·梅开启首次访华，首站就在武汉大学。这一重大事件，在学校官方微信号和学生朋友圈中形成了强大的集聚效应，先是武汉大学官微进行预告，继而参与学生发出现场图和视频，其他学生组织和自媒体组织运营的公众号转发活动盛况，话语之间洋溢着武大学子的自豪感。简言之，此类活动对武汉大学来说不仅是荣耀，更是

1 “大山里的魔法教室”是由武汉大学“西部计划志愿者”正式发起并成立的一个大学生公益组织，其主要目的是教育欠发达地区的村级小学打造现代化多媒体教室和开设精品素质教育课程，以此来弥合城乡素质教育之间的鸿沟。

其形象管理中彰显国际特色的重要环节。

由此可见，在新媒体环境中，话语鸿沟并非不可跨越，自我形象的重建与呈现也并非力所不逮，关键在于如何认识、参与、融入新媒体环境下的社会良性互动。大学基于角色定位及基本职能所开展的“表演”，可以吸引大量的社会关注和公众讨论，极大地提高了大学形象的知名度和美誉度，对于大学形象管理具有重要意义。

# 6 给予性表演：校长致辞的话语分析

欧文·戈夫曼将自我呈现的表达分为“给予的”和“流露的”两种方式，前者是演员用以传达自身意图的各种词语符号及其符号替代物的“主动式”，后者则属于自然彰显的表演活动的符号行为。既然形象呈现基于各类符号系统进行，而语言符号正是其中的重要一环，那么从语言角度研究形象自我呈现的“给予的”表达无疑具有代表性。鉴于此，本章采取跨学科视角，尝试性地基于话语分析理论分析大学校长们在毕业典礼致辞中对大学形象有意识地自我呈现，使形象呈现内容具体化、方式清晰化，以期对大学形象自我呈现的“给予的”表达有一个基于话语分析的理论阐释。

校长是大学的法人代表，享有管理者的权力，也是大学形象最具个性化展示的因素之一。校长致辞代表大学的精神和文化，它不仅是仪式传播的重要载体，也是大学形象管理的有效环节。每逢毕业季，校长毕业典礼致辞被视为大学毕业典礼的重头戏。校长致辞发布正值各大学欢送毕业生、招收新生这一辞旧迎新的关键节点，因此那些颇具人气的校长致辞会被众多新媒体平台争相转发，致辞中一些备受欢迎的“金句”也广为流传。如华中科技大学原校长李培根院士 2010 年的致辞因包含大量接地气的网络潮语和平易近人的修辞风格而令人耳目一新，在社会上激起极大反响，可谓树立了校长毕业典礼致辞的新风向标。

最初的热潮消退之后，更多的人开始思考校长致辞的真谛。公众对校长致辞的期待不仅仅局限于“亲切”和“潮流”，更希望能听到治学之理、修身之道乃至兼济天下之法。[1] 为回应社会公众诉求，近年来，大学校长毕业典礼致辞开始“精雕细琢”，以体现大学精神和大学气概。其实，大学校长毕业典礼致辞也是呈现大学形象的最好文本，致辞中表达的内容折射出了大学形象，致辞通过新媒体平台传播产生裂变式影响，是大学形象传播的有效方式之一。然而，校长致辞通过何种语言策略构建和呈现大学形象，致辞中呈现出何种大学形象，致辞者构建此类大学形象的目的何在，显然都是值得深入思考的问题。

1 赵蕾. 校长的腔调：不会“说话”的中国大学校长 [N]. 南方周末，2010-09-30(A01).

# 6.1 话语分析的研究设计与方法

## 6.1.1 话语分析研究

话语分析这一术语始于 1952 年，源自美国语言学家哈里斯在《语言》期刊的撰文。[1] 话语强调大于句子的语言单位，因此语言研究不能囿于句子内部，而需重视句子之间的联系。这一阶段话语分析的重点仍然停留在文章结构层面，隶属篇章语言学范畴。福柯从社会学角度出发，跳出单一语言学研究的圈子，围绕知识和权力强调话语形成的重要性。福柯认为，话语不仅包括知识领域构成的规则，还牵涉知识构建过程中的权力关系。[2] 福柯的研究对后期话语分析理论影响深远，其观点被所有话语分析流派所引用、评论、改写。[3] 作为话语分析的重要流派，批评性话语分析与批评性体裁分析的"批评"概念都源自福柯的观点[4]，认为社会实践和专业实践都受到语言的限制，话语的符号特征是构建和理解这两种实践的核心因素，这种特征可从语言学角度进行分析。批评性话语分析关注语言如何构建社会实践，再现社会现实；而批评性体裁分析则从客观理性的角度对专业实践进行多层面、多视角的解读，以体裁为媒介关注行业实践，将语言行为与行业语境中的行为模式相结合，将体裁的多面性、动态性和行业实践、学科文化、行业文化等多个层面纳入考察范围，具有极强的预见性和广阔的应用空间。[5]

作为批评性话语分析的核心学者，费尔克拉夫提出了著名的三维分析框架，即从文本、话语实践及社会文化实践三个维度展开话语分析，应包括对语篇的文本特征分析、对语篇生成的阐述、对话语过程与社会文化关系作出解释。[6] 话语实践是批评性话语分析的重要一环，受福柯话语秩序的影响，费尔克拉夫主要通过分析文本的互文性来解释话语实践。批评性体裁分析以斯韦尔斯和巴蒂亚为主要代表，后者提出了包含文本、体裁、专业实践、专业文化的四维分析模式，其常用的分析方式是结合语言实践与专业实践，从社会认知、

1 HARRIS Z S. Discourse analysis[J]. Language，1952，28(1): 1-30.

2 FOUCAULT， M. Power and Knowledge [M]. Brighton: Harvester，1980.

3 JØRGENSEN M， PHILLIPS L. Discourse analysis as theory and method[M]. London: Sage Publications，2002.

4 FOUCAULT， M. The Archaeology of Knowledge [M].New York: Pantheon Books，1981.

5 武建国，陈聪颖 .《批评性体裁分析：探究专业实践中的篇际互文表现》评介 [J]. 现代外语，2018，41(3): 436-439.

6 FAIRCLOUGH N. Analysing discourse: textual analysis for social research [M]. London: Routledge，2003.

社会语用的角度深入阐释真实语境下的专业体裁，揭示专业语言实践的动机和策略。[1]具体而言，批评性体裁分析具有以下特点：首先，通过再次定义和发展体裁研究中“篇际互文”这一概念挖掘专业体裁中的篇际互文特征；其次，通过将专业中的语言实践与专业实践相结合，深化了对专业语言实践本质和功能的理解，尤其是日常实践活动中如何通过使用语言实现专业交际目的。[2]

互文是批评性话语分析和批评性体裁分析的重要概念之一。这一术语由法国符号学家克里斯多娃率先提出，她认为任何文本构建均是对另一文本的吸收和转换。[3]其后，费尔克拉夫将互文概念发扬光大，进一步细分为“显性互文”和“建构性互文”两大类：前者指文本之间的显性关系，包含话语引述、预设、否定、超话语及反语等话语现象，后者又称篇际互文，通过整合不同话语秩序而成。巴蒂亚则将篇际互文视作互文研究的重心，他认为文本互文指通过相对传统常规的方式在当前文本中运用早期文本，篇际互文则是创造性地通过挪用与其他体裁相关的语体资源和话语实践，使不同语体、话语、风格相互交融，从而产生相对新颖的体裁，其主要社会功能是跨越行业体裁、行业实践和行业文化语境，巧妙地实现文本构建者的真正意图及文本潜在的交际目的。

在相关研究中，互文意指跨越文本、体裁、社会实践及文化的总体符号资源的策略性挪用。综合批评性话语分析及批评性体裁分析的互文理论，将互文分为文本互文和篇际互文。文本互文是指通过相对传统常规的方式在当前文本中运用早期文本，文本之间表现出“有迹可循”的显性关系，篇际互文相对隐性，主要体现为不同风格、体裁及话语的糅合。互文关系按呈现他人话语的方式从显性到隐性分为六种：直接引用；间接引用；提及人物、文件或声明；对声明、文本或其他声音进行评估或评论；使用与特定人物、文件或人群相关联的、可被识别的表述；使用回应其他群体、文件交流、讨论特定方式的语言和形式。[4]然而，库勒尔指出，要找出所有文本互文的源头不太可能，因为文本关系不仅包括具体的特定文本，还包括“佚名的语言实践，其来源已不详”[5]。因此，在具体分析中，那些最显性的可辨识来源的文本互文特征往往成为研究的焦点。[6]从专业交际的角度来看，挪用

1 BHATIA V K. Critical genre analysis: investigating interdiscursive performance in professional practice[M]. London: Routledge，2017.

2 BHATIA V K. Critical genre analysis: investigating interdiscursive performance in professional practice[M]. London: Routledge，2017.

3 KRISTEVA J. Séméiotiké: recherches pour unesémanalyse [M]. Paris: Edition du Seuil，1969.

4 BAZERMAN C. Intertextuality: How texts rely on other texts [M]// BAZERMAN C，PRIOR P.What writing does and how it does it : an introduction to analyzing texts and textual practices. New Jersey: Lawrence Erlbaum Associates，2004: 83-96.

5 CULLER J. The pursuit of signs--semiotics，literature，deconstruction[M]. Ithaca，N.Y.: Cornell University Press，1981.

6 WANG W. Intertextual aspects of Chinese newspaper commentaries on the events of 9/11[J]. Discourse Studies，2008，10(3): 361-381.

文本内资源构成文本互文，属于文本空间内的操作。然而，更多的挪用行为针对社会语用空间的文本外资源展开，即构成了篇际互文。篇际互文跨越专业、机构、学科话语的体裁、实践及文化，从而既实现约定俗成的社会交际目的，又同时传递个人意图，实为专业语篇巧妙建构的至高境界。鉴于现实生活中专业语篇交际目的越来越错综复杂，专业语篇越来越多地相互渗透和交织，篇际互文日渐成为行业语篇构建的突显特征。

### 6.1.2 研究思路

大学校长毕业典礼致辞隶属机构话语的教育行业口语体裁。从语言实践来看，校长致辞形式上相对稳定，内容既有可预测性又具备创新性；从专业实践来看，教育行业竞争日趋激烈，行业内各体裁不断出现新特征，校长致辞也不例外；从社会实践来看，校长致辞发布时间通常为每年的6—7月，正值毕业生离校及应届生填报志愿，校长致辞发布在辞旧迎新的特殊时期，且大部分校长致辞在典礼结束之后会通过网络传播扩散，是大学自我呈现形象的绝佳载体。

鉴于大学校长毕业典礼致辞（以下简称“校长致辞”）是大学形象自我呈现的重要方式之一，且具有机构性话语和专业话语的双重属性[1]，笔者将大学形象自我呈现与话语分析有机结合，以2017年度72所“211大学”发布的校长致辞为语料，基于批评性话语分析和批评性体裁分析理论，探究以互文为主的话语策略如何在校长致辞中通过不同声音、文体及话语呈现大学形象，呈现何种大学形象，以及为了呈现该形象校长致辞在文本、体裁、专业实践、专业文化四个维度的特征。

将这一理论运用到大学校长毕业典礼致辞分析中，我们就可以探析校长致辞中以互文为主的话语策略，从而使校长致辞所呈现的具体大学形象浮出水面。其中，文本互文回答致辞中“谁在说？说什么？”篇际互文则针对致辞中“怎么说？为什么？”前者指涉大学形象自我呈现的内容，后者为大学形象自我呈现提供策略。

### 6.1.3 研究步骤

研究以“211”大学名单为标准，依次检索名单所列116所大学2017年校长毕业典礼

1 熊涛，韩艳梅 . 大学校长毕业典礼致辞的同盟性话语建构 [J]. 语言学研究，2018（2）：18-28.

致辞文本。检索时间为2017年6—7月，检索范围包括大学官网、大学官方微信、人民网、搜狐网等，一共获得72所大学的校长致辞作为研究样本（相关名单见表6-1）。

研究包括以下三个层面：高频词、文本互文及篇际互文分析。使用质性分析软件NVivo 12 Plus获取72所大学校长致辞话语的高频词汇，勾勒校长致辞概貌；文本互文分析重点考察以直接、间接形式引用的文本互文，将引号和转述动词分别作为判断直接引用和间接引用的标准。文本互文和篇际互文分析又分为三个步骤实施：第一步，通读所有语篇并标记文中间接引语涉及的转述动词，最终一共得到以下7个转述动词（表示、强调、指出、质疑、号召、鼓励、勉励）；第二步，将72篇校长致辞由Word格式转化为Txt纯文本，使用语料库软件AntConc 3.5.7提取文本中所有的引号用法，然后结合语境索引行逐条核查，排除用来强调而非引用的引号用法作为直接文本互文；第三步：检索步骤一的转述动词，将获得的间接引语视作间接文本互文。篇际互文分析旨在阐述致辞中不同风格、话语及体裁交融的现象及其背后的成因。

### 6.1.4 研究初步结果

通过对所获语料基本情况进行梳理，发现：从发布渠道看，大学充分利用“三微一端”多渠道、多层面向毕业生群体和面临择校的新生群体呈现大学形象。校长致辞的发布路径多为学校官网、学校官方微博和官方微信公众号，部分学校通过微视频发布毕业典礼全程，校长致辞是其重点。一般在“两微”首页发布主题配图新闻，同时通过“两微”上传致辞全文。从致辞体裁看，校长致辞是一种较为成熟的口语体裁，内容模块相对固定，通常包括称谓、问候、学位授予、回忆过往、最后一课、祝福与期冀、结束语、致谢。本研究收集的72篇校长致辞稿中有60篇配有特色标题，旨在提炼致辞主要内容，重温母校形象并清晰表达对毕业生的期望，如复旦大学《修好“立德”这门终身大课》、南京大学《嚼得菜根香，立志做大事》、四川大学《懂得尊重，德行天下》。其余12篇则冠名为“某某校长在2017年某校毕业典礼上的讲话”或直接缺少标题。校长致辞平均篇幅为2 545字，最长为4 767字（解放军第四军医大学），最短则为797字（西安交通大学），字数在2 000~3 000字内的致辞数量最多，占总数的一半。

通过对所获语料依次进行高频词、文本互文及篇际互文分析，研究初步成果如下所示。

1）高频词分析

用质性分析软件 NVivo 12 Plus 对 72 所“211”大学校长致辞进行词频分析，选取最常见的 1 000 个词，长度设置为 2 个及以上，获得词语云和高频词汇频次表（图 6-1）。

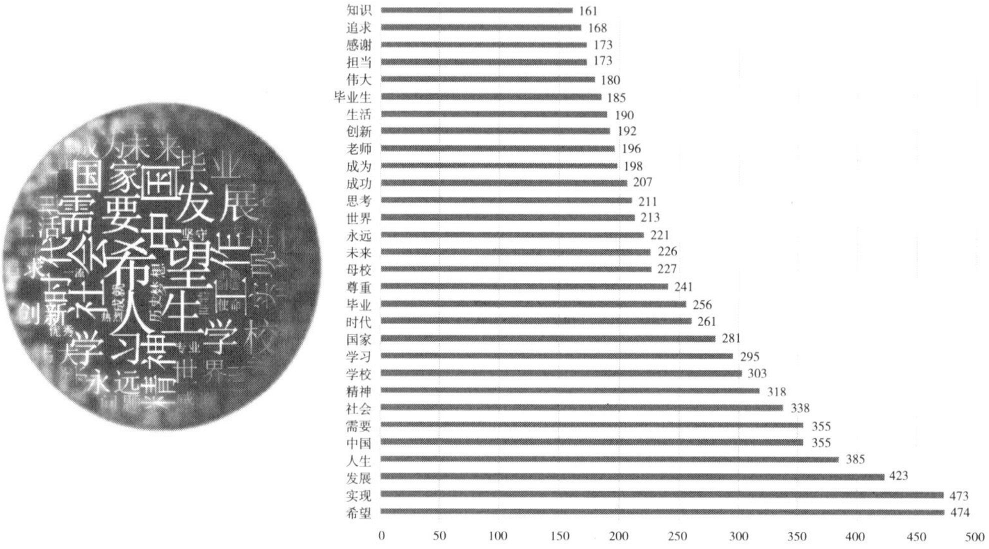


图 6-1　72 所大学校长致辞词语云和高频词汇频次表

在高频词汇频次表中，除去常见的“大家、一个、今天”等无意义的词汇外，筛选出排序前 30 的高频词汇：希望、实现、发展、人生、中国、需要、社会、精神、学校、学习、国家、时代、毕业、尊重、母校、未来、永远、世界、思考、成功、成为、老师、创新、生活、毕业生、伟大、担当、感谢、追求和知识。上述高频词语既包括校长致辞涉及的重要参与方，如国家、社会、母校、学校、毕业生，也蕴含母校对毕业生最后一课中被谈论最多的主题，如追求、担当、创新及思考，不难看出，这些词语均为正能量的词汇，既对毕业生过去四年的学习、成功、创新等业绩表示肯定，也对他们的未来充满希望，鼓励毕业生实现人生伟大理想的同时，为国家和民族复兴建功立业，成为有担当的时代新人。

2）文本互文分析

笔者借助软件检索和人工排查，最终在 72 篇校长致辞中一共发现 845 条文本互文，其中直接文本互文用法数量高达 793 条，占 93.8%，余下 6.2% 为间接文本互文。笔者将直接、间接文本互文按照来源及主题内容分类，得到具体信息如表 6-1 所示。

由表 6-1 可知，由于大学需要借助各种不同渠道，从各个方向与不同层面的利益相关方进行互动，所以校长致辞中引用不同声音的做法比较普遍，这也证实了“多声现象正在取代过往的‘单声’做法”。[1]因此，校长致辞并非校长一人自说自话，而是借助文本互文多层面多角度地表达观点、呈现大学形象。校长致辞中以直接、间接文本互文形式引入各方声音，这些声音源自不同主体，包括大学、各界名人、中外文化及国内外形势，从不同角度佐证致辞中的观点，增强致辞的感染力和说服力。不同来源的声音协助自我呈现不同的形象，而这些形象最终服务于大学形象的自我呈现。

表 6-1 校长致辞文本互文来源及内容统计表

| 项目 | 文本互文来源 | | | |
|---|---|---|---|---|
| 来源 | 大学（41.4%）：核心要素主题 | 名人（27.8%）：话语主题 | 文化（21.1%）：文化知识主题 | 形势（9.7%）：形势政策主题 |
| 内容及频次 | 大学校训、活动、校风、精神等（165） | 国家领导人话语（74） | 传统文化（72） | 国家政策（72） |
| | 毕业生话语、成就、活动（98） | 古代名人作品、话语（74） | 潮流文化（64） | 国家成就（7） |
| | 校友话语、成就（71） | 现当代名人话语、作品（48） | 媒体文化（35） | 国际形势（3） |
| | 教职工荣誉（16） | 国外名人（36） | 国外文化（7） | |
| 总频次 | 350 | 232 | 178 | 82 |

### 3）篇际互文分析

沃达克认为“一个话语主题即构成一个话语”[2]，本研究按照主题将校长致辞中不同话语进行整理分类，结果表明致辞中主要为以下四种类型话语的杂糅体，即仪式话语、意识形态话语、自我推销话语、非正式化话语。致辞风格亦非一成不变，基于所表达内容的不同，时而庄重肃穆，时而轻松诙谐。

在接下来的两个小节里，将主要基于本节文本互文及篇际互文的研究结果，深入阐述互文作为话语策略与校长致辞中大学形象自我呈现的关系。

---

1 ZERFASS A，VERÈIÈ D，VERHOEVEN P，et al. European communication monitor 2012: challengesand competencies for strategic communication：results of an empirical survey in 42 countries[M]. Brussels: EACD/EUPRERA，2012.

2 WODAK R. What CDA is about–a summary of its history，important concepts and its developments [M]// WODAK R，MEYER M. Methods of critical discourse analysis. London : SAGE Publications，2001: 1-13.

## 6.2 多主题的大学形象呈现

文本互文体现的是不同文本之间的相互关联，选择将何种类型的文本与校长致辞形成关联是语篇构建过程中的重要一环。致辞的文本互文，不仅用来协助校长表达观点、说服听众，还能借助不同发声主体呈现大学形象。“大学”是致辞的文本互文中最重要的主题，其频率高达 41.4%，其内容主要体现四个不同主体的形象，分别为大学、毕业生、校友及教职工，此处大学被视为一个抽象的有机整体，是校长通过致辞向社会及毕业生传递的总体形象，而毕业生、校友及教职工形象则作为大学形象的具体组成部分得以凸显。

### 6.2.1 核心要素主题：精神形象与师生形象

一所大学的历史传统、办学理念、价值追求、精神风貌，都浓缩于其校训及大学精神，体现了学校立德树人的思想理念[1]，因此，校训与大学精神是呈现大学形象的重要载体。在校长致辞中，校长们不约而同地重申校训及大学精神，并希望毕业生在离校后不忘校训，发扬大学精神，如下所示：

例 1：清华园的变化日新月异，但充满朝气和蓬勃向上的校园氛围不曾改变；“自强不息，厚德载物”的校训，“行胜于言”的校风，“中西融汇、古今贯通、文理渗透”的风格不曾改变。（清华大学）

例 2：我们希望，通过一代又一代的努力，为“自强不息、知行合一”的东大精神增添新的内涵。（东北大学）

例 3：“忠信笃敬、知行合一、自强不息、和而不同”的“暨南精神”，是暨南大学 108 年历程中沉淀形成的，被全体暨南人认可并自觉遵守的共同追求、价值观念和信仰。（暨南大学）

在校长致辞中，以文本互文形式体现的大学形象主要包括大学校训、办学理念、大学精神、校园文化、学校荣誉等，其中尤以涉及大学校训、大学精神的文本互文为典型。值得注意的是，并非所有高校都会明确提出其大学精神，如东北大学所提倡的“东大精神”与其校训内容重合，也有些高校基于其校训衍生出大学精神，如暨南大学的校长致辞中被多次强调的“暨南精神”。

1　韩延明 . 校训：培育大学生社会主义核心价值观的沃壤 [J]. 中国高教研究，2014(9)：6-8.

除了校训、大学精神等抽象理念，学校荣誉也在致辞中呈现出高水平的大学形象，其中既包括对学校排名的官方权威报道如“世界大学学术排名”“中国最好大学”榜单，“特色 985 工程”，也包括在学生中口口相传接地气的评语如“吃在中南”“学在北航”。

校长致辞发表的对象为毕业生群体，因此，致辞中通过文本互文呈现以应届毕业生形象为主、以往届毕业生（校友）及教职工形象为辅的师生形象，作为抽象大学形象的具体补充。上述三类人群形象呈现的共同之处在于通过文本互文宣传表彰其成就，但在引用对象上稍有差异：当提及应届毕业生所取得的成就时，校长致辞往往会引用毕业生所参与的赛事及奖项具体名称；当涉及校友荣誉时，其在某一领域所取得的成就则为文本互文引用的对象；而在校教职工的形象呈现则来自学生的评价，具体示例如下：

例 4：有多才多艺的外国语学院康耀月同学摘得“APEC（亚太经合组织）未来之声”中国区选拔赛总决赛冠军。（西南大学）

例 5：陈国达先生独创的“地洼学说”、汤飞凡先生发现的“沙眼病毒”、侯振挺先生的“侯氏定理”、黄伯云校长的“刹车片”、张尧学校长的“透明计算”等，太多的中南贡献，都是用实干的心血和汗水“泡”出来的。（中南大学）

例 6：……分享着“哲学大师”孙正聿教授的思想盛宴，夸耀着“女神院士”于吉红教授的学术成就。（吉林大学）

通过文本互文，引用上述三类人群所取得的荣誉，校长致辞体勾勒出富有竞争力且硕果累累的师生榜样形象，也对提升大学形象起到积极作用。除了提及荣誉，校友、教师话语也在校长致辞中屡屡出现，作为对毕业生前进路上的建议，具体如下：

例 7：我校资深教授、著名语言学家邢福义先生认为，“一个人的眼里要有山，又要不停地迈动双脚，一步一个脚印走下去”。（华中师范大学）

概言之，大学主题文本互文是大学形象的直接呈现，既包括抽象层面的大学形象，如大学校训、大学精神、办学理念等，也包括大学形象的具体体现，如毕业生形象、校友形象及教职工形象。两者相辅相成，是校长致辞中大学形象最直接、最核心的组成部分。

### 6.2.2 话语训导主题：布道者的形象

大学形象是个体对大学所有印象的总和。个体与大学的交际过程中接收到的信息能形成特定印象。[1]这一过程既能直接发生于个体与大学之间，也可以借助其他中介如媒体或他人转述产生间接联系。[2]校长致辞被视作校长们代表学校为毕业生上的“最后一课”，首先直接发生在校方与学生之间，随后通过媒体转载在社会公众之间传播。大学形象首先源自其自我形象的呈现。鉴于此，校长致辞的内容需要精心安排，使社会公众易于接受，从而产生特定印象，进而上升为大学形象。

向毕业生提出要求与希望是校长致辞的重要一环。《中国教育报》从 2017 年 20 余位大学校长的致辞中遴选出频率最高的十个关键词，分别是立德、担当、宏志、自信、梦想、情怀、求知、创新、智能化及全球化。[3]这些关键词既代表毕业季校方对毕业生的期待，又是校方劝说行为的精髓，其目的是促使毕业生接受其倡议。要实现这一话语目的，仅从校方角度出发居高临下地予以说教很难让毕业生接受其论点，因此，校长致辞有意通过文本互文引入社会各界声音，为其大学形象自我呈现提供支持。这些不同声音中 98.8% 源自国家领导人及古今中外名人话语或作品，仅有 3 例来自普通人话语。校长致辞中的不同声音交织，宛若各界名流与大学校长一起向毕业生提出殷切希望，借用名人影响力增强校长致辞的说服力，以便更好地呈现大学形象。

校长致辞所包含的两种主流声音分别为基于我国历届领导人讲话精神及古代名人作品、话语的文本互文。

历年校长致辞都有其发布的特殊政治背景。习近平总书记于 2017 年五四青年节到来之际前往中国政法大学视察，并面向青年学生发表重要讲话，会后讲话稿被多次转载，成为高校政治教育宣传的素材，精髓部分还被写入党的十九大报告。鉴于此，校长致辞中出现大量与习近平总书记重要讲话精神相关的文本互文，及时向青年群体传达国家领导人的重要指示。大学是培养青年人才的重要基地，向广大青年及时传达党的思想路线无疑具有非同寻常的重要意义。

除了使用源自国家领导人的文本互文，校长致辞中还包括大量基于中国古代名人作品的文本互文。这些古代名人分布在中国各个朝代，如战国时期屈原，汉代思想家刘安、董仲舒、三国时期诸葛亮、唐代诗人李白、白居易，宋代范仲淹、张载、朱熹，元代戏曲家汤显祖，明朝方孝孺、于谦、顾宪成，清朝郑板桥、林则徐、李鸿章、梁启超等。然而，

1 ARPAN L M，RANEY A A，ZIVNUSKA S. A cognitive approach to understanding university image[J]. Corporate Communications: An International Journal，2003，8(2): 97-113.

2 KANTANEN H. Identity， image and stakeholder dialogue[J]. Corporate Communications，2012，17(1): 56-72.

3 作者不详 . 大学精神在“最后一课”中灼灼闪光：2017 大学校长毕业致辞十大关键词 [N]. 中国教育报，2017-07-03(5).

这些耳熟能详的名字大多并未出现，校长致辞中通常直接引用其最具代表性作品的名句，鼓励毕业生拥有崇高的品格和爱国的志向，如郑板桥的《竹石》及范仲淹《岳阳楼记》中的名句就多次被引用。

校长致辞的名人主题文本互文还包含我国现当代及国外名人的声音。他们身份迥异，既有各领域的杰出者，如教育家赫尔巴特、黄炎培、陶行知，哲学家笛卡尔、卢梭、康德、黑格尔、冯有兰，数学家华罗庚、陈省身，文学家马克·吐温、托尔斯泰、老舍、海明威，音乐家王洛宾，还包括中外企业家如查理·芒格、李开复、马云，诺贝尔奖获得者李政道，共产党员模范代表焦裕禄、雷锋等。此类主题文本互文源自名人作品或话语，其共同特征是执行语言的劝说功能，为毕业生上好“最后一课”，如下所示：

例 8：亚当·斯密在《道德情操论》中讲道：“如果头顶三尺真有神明的话，那就是根植于我们内心深处的道德。”（广西大学）

例 9：同学们，“请乘理想之马，挥鞭从此启程，路上春色正好，天上太阳正晴”！（西安电子科技大学）

文本互文能够解释话语在不断重现的修辞情境中重复使用特定语言形式的原因，以及它们如何借助专业知识在其他文本的基础上构建自身文本的权威性。校长致辞巧妙通过文本互文借中外名人之口鼓励青年大学生树立伟大理想，塑造崇高品格，从而使校长致辞中的劝说行为并非校长一人自说自话的“独奏曲”，而是各种权威声音共同协作的“交响乐”，具有极强的说服力和可接受性。

### 6.2.3 文化知识主题：文化传承与创新的形象

文化主题互文在校长致辞中也有充分体现，按使用频次高低分别为传统文化、潮流文化、媒体文化及外国文化。校长致辞中的传统文化主要来自国学经典，如《老子》《周易》《礼记》《墨子》《论语》《孟子》《荀子》《列子》等，其中尤以源自“孔孟之道”（即《论语》及《孟子》）的互文用法最为典型，此外也包括少量成语、谚语。国学之“国”兼具地域、民族和政体三个方面的含义，且三重含义相互交织，作为一个整体发挥作用，因此，国学教育对青年一代价值观的形成有重要意义。[1]大学是知识、文化、社会交流与联系的场所，有着深厚的历史底蕴和浓郁的人文气息，校长致辞中基于国学传统文化的文本互文正是其

1　王熙，苏尚锋，曹婷婷．从国学之“国”看国学教育的当代价值 [J]. 北京师范大学学报（社会科学版），2014(4): 30-37.

历史底蕴和人文气息的写照。

由于校长致辞面向广大学生群体，因此校长致辞中出现了大量源自潮流文化的文本互文，如“羡慕嫉妒恨”“码农”“程序猿”“金融民工”“围观心态”“吃瓜群众”“小目标”等，均为网络流行语，此类表达因为时尚接地气贴近生活而颇受学生群体欢迎。在正式场合讲话中使用网络潮语的做法始自 2010 年华中科技大学原校长李培根院士的校长致辞，致辞过程不仅多次被学生热烈的掌声打断，还在社会及媒体引发热烈讨论，致辞金句及全文更是被多次转载。自此以后，在公共话语中日渐出现潮流化趋势，譬如，习近平总书记在 2015 年、2016 年新年致辞中先后使用“蛮拼的”“点赞”“朋友圈”等网络流行语，不仅使领导人讲话充满活力接地气，也有助于树立良好的国家形象。[1]

在潮流文化文本互文中，潮语的部分要素从原始的语境中被提取出来放入新的语境中，换言之，即从原来语境中提取部分语篇、符号或意义，并将其置于新语境中，这一过程被称为重新语境化。[2]如例 10 中提到的“小目标”最初原本是一个很普通的表达，一次偶然的机会（某电视访谈节目）改变了其原有的内涵。自此“小目标”成为一句“潮”语，也逐渐脱离原来的语境，被整合到新的语境中，如例 11、12 中的“小目标”的社会语境则从电视访谈节目转移到毕业典礼校长致辞中，其中“小目标”的内涵分别演变为大学生本科求学期间所设定的具体目标及毕业后走上工作岗位将要实现的目标，增强了表述的趣味性和可理解性。

例 10：有的人或许会给自己定下先赚一个亿的“小目标”（大连理工大学）

例 11：同学们，我知道你们都曾经给自己定下过一个个“小目标”。（北京化工大学）

例 12：……实现你们各自不同的“小目标”，融入中华民族伟大复兴的“大目标”。（西安电子科技大学）

与重新语境化紧密联系的还包括转换过程，即对被引用的文本部分通过删除、添加、替代或是重组等手段进行改写，使之更适应于新的语境。[3]如例 13 的“且行且珍重”被称作“马伊琍体”，原文源自马伊琍的微博“恋爱虽易，婚姻不易，且行且珍惜”。西南财经大学校长致辞中借助删除和替代两种手段对原文进行改写，在毕业季这一新的语境中用

1 朱建华．传播力 + 的风口：融媒体时代的党报转型 [M]. 北京：人民日报出版社，2017：20.

2 黄珊珊，武建国．媒体话语中的重新语境化与改适转换：以“彭宇案”为例 [J]. 华南理工大学学报（社会科学版），2012，14(4): 74-81.

3 VAN LEEUWEN T，WODAK R. Legitimizing immigration control: A discourse-historical analysis[J]. Discourse Studies，1999，1(1): 83-118.

来表达对毕业生的祝福，既贴近生活又令人印象深刻。

例 13：希望大家在未来的道路上“且行且珍重”！（西南财经大学）

基于传统文化及潮流文化的文本互文交相辉映，校长致辞既彰显大学内涵底蕴与人文气息，又把握时代脉搏，行文生动活泼。此外，校长致辞中还包括源自媒体文化的互文用法。此处“媒体”是一个宽泛的概念使用，指代广播电视报纸新闻等。校长致辞中的媒体文化互文主要表现为对新闻、电视节目、电视剧内容的引用，如下所示：

例 14：希望同学们有“一心为国担大任”的志向。（人民网新闻报道）（南京理工大学）

例 15：《奇葩说》中的老奇葩姜思达曾说：“你可以一天整成一个范 ××，但你不能一天读成一个林徽因。”（中国政法大学）

例 16：明天，你们将奔向“四海八荒”，寻求你们心目中的“十里桃园”。（中央民族大学）

斯克伦在其研究中指出，尽管青年群体也阅读报纸、收看电视新闻节目，但他们所理解的新闻话语，不同于传统意义上的新闻话语，而是掺杂了娱乐话语的混合体。校长致辞中不仅引用正规新闻机构，如新华网、人民网的报道，还包括青年群体耳熟能详的流行电视节目、电视剧的内容，以增进表达的生动性。

概言之，校长致辞中的文化主题互文以传统文化为主，以潮流文化及媒体文化为辅，使表达内容既有厚重的底蕴，又富有时代的旋律。传统文化互文用法体现了大学作为国家人才培养基地的权威形象，而潮流、媒体文化则呈现出大学与时俱进、解放思想的年轻形象，体现了大学形象的多面性。值得指出的是，校长致辞中亦包含少量的国外文化，如对《荷马史诗》的引用。

### 6.2.4 形势政策主题：服务国家的形象

校长致辞总是存在于特定的时代背景中，因此体现出时代的烙印，包含较多关于国家政策的文本互文用法，并体现出较高的趋中性。在 72 条国家政策文本互文用法中，“一带一路”“两个一百年”“双一流”三个术语被引用的频率分别为 15 次、13 次、11 次，占总数的一半以上，其他政策还包括“三农”“三创”“工匠精神”等。源自国家成就如“天舟”“天宫”“中国天眼”“墨子号”的文本互文亦在校长致辞中出现。这一系列的文本互文用法旨在提供大学形象的背景。大学形象与国家政策紧密相关，国家政策直接影响大学形象的管理和呈现。校长致辞通过提及国家重要政策及所获得的成就构建自身与时代同步、与国家政策时刻保持一致的先进形象。

纵观四个主题的分析，校长致辞涉及的大学功能要素不全。按照中国大学的人才培养、科学研究、社会服务、文化传承与创新及国际交流与合作这 5 个功能来看，科学研究和国际交流与合作涉及不多。这也与《中国教育报》遴选出频率最高的 10 个关键词（立德、担当、宏志、自信、梦想、情怀、求知、创新、智能化及全球化）相印证。如果校长致辞的功能要素不全，势必导致大学形象自我呈现的核心理念表达不到位，从而使塑造出的大学形象不够丰满、高大。校长致辞主要体现为精神的阐述和话语的训导，校长此时更像一个布道者的形象。

## 6.3　多话题的大学形象呈现

尽管体裁特征具有可辨认性，但其统一性往往会受到话语实践、行业实践及行业文化等文本外因素的影响，从而产生在形式上有所创新、交际目的更为隐蔽的篇际互文现象。一方面，话语实践是行业中执行特定程序所产生的结果，其本质上是特定行业文化影响下行业实践在语言方面的体现，涉及实现其特定交际目的的体裁的选择以及辅助性体裁、模板的运用，是对语言资源的管理和调控，包括参与机制，即由何人参与、在何阶段以何种表现形式参与文本构建，其用意在于促进显性社会交际目的语境下个人意图的实现。另一方面，话语实践与特定行业文化息息相关，话语实践会对行业实践产生重要影响，两者之间的关系融洽尤显重要。校长致辞是隶属高等教育机构话语内部的特殊口语体裁，具有可辨认的稳定性体裁特征，然而其内部体裁一致性会受到其他语体资源侵蚀，产生不同话语、风格及体裁相糅合的现象，从而表现出篇际互文特征。

按照批评性话语分析理论，话语是社会实践的形式，也为社会实践的符号成分。根据沃达克“一个话语主题即构成一个话语”的说法，以及费尔克拉夫“话语即一种行为方式”的观点，笔者按照内容主题将校长致辞中的不同话语进行整理分类，可知致辞中使用的主要话语包括四种类型，分别为仪式话语、意识形态话语、自我推销话语、非正式化话语。

### 6.3.1 仪式话语：大学的权威形象

校长致辞的本质属于仪式话语。所谓仪式话语是以特定的社会组织形式象征性地表达某种社会价值的话语。[1]仪式话语受社会关系制约，表达内容也呈现出形式化、固定化的特征。校长致辞作为一种重要的仪式话语，表明的是大学生即将结束本科阶段，获取学士学位，呈现出程序化特征。如在开头的称呼、问候语之后即向毕业生群体授予学位并表示祝贺，向教职工群体表示感谢，接着回顾四年本科生活，继而向毕业生提出希望与建议，上好“最后一课”，最后是祝福与告别。例 17 来自四川大学的校长致辞，可视作校长致辞开篇的模板，将关键词“庆祝、祝贺、感谢、敬意”串起来，即可获得校长致辞的模式化开头。

例 17：今天，我们相聚在这里，共同庆祝你们顺利毕业。首先，我代表学校向圆满完成学业并获得学士学位的 7 864 名同学，表示最热烈的祝贺！向精心培养你们的老师，向辛勤养育你们的父母，向支持关心你们的亲友，致以诚挚的感谢和崇高的敬意！（四川大学）

尽管致辞内容呈现出模式化、程序化特征，但仪式话语仍受社会关系、社会规则制约，尤其是仪式的授予者必须具备较高的社会地位，能够代表授予机构的权威形象。大学里的致辞通常包括校长致辞、优秀毕业生致辞或是校友致辞，致辞者均有一定的社会身份，校长致辞尤能代表大学的权威形象。

### 6.3.2 意识形态话语：大学的政治形象

在社会发展历史进程中，语言与政治的紧密关系一直吸引着众多学者的注意力，批评性话语分析理论明确指出，“话语即权力”。新媒体环境下，互联网和手机不仅改变了人们的交流方式，还促使新媒体成为党和政府与公众之间的沟通桥梁。[2]新媒体环境下的校长致辞具有传播速度快、受众覆盖面广的特点。鉴于校长致辞主要面向毕业生发表，向青年受众及时传达党的方针政策极为重要，因此校长致辞中包含大量意识形态话语，尤以习近平总书记在中国政法大学的重要讲话精神为典型。

意识形态话语还包括对社会主义核心价值观的宣扬。校长致辞使用通俗易懂的语言、

1　武瑷华. 仪式话语的形式与内涵 [J]. 解放军外国语学院学报，2014，37(4): 103-108.

2　舒天戈. 新媒体社会沟通能力提升 [M]. 北京：红旗出版社，2013.

平易近人的交流方式，使致辞从正式的政治话语转为非正式的讲故事模式，更具感染力，更能激发听众的同理心，如下所示：

例 18：第一个故事的主人公，是“生命为祖国澎湃”的海归战略科学家黄大年教授。他是一位真正的爱国者，把自己全部献给了国家。（山东大学）

### 6.3.3 自我推销话语：大学的荣誉形象

20 世纪 90 年代，费尔克拉夫以学术职位广告、会议资料、个人简历及学校简介四种体裁为例说明了高校“话语实践市场化”的趋向。[1]现代社会的许多其他本不该商业化、市场化的体裁在很大程度上受到促销文化的侵袭，高校在话语和修辞中更注重自我推销[2]，校长致辞也不例外，其中不难找到各类有关学校荣誉的表述，如下所示：

例 19：高层次教师队伍人数增长，×× 学者与特聘教授和讲座讲授从 7 个增加到 13 个；自然指数作为一项在国际高水平学术成果方面，具有重要影响的科研评价指数，2017 年最新自然指数出炉，我校挺进中国高校 50 强。（陕西师范大学）

例 20：……连续三年位列“中国最好大学”榜单，2016 年位居第 19 位。学校工科排名由 2014 年全球第 50 位跃至 2016 年全球第 22 位，国内高校排名第 7 位。（华中科技大学）

一方面，这些成就能吸引大量舆论关注，引起听众及潜在生源的注意；另一方面，受竞争意识影响，为了扩大自身影响力和知名度，各高校尽可能推广自身品牌，这种自我推销策略不仅在公共语篇中大量存在，而且在严谨的学术语篇中屡见不鲜。

### 6.3.4 非正式化话语：大学的卖萌形象

就话语实践而言，体裁随着时代变迁不断发展，公共话语除了具有民主化、商业化、技术化特征，还日趋非正式化。[3]为契合毕业生群体的话语表达方式，校长致辞中使用了大量非正式话语，使其表达既生动形象，又易于接受。如例 21 中，校长通过统计一系列数字的变化，描述毕业生 4 年本科生活的特点，使致辞中“回顾往昔”部分的表达不落入

---

1 FAIRCLOUGH N. Discourse and social change[M]. Cambridge: Polity Press，1992.

2 熊涛，韩艳梅 . 大学校长毕业典礼致辞的同盟性话语建构 [J]. 语言学研究，2018（2）：18-28.

3 武建国，郑蓉 . 从“淘宝体” 篇际互文性的流行透视公共话语的非正式化趋势 [J]. 华南理工大学学报（社会科学版），2015，17(1): 107-112.

窠臼。例 22、23 所用的网络潮语如“升级打怪”“蓝瘦香菇”都是青年学子在日常生活中经常使用的表达。原本庄严肃穆、极具仪式感的校长致辞中出现大量非正式话语，一方面是受 2010 年华中科技大学李培根校长讲话的影响，校长致辞表述更贴近生活接地气，另一方面也体现了大学的卖萌形象，期待与毕业生建立平等和谐的关系，以推动学生毕业进入社会后进一步推广大学形象。

例 21：与上一届毕业的同学相比，你们平均体重比他们多增加了 350 克，每年多走了 13.1 万步，少上了 4 节课，多读了 1.7 本书，少追了 0.7 部剧，多换了 0.1 部手机，视力少下降了 1.4 度，你们多谈了 0.13 次恋爱，少失恋了 0.05 次，单身比例降低了 3.3 个百分点。大学期间，你们平均每天睡眠 7.5 个小时，88.6% 的同学喜欢熬夜；你们虽然习惯了微信聊天，但仍然坚持平均每周与家人通 1.1 次电话，话费少了，流量多了，对家人的关爱有增无减。

例 22：渐渐地，你会明白，工作不是“练功打怪升级”那么简单。（中国传媒大学）

例 23：此情此景、此时此刻，要说一声“再见民大”，真的“蓝瘦，香菇”。（中央民族大学）

概括起来，互文作为话语策略对形象的自我呈现具有重要意义。[1]校长致辞通过巧妙糅合不同类型话语，既达到授予学位、送别毕业生的社会目的，还实现了宣讲国家政策、推广自身形象的潜在目的。校长致辞中的互文性成功建构了立体多维的大学形象：声音混杂性塑造众声喧哗，但是又有着鲜明主题的“交响乐”；话语、文体混杂性呈现出文本再造，但是又有着层次分明的“山水画”。

## 6.4 多维视角：文本、修辞、专业实践及专业文化

为更好地了解校长致辞中体现的大学形象，需要进一步以多维视角分析框架，结合文本、修辞、专业实践、专业文化，通过从微观到宏观的角度对校长致辞中呈现的大学形象进一步提炼。

### 6.4.1 文本层：指称命名

指称可被视作文本互文关系的标记，它可彰显文本之间的互文关系。指称通常表现为

1 邵颖 . 互文性与国家形象构建：以马来西亚总理 70 届联大演讲为例 [J]. 外语学刊，2017(3): 12-16.

通名、专名和代词三种形式。[1]特定的指称，可以用来代表特定的社会群体或个体，以建构群内和群外身份，通过对其进行指称或命名来实现。[2]在校长致辞中，主要涉及的指称包括人名与头衔指称、地名指称、作品名指称以及代词指称，如下所示：

例 24：宋代思想家朱熹说，“知之愈明，则行之愈笃；行之愈笃，则知之益明”。（清华大学）

例 25：在我们优秀的毕业生中，有被誉为“大漠里永远闪耀的红烛”的冯志远，有主动去青海支教的郭力华。（东北师范大学）

例 26：你们是学校第一届在富有历史感的“九一二”操场参加毕业典礼的毕业生。这里，南有苍翠的珞珈山，北有浩渺的东湖水。（武汉大学）

例 27：这本书就是我国著名哲学家冯友兰先生的《中国哲学简史》。（清华大学）

例 28：亲爱的同学们，正如《远方有你》里唱到的：“船已靠岸，我们的故事还没有讲完。”（东北师范大学）

校长致辞中的人名与头衔指称主要包括中外名人、大学名师、优秀毕业生、杰出校友等，通常采用头衔 / 荣誉 + 姓名的模式，如宋代思想家朱熹、著名哲学家冯友兰、“大漠里永远闪耀的红烛”冯志远。采用这种模式，一方面可以建构话语的权威性，提高校长致辞的可接受度；另一方面也有助于树立学校形象，向社会展示本校的办学实力和成果。

除了人名指称，校长致辞中还包括地名指称，如例 26 中提到的“九一二”操场、珞珈山、东湖，这些地点均为与武汉大学密切相关的地点，甚至可以说提到这些地点人们就会想起武汉大学。校长致辞提及众多校内地名，这些地点是师生工作、学习的重要场所，也是一所大学的物质形象代表。在即将离别之刻，校长致辞提及的这些地名无疑会激发毕业生难忘往昔的情感体验，加深他们对大学生活的记忆。

作品名指称通常包括校长致辞中校长向毕业生推荐阅读，或是引用片段用以激励、鼓舞学生的书籍名称（如例 27），也包括学生群体所熟悉的歌曲名称（如例 28）。上述不同形式的指称均围绕大学形象构建展开，使校长致辞的内容言之有物，既合理合情，又易于接受。

校长致辞中人称代词指称用法颇值得关注。如例 29 所示，作为机构话语的校长致辞在文中提及自身时使用第一人称“我”，暗示使用者的个人身份而非机构身份。这一用法表

1　管志斌，田银滔．指称与语篇互文：兼论互文概念向语言学的转化 [J]. 当代修辞学，2012(4): 49-60.

2　孙咏梅，张艳斌．从“北大简介”看大学身份的话语建构 [J]. 中国社会语言学，2013(1)：66-74.

明大学校长倾向于采用个人身份而非大学最高行政官员的机构身份与学生进行平等对话。当提及毕业生群体时，除了直接称呼这一群体“同学们”，校长致辞中还使用了大量的第二人称“你们”，营造出与学生面对面交谈的和谐氛围，旨在建立亲切友好的同盟关系。有学者提出，在校长致辞中应尽可能多用个体的“你”，而不用群体的“你们”[1]，以便更好地建立与学生之间的互动关系。

### 6.4.2 修辞层：隐喻与仿拟

校长致辞中的隐喻表现出较强的一致性，将大学比作“家园”、将毕业生比作“孩子”的用法非常普遍，如例 29、30 所示。要理解隐喻意义，需要掌握文本、语境和参与者背景的相关知识，隐喻是语义语用及认知综合作用的结果。

例 29：我希望你们记住，清华永远是你们温暖的家。欢迎你们随时回家！（清华大学）

例 30：请你们一定记住，无论将来飞得多高、走得多远，你们永远都是武大的孩子，珞珈山永远都是你们的精神家园。（武汉大学）

例 31：希望大家在未来的道路上“且行且珍重”！（西南财经大学）

例 29 中，校长把清华大学比喻为“家”，欢迎学生随时“回家”。例 30 中校长把学生视为学校的“孩子”，而学校扮演着“母亲”的角色。隐喻既是修辞，也为一种话语策略，一方面拉近了学校与学生的距离，呈现“爱生如子，亲如一家”的友好形象，但另一方面，这一隐喻构建了家长式的权威形象，要求毕业生尽量同意并接受自己的提议，可见校长致辞中的隐喻修辞反映了大学形象的多面性。

从原有的语言形式出发，仿拟是以已有的语言形式为基础“拟”创出一个临时性的新表达的修辞手法。[2] 仿拟通过删除、添加、替代或重组等手段对原有文本进行改写，使之更适应于新的语境，如例 13 的“且行且珍重”。

### 6.4.3 专业实践层面：互文分析

校长致辞中的文本互文和篇际互文不仅是机构话语中广泛存在的语言现象，也是校长

1 苏力 . 大学里的致辞：修辞学的和反思社会学的角度 [J]. 江苏社会科学，2011(2): 1-14.

2 曾如刚，彭志斌 . 认知参照点视角下的仿拟修辞研究 [J]. 西安外国语大学学报，2013，21(1): 27-30.

致辞文本构建过程中的重要策略。文本互文借助系列概念如大学校训、大学精神、口号、学校办学理念等直接呈现抽象的大学形象，同时，通过引入毕业生、教职工、政治领袖、中外名人等多方声音，向毕业生群体提出建议与希望，将原本抽象的大学形象具体化和权威化。文化主题的文本互文，既包括对传统文化的继承，又与时俱进地融入潮流文化，体现了大学形象的文化传承，国内外形势主题互文则为当前呈现的大学形象提供了背景。

校长致辞通过融入不同风格的表达方式，时而正式庄重，时而轻松诙谐，符合年轻大学生群体的交流习惯，使年轻群体乐意聆听并参与讨论：通过仪式话语彰显校长致辞的庄严肃穆，体现了大学作为高等教育机构的权威形象；通过摘录国家历届领导人的讲话精神，有效传达主流舆论，扩大学校影响，呈现坚持社会主义办学方向、拥护党的领导的政治形象；通过讲述学校师生相关轶事、人生故事，巧妙解答毕业生群体的困惑，指明前进的方向，呈现出励志奋进的大学形象；通过罗列学校近年来所取得的成就及现往届毕业生所获荣誉，含而不露地进行自我推销，构建有竞争力、影响力的大学形象。形象在校长致辞话语构建过程中不断进行动态转换，最终呈现出多维立体的大学形象，这有益于大学的形象构建和推广。

### 6.4.4 专业文化层面：基于文化的视角

在不同时期，校长致辞的内涵特色各不相同：民国时期，致辞内容多为探求教育本质，关注国家命运；中华人民共和国成立初期，政治统帅率全局，致辞内容多兼顾育人标准；20 世纪 80 年代至 21 世纪初，校长致辞中官样套话泛滥，共性表达至上；2010 年华中科技大学原校长李培根院士的毕业典礼致辞标志大学校长致辞进入第四阶段，致辞内容以人为本，重拾大学精神。[1]

现代社会里，大学不再是以往的象牙塔，与大学相关的话语中出现了大量的商务话语。只关注传授知识、教育学生并不能使大学获得长远的发展，市场化趋势使大学招生、学术成就评估、校友工作的既定模式发生了重大的转变。[2]中国传统文化下大学各类话语正受到市场化经济的冲击[3]，具有促销体裁特征。在此专业文化的影响下，校长致辞话语具有

1 盛况 . 中国大学校长致辞话语系统的变迁 [J]. 高校教育管理，2015，9(1): 11-15.

2 HAN Z R. The marketization of public discourse: the Chinese universities[J]. Discourse & Communication，2014，8(1): 85-103.

3 YOU Z. “Confucius Institutes”: a tension between the construction of their cultural educational identity and the colonization of the marketized discourse[J]. Journal of Asian Pacific Communication，2012，22(1): 22-40.

表达亲民化、内容多样化、目的多元化的特征。表达亲民意在与受众建立和谐关系，增强联系，内容多样可协助构建多维立体的大学形象，目的多元正是受市场经济驱动的结果，一方面履行毕业典礼校长致辞的常规责任，另一方面实现推广自身形象的潜在目的。

如何借助新媒体的优势，通过校长致辞的自我呈现来推广大学形象，是各大高校均应认真思考的问题。以互文为主要话语策略分析框架下的研究结果表明：多主题、多角度、多内容的校长致辞体现了一个充满矛盾、亟待完善的大学形象。校长致辞既展现了以理念为主的抽象层面的大学总体形象，也包括以毕业生荣誉、校友成就等具体事物为载体的大学个体形象，在抽象与具体之间往往出现不兼容的现象。校长致辞中的大学形象不仅与学校本身相关，国家政治路线、文化底蕴、国内外形势也直接影响校长致辞中大学形象的自我呈现。校长致辞中大学形象的自我呈现并非静态的，而是各种话语、风格相互交融，共同营造既庄严厚重、具人文气息和历史沉淀感又活泼轻松、有时代节奏感的大学形象。校长致辞，不仅是语言与情境等表层形式的体现，更是大学校长这作为核心演员代表在大学前台的展示，它关乎着“给予”社会大众的大学形象。

# 7　大学形象自我呈现的策略

一旦从拟剧理论的角度出发，对新媒体时代大学形象的自我呈现进行研究，那么在考察大学形象自我呈现的内涵、特征及其在新媒体时代的异变后，一个问题便自然而然地浮现了出来：大学形象的自我呈现作为一场表演，要怎样进行才能保证表演的顺畅与成功，并最终实现表演的目的。显然，只有在总结当前新媒体给大学形象自我呈现带来的巨大挑战的基础上，才能找到答案，发现具体的方法和策略。

## 7.1　大学形象自我呈现面临的挑战

### 7.1.1　脱离控制的表演

表演崩溃在日常生活中普遍存在。在网络社会中，表演一旦崩溃，形成舆论风暴，就会产生新媒体事件，这时表演者所支持的现实就会受到威胁。在场的人可能会变得慌乱、不安、尴尬、紧张等等。毫不夸张地说，表演者可能会发现自己惊慌失色。欧文・戈夫曼把表演分为两类，一类是“流露”，具体指个体表演中用行动流露出来的表达，是个体在无意间泄露出来的信息，多半是表演者无法控制、不易控制，或习惯不予控制的信息。另一种是给予的表达，是个体用语言等明确的符号呈现出来的表演，是表演者主动控制、有意识控制且易于控制的信息。这两种表达在人际互动中的目的始终是控制他人的行为，特别是控制他人对他的反应。

#### 1）传统规则的消解

新媒体环境中，互联网泛在化的传播特性压缩了时空，使现实生活交流的情境变成了由互联网平台中介实现的虚拟交流。这一中介化的传播方式能够为表演者和观众预留更多的时间，以便他们完善希望和需要传达的信息。在这段时间内，表演者可以选择性地自我展示、完善信息，并实时对呈现的内容进行沟通和反馈。换句话说，在网络社会媒介的中介表达环境中，人们对自我展示的控制能力更强，可以设计出更符合他人预期的形象。[1]因此，无法控制的、无意间“流露出来的表达”在新媒体平台上愈发稀有和罕见，而主动控制的、有意的“给予的表达”成为表演者自我呈现时最主要的活动，比在现实中更能进行和实现主动的自我呈现。首先，表演者在网上可以通过可控制的文字符号进行自我展示。在各种社会化媒体上，表演者通过文字符号或其他方式进行信息控制，以明确的方式告知别人“我”是谁，以此体现表演者的身份、职业、兴趣、价值观等等。同时，人们通过在社交网络和现实生活中的互动，对这些符号进行编辑、修改，进一步控制文字符号的自我描述。其次，表演者通过可修饰和可选择的图片进行自我展示。在网络社会，图像和照片的可修饰、海量上传下载的特性为表演者的自我展示提供了种种便利。对表演者而言，图片弥补了文字在社交媒体上无法直观展现样貌的不足，而且通过修饰、美化、操纵，图片能到达重塑自我形象的效果，使人们在网络空间找到了美化自我、转换自我身份的可能；同时，图片或照片的可选择性也为人们提供了展示自我美好形象的机会。最后，表演者通过动态影像进行自我展示。网络视频具有一定的纪实性，能带来直观的视觉冲击，通过这种方式的自我呈现能够给人们营造一种“在场”的真实感。然而，即使是动态的影像，也是经过个体前期内容甄选、后期剪辑选择而呈现的自我。

表演者对网络社会中信息的“控制”的需求与网络上难以识别、不可隔离的观众密切相关。社交媒体的匿名性使人们可以全部或部分隐藏真实身份，他们集体隐匿于社交媒体之中。同时，网络社会线上线下的传播特征，又使观众既可以是现实生活中真实存在并进入情境的人，也可以是存在于表演者想象中的人。因此，我们在社交媒体中，面对的不再是日常生活中那些清晰可辨的观众，而是一种想象的观众。[2]面对越来越难以辨别、不可隔离的观众，表演者大多在社交媒体上会尽量控制真实复杂情绪的表达和流露，更倾向于发布所有人都可以接受的内容进行自我呈现。而这就从大大增加了表演者对表达的控制性“给予”。

给予的表达的增强似乎显示新媒体环境中表演者控制性的增强，但实际上并非如此。在新媒体环境中，与表演者获得了给予的表达相对应的是观众能力的增强。首先，观众的

1　黄佩，仝海威，李慧慧．国外网络自我展示策略研究述评 [J]. 中国青年研究，2011(3): 113-116.

2　董晨宇，丁依然．当戈夫曼遇到互联网：社交媒体中的自我呈现与表演 [J]. 新闻与写作，2018(1): 56-62.

选择权扩大。新媒体背景下，由于信息获取渠道多样和传播内容丰富，观众对表演者的给予的表达，完全可以采取选择性接受甚至拒绝接受的态度。其次，观众的话语权扩张。新媒体技术赋权，不仅是给表演者赋权，更是给观众赋权。单个观众的力量可能是微薄的，但是网络中无数单个观众汇聚一起的声量却足够倒逼表演者重新改变决策。他们可以通过在网络平台上发表大量评论、留言、转发甚至集合到线下采取行动来表达诉求。这种权力是传统媒体时代的观众极少拥有的。最后，观众的生产力提高。交互式网络平台为观众提供了内容生产的绝佳阵地。观众不再只是内容的被动接收者，更是内容的生产者与传播者，他们可以在各种网络平台尤其是社交媒体平台上表达自己的观点、抒发自己的感情、呼吁别人的关注。由此，表演者的表演受到观众表演的消解。

由于观众能力得到了提升，因此网络空间里给予的表达与流露的表达有可能随时发生转换。网络技术的发展和观众的无处不在使表演者的所有信息都有可能在特定的条件下暴露在意想不到的观众面前。换言之，当个体在互联网的某个平台有意识地对该平台的观众“给予”某些信息时，或许对另一平台的观众而言，这种“给予”就是无意的流露。

可见，在网络时代，自我呈现与形象控制看起来获得了自由，但实际上是遭遇了前所未有的困境。与表演者能力增强相配的是观众权力的发展，两者结合最直接的后果便是传统人际互动规则的破坏，传统的权威性日益坍塌，可信仰之物不复存在。可以说，新媒体时代为大学形象自我呈现提供了新机会、新途径，也为人们的研究提出了新思路，新挑战。然而，在新的适合新媒体发展状况的规则建立起来之前，这一状况事实上乃是一个失范，表演之所以不成功也是源于此。

### 2）角色外行为的破坏



[illegible]境内，按照既定的社会规范所表现出能够获[illegible]承担的职责。角色外行为（也称“角色[illegible]互动公开维持的相悖的信息，主[illegible]四类角色外活动的消极部[illegible]出现的重要原因。

一是缺席对待，“指剧班成员转入观众无法参与的后台时表演者的活动，包括暗中贬

1 欧文·戈夫曼．日常生活中的自我呈现 [M]. 冯钢，译．北京：北京大学出版社，2008：174.

损和暗中抬高”[1]。表演者常常采用以下几种方法贬损缺席的观众。首先，当表演者处于情境前台，而观众未到或先行离开之后，表演者会通过剧班成员扮演观众角色的方式，讽刺观众与他们的互动。其次，表演者总是区别使用指称措辞和交谈措辞，当观众在场时会使用正式称呼，反之则使用一些当面不可以使用的绰号、外号来称呼。再次，剧班成员根据观众的在场与否，采用流露的方式，来表明不同于在观众面前所表现的自身实际持有的态度，以此来诋毁面对观众维持表演的义务或强调观众与剧班之间的区别。最后，当剧班成员即将离开剧班而上升或下降到观众之列时，就会如缺席的观众般遭受贬损。同时，当某一个体从观众上升到剧班之时，他也会遭受剧班的嘲笑和戏弄。在不少高校，管理层通过网络渠道所获得的与面谈教师的工作情况和学生对教师的满意程度的差异，即为现实中教师和校长缺席的结果。

二是上演闲谈。上演闲谈是指当表演者走出观众在场区域后，互相谈论演出的相关话题。如分析前台的利弊之处，考虑观众可能具有的规模和性质，讨论过去表演中出现的混乱，以及目前可能的混乱情况，相互传递有关其他剧班的新闻[2]等，以顺利开展下一场表演。

三是剧班共谋。剧班共谋是指剧班成员在角色之外的互动中，传达让观众意识不到的、在表演意图之外的信息的举动。一般而言，被允许加入这种秘密沟通的个体，通常置身于一种与其他参与者面对面交流、相互共谋的关系之中。他们相互承认并对在场者保守秘密，他们也愿意袒露所维持的表演是经过设计的角色的呈现。人们一般通过暗号系统进行传递或获得信息，常常以无意识流露来传达共谋的舞台提示。而且，这些提示越是无意识，对剧班成员来说越能隐蔽二者之间的剧班合作。另一种共谋类型是“嘲弄的共谋”。剧班成员通过设置一道秘密防线来进行表演，事实上他们并非真正赞同运作一致，这种共谋常常出现于正在表演的剧班成员之间。比如大学期末考试，部分教师在某种程度上默认学生交头接耳、递小抄的行为，当学校巡考教师经过之时，反而会以某种方式提醒学生停止作弊，双方通过剧班共谋顺利完成了考试任务。

四是再合作行为。再合作行为是一种临时、非正式的现象，表现为剧班与剧班之间相互侵入对方角色，或不小心超越、离开各自剧班界限进行非正式活动等。这种沟通最明显的意图是，每个剧班都以礼貌和恭维为幌子，巧妙地使自己占据有利位置，而让对方处于不利的位置。其中一种即为包含谨慎性的透露和暗示性的要求的“试探”，这种重新定义

1 黄瑶．从戈夫曼《日常生活中的自我呈现》透视角色表演与角色外活动 [J]. 学理论，2013(9): 83-84.

2 欧文・戈夫曼．日常生活中的自我呈现 [M]. 冯钢，译．北京：北京大学出版社，2008：150.

情境的行为从属者可能把握了互动的方向，或者支配者扩大了互动范围，他们实现了短暂的再合作。而这种“再合作往往会在所谓‘含糊其辞’（double-talk）的情况下，达到某种稳定性和制度化”[1]。

在自我呈现中，每个成员都在剧班的常规程序中，依附于剧班选派给他的角色，和他的剧班伙伴一起，对其他剧班成员维持着一种既谦恭有礼又轻松随便、既有距离又亲密无间的浑然一体的状态。一般而言，剧班的表演需要剧班成员共同维护情境定义和剧班方针，以达到符合剧本期望的印象管理效果。不论剧班成员上演的是彼此一致还是彼此不同却组成整体的表演，都会随之产生一定的剧班印象。然而，符合社会预期的剧班形象的呈现，不仅关涉剧班成员对某些事实的渲染，更包含着他们对另外一些重要事实的掩盖。这就要求我们关注影响剧班表演或印象管理过程中的核心因素，重视核心演员角色内和角色外行为的运作机制及影响，以避免剧班表演崩溃，防止剧班建立的印象丧失信用、失效。然而，如果说这些角色外行为在面对面的交流中并不是常见，而且有时也促进了交流的顺利进行的话，那么在新媒体环境中，观众权力的扩张使这些角色外行为极易被发现，最终导致后台的呈现和演出被破坏。换言之，表演脱离了控制。

在新媒体语境中，表演的意义出现了修正。在传统的媒体环境下，人们有话语权力的要求却找不到实现的途径，而在新媒体环境下，人们的话语权找到了实现的途径，却以一种无序的方式进行了释放。如此一来，新的需求产生了：我们应如何为新的舞台建立新的规范，让无序的释放变得有序？

### 7.1.2 语境坍塌的舞台

语境坍塌，是指由于媒介技术变革构建出对人们行为产生新的影响的媒介环境，造成了前一个时代代表性媒体传播机制和媒介环境的失效或消失。作为一个新的传播概念，它是梅罗维茨将麦克卢汉的“媒介技术观”和戈夫曼的“情境论”作为研究基点整合而后提出的。

梅罗维茨认识到戈夫曼的“情境论”由特定交往地点和观众构成，侧重于面对面的人际交流，没有媒介这一要素，忽视了社会秩序与角色的变化对情境和行为人的影响。同时，他对麦克卢汉的研究也有自己的认知，他认为麦克卢汉的研究重点关注媒介效果，忽略了

1 欧文·戈夫曼. 日常生活中的自我呈现 [M]. 冯钢，译. 北京：北京大学出版社，2008：165.

现实生活中人际交往的结构特征和场景的差异，也没有阐述清楚电子媒介以何种机制、如何引发社会的广泛变化。因而，梅罗维茨融合了戈夫曼研究社会情境与角色关系的自我呈现理论和麦克卢汉的传媒技术理论，以此来考察媒介情境与行为之间的关系，进而审视新媒介的崛起所引发的传播模式的变化。他认为在新的电子媒介环境中，电子媒介能通过改变社会情境，进而对人们的行为方式产生影响，即“新媒介—新情境—新行动”。新的媒介意味着新情境的出现，也意味着新行动的发生，而这对于以往的情境而言，则是一种毁灭性的坍塌状态。

梅罗维茨提出理论时所针对的电子媒介是电视，然而，他的这一媒介情境论有其理论前瞻性，为现代人揭示出了普遍事实背后的内在规律，因而“不仅能研究现在，而且能研究过去和将来”[1]。在以互联网为基础的新媒体语境中，媒介情境理论仍然具有指导意义和参考价值。具体而言，梅罗维茨指出电子媒介对情境带来了以下影响：一是电子媒介简单的符码打破了印刷媒介受众群体阶层界限，打破了不同社会群体信息系统的分离状态；二是电子媒介具体而生动的传播打破了“公域”和“私域”的界限，社会处于一种透明状态；三是电子媒介通过改变人类地理环境对社会行为造成的冲击……这些新媒介重新界定了社会“位置”和“地域”的概念，将体验和物质地点分离出来，引发了社会场景与自然场景的分离。

网络社会的传播机制和特征改变了人们的沟通方式，进而对社会交往、社会行为甚至社会结构都产生了深刻影响。新媒体因其泛在化和虚拟在场的特性，打破了以往人与人通过实在的地理场景进行沟通与交流的限制。在梅罗维茨看来，场景的本质不是物质的地理位置而是信息的流动方式。如今，大规模同时在线的即时网络时代赋予人类超时空自由交往与传播的便利。在虚拟现实、可穿戴设备、人工智能等新媒体新技术构筑的网络世界中，我们的身体可以不在场，但我们可以获得身临其境的真实在场感。如果说传统媒体社会中日常交流方式还是面对面交流的话，那么在网络社会中人们的交流开始加入了新媒体这一媒介，呈现为“人—新媒体—人”的状况。这一状况直接对传统舞台的前后台模式造成了冲击。

#### 1）社会场景的差异及快速转移致使表演框架界限模糊

“当一个特定的私人场景与其他社会场景融为一体，变得公开时，行为方式必须随之

1　约书亚·梅罗维茨．消失的地域：电子媒介对社会行为的影响 [M]. 肖志军，译．北京：清华大学出版社，2002：原著前言Ⅶ．

调整、变化。场景的组合改变了角色的行为模式并且改变了社会现实的构成。”[1]传受身份的模糊带来表演者与观众所处场景的差异和错位，人们按照各自既定框架行事，正确的表演框架难以界定。同时，新媒体环境中即时性的信息传播带来了场景的快速切换和转移，“或许前一秒还是这一个场景，后一秒已因信息的转变而迅速转入另一场景”[2]，这种舞台的快速切换往往令人无所适从，表演框架界限因此日益模糊。

#### 2）“前台”与“后台”相互位移致使区域的“泛边缘化”

随着新媒体环境下网络信息的日益透明，人们所有的社会活动都被推向了“前台”，“前台”进一步挤压了传统“后台”的空间，二者之间的界限渐趋模糊，区隔不再明显。这种情况不仅容易导致“前台”对传统“后台”的侵犯，而且表演者多样化的媒介选择、多样化的角色扮演使“前台”与“后台”相互跳跃，致使二者的边界时而清晰、时而模糊。当传统原本属于“后台”的行为核心被新媒体呈现出来后，“后台”的内容就变成了“前台”的表演，不仅导致“后台”的范围越来越小、隐藏得越来越深，而且“后台”行为的“前台”化致使“前台”表演所承载的被关注压力越来越大。“其间发生了一个重要的交换过程，媒介网络不断向人们输入角色信息，但条件是人们彻底把自己交给媒介网络，这就意味着这个媒介网络上的其他人可以欣赏到你的表演。”[3]

#### 3）媒介的信息控制致使表演的虚幻性进一步加强

网络社会表演者把对表演的控制转变成了对自身信息的控制，他们通过网络媒体中丰富的文字、图片、视频呈现自我，却对这些素材的把控性极强，虚实比例失调情况时有发生，表演的虚幻性进一步加强，表演的意义性进一步受影响。

但一个不能否认的事实是，网络媒体传播的时空超越性克服了传统自我呈现中的“此时此地”，消除了地域和场域的限制，即使没有面对面的表演，表演者和观众也能够通过网络媒介建立一个互相认同的情境，使“在场”转变为“在场感”，“临场”转变为“临场感”，进行自我呈现。[4]另一方面，网络社会中情境，也能够如传统“表演”一般，表

1 刘畅．从传播学的几个发现看创新思维素养 [J]. 当代传播，2013（2）：7-12.

2 魏健．网络社会中“消失的界限”：基于戈夫曼拟剧理论的思考 [J]. 齐齐哈尔大学学报（哲学社会科学版），2016（5）：148-150.

3 宋悦，刘扬．网络社会与后区的消逝 [J]. 河北师范大学学报（哲学社会科学版），2005，28（3）：146-149.

4 朱荟．网络时代戈夫曼戏剧理论的新解读 [N]. 中国社会科学报，2012-12-07(A08).

演者和观众能够根据双方互动的信息，不断地调整角色和情境定义，认知对方呈现的角色印象。

### 7.1.3 角色的认同危机

在表演中，剧班核心成员的自我认同与印象监督是其开展角色内行为的依据。角色认同是要求剧班成员互相配合、共同维护既定的情境定义和剧班方针的基础。前文曾分析，新媒体的媒介环境为角色的自我认同提供了不同的标准，直接导致了新媒体环境下中国大学剧班的核心演员们存在严重的认同危机，阻碍了角色内表演行为的展开，进而导致当下大学的自我呈现出现了较严重的管理问题。

吉登斯的自我认同理论认为，如果一个人要在日常世界中与他人保持有规则的互动，那么必须拥有我们来自哪里，又去往何处的观念，所以自我认同就是反思性地理解自我的过程。其实，自我认同并不是对自我的简单认可，而是自我定位、个体行为与社会评价三者高度一致的综合体。不管是个人，还是社会组织或团体，自我认同都是其处理社会矛盾、协调个人与社会关系的准则，是出于其立足于社会的现实需要。

大学形象的自我呈现是以角色的自我认同为基础的，而角色的自我认同又引导着大学形象呈现的表演行为与原初方向保持一致。可以说，大学形象自我呈现中，自我认同是出发点也是归宿点，它不仅影响个体的价值观念、行为准则、生活方式，而且还深刻影响个体在群体中的交流方式、情绪表达、适应能力，从而深刻影响着大学自我呈现的效果。

从组织微观互动的角度来看，大学剧班中的领导层、教师和学生其所有互动情境及行为都是依据其对表演角色的自我认同展开的。这一角色认同，既涉及个体认同，又关系群体认同。

一是个体寻求肯定与一致的努力。在社会交往中，人们普遍希望通过自己的行为给别人形成关于自己的良好印象并获得肯定。在大学校园中，管理层按照组织管理的功能，履行日常管理职能，管理层对大学形象的认识是战略性的，基于对大学发展的目标希望得到社会各界人士的认同和肯定；教师层人员形成学术型组织，他们希望得到社会各界对其科研育人方面的肯定；学生群体对大学形象的认识是基于自身实际利益的，学生层希望通过剧班表演得到管理层和教师层的肯定，希望自己圆满毕业。同时，印象管理的一个重要方面是人们在交往过程中，倾向于使自己的态度、言论、行为表现出稳定性和一致性。由于交往中人们力图保持一致的心理状态，因而容易出现“得寸进尺效应”[1]。在大学校园，对学生来说，导师的要求更像是命令，不仅关乎对老师的尊重，还关乎自己的毕业、求职等问题。一旦帮助过老师后，部分老师就会更加频繁地寻求帮助，学生出于寻求一致的心理，只能尽力完成一切任务。

二是群体认同的强度。当个体加入某个群体并得到群体认同时，便会自觉把自己归为剧班的一员，对一个社会群体的认同会促使自我向群体转变，以剧班的荣辱为自己的荣辱。大学本科评估期间教师层剧班与学生层剧班的配合就是因为两个剧班成员都把自己看作群体的一分子，为学校整体的评估结果而共同努力。一位刘姓同学还表示，当最终知道本科评估结果时，大家都不自觉地认同这个好的结果是群体共同努力的结果，经过本科评估，反而感觉和老师更加密切了，仿佛大家都是一起战斗过的战友。在群体认同中，团体声誉的因素在大学各核心演员身上体现得比较明显，人们往往会为了遵从集体规范而对自己的行为加以控制。西方心理学家曾做过忍痛力实验：研究者把基督教徒分为 A、B 两组，测试他们的忍痛力。负责考试的人有意告诉 A 组，他们的忍痛力比犹太教徒高，而对 B 组则说犹太教徒比他们更能忍受痛苦。测量结果发现，A 组的忍痛力保持原量，而 B 组的忍痛力普遍提高。研究者认为，人们为维护集体声誉，常常会增加他们忍受痛苦的能力。[2]在大学校园中，学生为了集体声誉而战的例子也有很多。比如 2017 年全国学生运动会游泳比赛中学组的最后一个比赛日，上海代表团再次爆发，获得 4 金 2 银的骄人战绩，并在男子 100 米自由泳和男子 $4 \times 100$ 米自由泳接力的比赛打破赛会纪录。率先上阵的陆豪杰在比赛中并未给对手太多机会，帮助第二棒的诸世俊拉大了与对手的距离。他说：“自己作为第一棒，就要拼尽全力，不能落后太多。最后半程自己的膝盖早已疼痛难忍，但还是要咬牙游到最后。”说着，他向记者亮出膝盖上所贴着的运动胶带。本案例中陆豪杰的坚忍就是个人致力于维护集体声誉的表现。

### 7.1.4 观众的默契失落

在新媒体环境中，观众的地位较之传统媒体有了巨大的提升，观众不再是一个权威信息的接受者，而是多重信息的选择者和挑剔者。一方面，新媒体赋予的权力使观众闯入后

1 秦建华．“得寸进尺效应”与“体育差生”[J]. 中国学校体育，2001，20(5)：64.

2 李磊，马华维，管健，等．公务员行政管理心理学 [M]. 天津：南开大学出版社，2008: 137-138.

台或局外人进入表演情境、泄露表演秘密的可能性越来越大。另一方面，信息权威性的消解释放了观众潜藏于心的破坏欲，后真相时代的受众逐渐变成了“日日狂欢”“坐等反转”的“吃瓜群众”。面对这样的观众，大学形象的权威性和理想化，以及新闻生产的严肃性不断被消解，一旦大学出现假扮和撒谎行为且行为不协调的情况，将会严重影响大学形象的自我呈现效果。

1）观众闯入后台泄露表演秘密

就这一点而言，一些有关高校的突发事件的报道，充分展现了这种可能性。这些突发性危机事件虽不常见，但可视为高校自我呈现表演存在漏洞，进而被观众窥视的一大表征，因此也容易引发重大的形象危机。

新媒体技术的迅猛发展，为观众提供了前所未有的参与平台与表达渠道。社交媒体、短视频平台、网络论坛等新媒体工具，使信息能够迅速传播并引发广泛讨论。观众通过这些平台，不仅能够获取第一手资讯，还能直接参与事件的讨论与评判，甚至能够“闯入”原本封闭的后台空间，揭露被隐藏的真相或秘密。这种角色的转变，使观众在信息传播中的影响力日益增强。

在高校这一特殊的社会组织中，突发事件的发生往往伴随着信息的快速流动与公众的高度关注。这些突发事件可能涉及学术不端、管理失当、校园安全等方面，一旦处理不当，就容易成为公众关注的焦点。此时，“观众闯入后台泄露表演秘密”的现象就会尤为突出。

2）“狂欢化”的态度对表演严肃性的消解

随着新媒体的兴起，人们越来越热衷于即时性、冲动性地发表意见或看法，简单的参与快感逐渐取代了对真相的追求，个人立场和意气用事逐渐取代理性和事实，成为社会公众行事的准则。在新媒体环境下，人类孜孜以求的“真相”和“真理”似乎不再重要，“立场”“感觉”“情感”和“利益”逐步占据主导地位，因此有学者又将其称为后真相时代。在这个时代，那些突出惊恐、愤怒等情感色彩的报道总能被广泛传播。尤其当个人融入群体时，就会放弃自己的独立思考和判断能力，在无意识心理支配下，和其他人一起采取情感支配下的盲目行动。群体最主要的特点表现为冲动、急躁、缺乏理性、没有判断力和批判精神，以及夸大情感等等。可以说，后真相时代的观众俨然变成了等待剧情反转的“看客”和“吃瓜群众”，使得新闻生产和传播的严肃性不断被消解，由此引发了一场场深刻的传播危机和印象管理危机。[1]应该说，这种态度对大学形象自我呈现表演的破坏程度比观众闯入后台所造成的情境破坏更大。毕竟后者不常见，造成的情境破坏也是暂时的，而前者则从根本上破坏了表演情境建立的意义，使其虚无主义化了。

如前文所述，大学剧班一般会通过假扮和撒谎，借助倾向性的符号设定和主观性表达，维持公众形象，并掩盖那些破坏理想形象的行为，进而影响观众对于表演者和表演本身的认知和评价。后真相时代，社交媒体为表演的假扮和撒谎提供了技术支持。目前，高校的各种社交媒体账号是其对外宣传学校形象的重要窗口之一。借助社交媒体，平常拥挤的食堂可能成了学生自习的好去处；一个平时爱社交、爱聚会的学者可能就被描述为彻夜钻研学术的样子；原本无趣无意义的校园活动成为学生点赞和评论的核心区。社交媒体病毒式的传播模式，既为大学剧班通过误传建立理想印象提供了可能，也在一定程度上增加了假扮和撒谎被揭露的风险。

然而，需要注意的是，信息的发布与接收都存在一定的主观倾向。人们在传播过程中，更容易接受与自身立场、观点、态度相符或相近的信息，有意无意地避开那些与自身倾向相左的内容。从这个层面上来说，公众对待假扮和撒谎行为通常持有两种态度，如果大学假扮和撒谎的方式及内容表达迎合了公众的既有倾向和预设立场，那么观众极有可能会接纳这种印象，并按照相应的内容对大学形象管理进行认定，这也是形象管理想要达到的理想效果。相反，如果表演者的内容让观众感觉不够真实，带有明显的目的与刻意性，观众则更容易产生反向理解。

假扮行为大致可以分为两类：一种是特定、具体个体的假扮，人们通常会感到这是不允许的；另一种是群体成员的假扮，人们对此的感受却不是那么强烈。同时，在假扮内容上，人们对那些为了集体利益与为了闹着玩或者为了个人目的及物质上的好处的行为的反应显著不同。一些非重点大学斥巨资打造另类建筑或豪华校门，绝非仅基于校舍的修缮或校园的美化需求。这笔巨资对一所普通高校而言意味着：几十间教室多媒体设备的更新，上百名学生四年的学费或万册新书。学校如此假扮，意在通过给大学“形象整容”，实现自身形象的华丽转变，然而，若该校校门是山寨作品，那么豪华校门终究挡不住社会舆论的抨击。在社交媒体时代，一旦相关图片和真相在网络上被披露，这种假扮行为也就失去了意义，其行为主体也会深受其害。

误传的另一种路径是撒谎，即用公然、坦率的谎言来掩盖真相，其一般可以定义为：

1 李凌凌 . 重建媒体的公共性：“后真相” 时代的传播危机 [J]. 当代传播，2018(2): 59-63.

有确凿的证据表明撒谎者知道自己在撒谎并有意为之。

当前，“明星”在知名大学挂名客座教师、荣誉教授、大学校长的事件屡见不鲜。“明星”需要社会声望，高等院校则看重明星效应，二者一拍即合。由此可见，大学的动机并不单纯，在给予“明星”好处的后面，是为了获取更多资源、拓展人脉关系、赢得更佳声誉。为了塑造形象进行宣传，人们不能否认谎言中存留的善意，但一旦动机不纯的谎言被揭穿，撒谎者将会颜面尽失。因而，有不少评论者直接指出，“明星”破格当教授本身就是一种腐败现象，是一种浮躁、急功近利的不正常现象。

当撒谎和假扮行为被公众接受，并获得预期效果，或者出现误传偏差时，而组织不愿意公开承认错误，最好的办法就是将行为维持下去，保证表演的一致性和连贯性。校庆就是典型的例子，“五年一小庆，十年一大庆”，庆祝的缘由已经不重要，重要的是必须延续这一传统。大学校庆的本意，是向社会公众展示近几年来大学所取得的成就、所培养的人才，以及传承不变的大学精神。然而，媒体报道中的中国式校庆，领导讲话精神鲜明、校友捐款慷慨大方、学生表演生动有趣、校园氛围温馨感人。殊不知，这种行为已成为大学形象管理的一大诟点，诸如“土豪学校”等词汇，正是公众赋予此类大学的形象标签。

可见，虽然为了使表演能够成立，演员往往会使用假扮和撒谎的手段，但这种手段必须得到观众认可，表演才能在事实上成立。换言之，即使是假扮和撒谎，观众也必须是“信以为真”的态度。正如在真正的戏剧中，观众只有对舞台上明显为假的故事抱以严肃的态度观赏，舞台上的演出才有其价值，也才能够进行。而新媒体环境中，观众参与的快感、娱乐化的态度，正在不断消解着演出的严肃性。当观众不再将舞台上的戏剧故事“信以为真”时，观看行为也就变得毫无意义，“表演”也就无法成立。正如戈夫曼所言：任何剧班在其表演中总有一个总体目标，即维持其所建立的情境定义，一旦出现任何破坏性的信息，这场表演所建立的理想情境也会随之崩塌。[1]正是在这样的立场上，这类状况成为新媒体环境下大学形象自我呈现的最大也最深刻的困境，它的出现破坏的是演出行为本身。

1 欧文·戈夫曼．日常生活中的自我呈现 [M]. 冯钢，译．北京：北京大学出版社，2008：41-45.

## 7.2 新媒体环境下大学形象自我呈现的策略

从新媒体环境下大学形象自我呈现的现有问题出发，其策略可以分为三种：角色策略、舞台策略、表演策略。虽然观众是大学形象自我呈现问题的构成要素之一，但由于相关策略难以直接对其产生影响，故不作考虑。

### 7.2.1 角色策略

在表演中，每一个角色都有其既定的角色期望模型。表演者对自身角色认知及社会期望的认知与践行程度是其表演开展及大学形象自我呈现的根本。因此，在大学形象的自我呈现中，管理层、教师群体、学生群体有必要进一步增强对所扮演角色的认同感，从而实现良好的角色配合。

#### 1）高契合度定位自我角色

一是管理层需要提升对教育家、代表者、领导者等角色规范的认知与认同。随着社会的不断发展变化，大学逐渐从学术象征型向大众教育型，甚至向组织经营型转变。目前，大学领导层普遍面临着“教育家的使命，政治家的要求；代表者的身份，服从者的选择；领导人的职责，学术人的念想”的角色困境。特别是大学校长，不仅所处环境复杂，社会及组织对其要求颇高，其潜在的角色冲突和角色认知危机较为严重。这就要求大学校长必须认清大学的“学术”本质，坚守“教育家”的本源性角色定位，以引领教育、管理教育、服务教育的思维和行动来管理大学，进而厘清其教育家、代表者、领导人三种角色关系，肩负起捍卫教育理想和学术精神的职责与使命。作为新媒体环境下的管理者，大学校长还要向西交利物浦大学的席酉民校长学习，转变身份和角色，以平等的态度、符合新媒体语境的语言与学生交流互动，并加强家校沟通协作，建设一所世人尊敬的大学。

二是教师群体需要把握其角色本质，树立与身份相符的角色形象。国外学者西蒙娜经过研究，提出现代大学教师身份的三个维度：学者身份、知识分子身份和教师身份。这三个维度被公认为是现代大学教师的基本要求。其中，大学教师的角色本质特征是学术性[1]，在以往“学术本位”的制度下，大学教师的专业水平和学术能力需经过同行的认可，

1 欧内斯特・L. 博耶. 关于美国教育改革的演讲 (1979—1995)[M]. 涂艳国，方彤，译. 北京：教育科学出版社，2002：88.

他们往往将学术视为安身立命之本，秉持思想自由、人格独立的理念，正如陈寅恪所言“没有自由思想，没有独立精神，即不能发扬真理，即不能研究学术”。然而，在如今市场机制的驱动下，大学教师的科研成果产出转化与其职称晋升、绩效分配、个人发展息息相关，重数量轻质量、重科研轻教学、教授不教、学者不学等角色偏差行为被频频曝光，更遑论批判社会、呼唤社会的公平正义。所以，有评论者认为，如今教授的专业水平和精神气质，已无法与过去相提并论。因而，大学教师应把握其学术性的角色本质，应具备锲而不舍、孜孜以求的学术能力和学术理想，凭借深厚的学术素养、学术思维，开展学术研究、教学活动及社会服务。教师完成角色转变之后，大学形象自我呈现中的教师群体就会给社会一种学术的形象，得到社会的认同，社会上对大学教师的“污名”与偏见就会得到有效遏制。事实上，部分大学也开始认识到教师角色转变与自我呈现的重要性。

在第 34 个教师节之际，华中师范大学微信公众号推送的一篇文章《“虽然我现在身体不如以前，可我下学期还要继续上课”这就是华师一位普通老师对职业的忠诚、对课堂的敬畏》，文中的这位教师就是华中师范大学的“三育人”标兵、教育学院二级教授余子侠。

在余子侠看来，时刻保持对课堂的忠诚与敬畏，是大学教师应有的态度。他坦言，在高度信息化的现代社会，科学技术的确给课堂带来了高效与便利，然而，一旦教学内容轻易呈现在屏幕上，有的教师就不愿多讲解，学生也不愿多看书了。“教师先要对职业忠诚，还要时常对课堂常怀敬畏之心，牢记教师的职责在于‘传道、授业、解惑’，授课才能不苟且、不模糊。”

学生是课堂的重要参与者，在余子侠看来，师生亲近，才有可能营造更好的课堂教学氛围。“我喜爱这门课，喜爱教授这门课，也想让学生爱上这门课。”为了达到这个目标，余子侠乐于与班上的年轻人接触，他说这也是对自己的一种“滋补”。余子侠觉得师生关系的理想状态，是既像父子，又如朋友。为此，他时常与学生切磋、互动、问答、谈心，笃信教学相长。有一年冬天，一天傍晚下课时，天正下着大雪。余子侠班上一名腿部残疾的学生在雪地里行走困难。刚上完课的余子侠见状，硬是将学生由教学楼背至宿舍。那时的他已年过六十，一路上因体力不支歇了数次。时至今日，他仍记挂着那位学生。对学生家长，余子侠也关怀备至。一年春天，院里一位学生突发疾病，余子侠听闻，放下手头工作，协助学院领导，耐心疏导学生，并请来家长，详细询问情况，安排家长的食宿，帮助学生治病。之后，他又自掏腰包，为该生及其家长买车票，将他们送回老家。

“他衣着朴素，人也没有丝毫架子；他满怀激情，谈论中国教育古今；在他的身上，我看见了中国知识分子的灵魂，不图名利，一心奉献；在他的课上，我不仅了解了中国教育的进程，更得到了思想的启迪。”学生们对余子侠如此评价。如今，面前这位衣着朴实、年过六旬的老教师，如是这般地告诫师范学校的莘莘学子：为师者必须牢记，功成不在我，无我不功成。即是说，每一个成人成才的学生，取得优异成绩，并非某一位教师的教育之功，为师之人不应以此居功自傲。但教师必须有这样的认识和责任感，即无我不功成。教师要摆正自己的位置，坚信学生成人成才必少不了自己这样为师之人的心血与努力。

余子侠老师只是华中师范大学推出的“三育人”标兵之一，从他的身上，我们可以看到新媒体时代大学对教师新形象的一种自我呈现：突出高尚师德，强调教师的教学主业、爱生如子、教学相长，更有功成不在我、无我不功成的责任担当。这种形象的呈现在新媒体中广泛传播，成为教师群体的佳话。

三是学生群体需要强化对自身角色及剧班其他群体的认同。准确的角色定位是角色表演成功的前提。大学生的首要任务是学习，高校的规范和社会公众期望其成为德、智、体全面发展的人，成为未来社会的建设者和接班人。有学者认为，在现代大学体系中，学生角色将变成“新型主体”，强调自我，更关注学习精神和学习纪律的培养；强调主动性，更关注社会主义核心价值观和良好学习习惯的养成；强调对权威的正确认知，更关注尊师重教和学术能力的培养。因而，大学生要充分认识到自身是具有学习主体地位的人，需要主动培养和提升创新意识、创新思维、创新技能，最大限度地激发自我学习的积极性、主动性和创造性。同时，大学生也需要增强对教师群体“新型权威”的认同，进一步强化师生之间的交流与合作，为共同的学术目标而努力。除学习之外，大学生不同于高中生，必须培育他们的社会责任感和国家民族意识。

“掷出窗外”志愿者群体便是一个好例子。“掷出窗外”是由复旦大学研究生吴恒联合 34 名网络志愿者创建的一个有毒食品警告网站，该网站的创立初衷是引起全社会对食品安全的关注。通过这个网站，我们可以查询到 2004 年至 2011 年全国各地的有毒有害食品记录。调查发起人吴恒是湖北荆门人，2007 年毕业于武汉大学，后考入复旦大学历史地理研究中心攻读硕士学位。吴恒因完成了《中国食品安全问题新闻资料库》，并根据每一个省报道的食品安全问题的状况，绘制了《中国食品安全问题形势图》，获得《南方周末》第四届中国企业社会责任年会年度特别关注奖，还被新华社网事中国 2011 年感动中国十大人物提名。

吴恒说：“把食品‘掷出窗外’的不应该只有美国总统，而应该是所有对食品安全不满的人。扫帚不扫，灰尘照例不会自己跑掉。事情自己慢慢变好，需要外界的动力与刺激”。“掷出窗外”网站的目的在于减少和消除不安全的食品，避免被掷出窗外食品，也在于唤醒民众防范意识，加强舆论监督和市场监管。作为大学生，吴恒创办“掷出窗外”网站，充分体现了他强烈的社会责任感。

应当说，这样的学生为武汉大学和复旦大学的形象建设增色不少，吴恒的社会责任意识成为大学精神的一种坚守，起到了标杆和模范作用。

#### 2）规范角色品质，进行稳定表演

人类可能是被情感情绪支配的动物。然而，作为一个社会角色，人就必须考虑人性化自我和社会化自我之间的差异，要求表演与表达保持一致，且必须以相对稳定的状态面向观众表演。涂尔干明确指出，人的高级社会活动一般是不能容忍像我们的知觉和机体意识那样紧随我们的机体状态而变化的。社会化进程不仅能提升人的精神境界，还能使人的精神更加稳定。因此，为了保证表演的顺利进行，有必要对剧班核心演员的品质进行规范培训，使其能进行稳定的表演。其中的具体内涵则是角色的忠诚、谨慎与纪律。

（1）忠诚。忠诚是指剧班成员之间为了表演的成功，为了剧班共同维护的一种情境定义，往往会自觉维护剧班的方针和秘密。在这种表演之中，大家共同承担责任。在大学校园里，大学校长必须忠诚于自己的学校，以自己的忠诚来感召管理层，形成自觉维护大学形象管理的方针，并保守剧班秘密。北京大学才子长安街头卖肉的事件中，北京大学原校长许智宏忠诚于北京大学，北京大学的管理层、教师群体、学生群体自觉维护剧班方针和秘密。在各种表演中，北大人共同承担责任，完美演出一幕一幕剧情，呈现出北京大学“思想自由、兼容并包”的精神。

（2）谨慎。谨慎会使表演者自动规避风险。例如，选择可以信赖的剧班成员、选择值得信赖的观众、选择恰当合适的表达方式等。在大学校园中，管理层要维护学校的形象，在对外交流等方面会自然选择值得信赖的代表。例如，在大学的开学典礼上，发言的教师代表和学生代表，必定是学校管理层认可的、能代表学校形象的人。同样，在学校面临各项评估和检查时，教师也会谨慎选择学生回答问题，尽量挑选平时学习成绩优异，又与教师关系融洽的学生。这种谨慎可靠的关系可以帮助学校和教师塑造良好的形象，是一种可靠的印象管理手段。戈夫曼指出，当若干个剧班一起行动时，难免会因自身的情境定义与印象管理而产生细微摩擦，这种细微摩擦是面对面互动的一个不可避免的特征。而处理这

种问题的一个方法，就是在互动前选择可靠机敏的剧班同伴，同时尽可能地对可能发生的事件做好应急准备，避免在正式表演时，给观众留一些不好的印象。

（3）纪律。在剧班表演中的纪律是指剧班成员能在进行表演时很好地投入表演，又能同时将自身抽离出去以应对可能出现的会破坏剧班配合中印象管理状况的事件，同时在剧班其他成员无意中泄露了剧班秘密时，能够保持冷静，最大限度降低事件对剧班整体形象的损害。例如，大学校园中争议不断的用水用电问题，一旦像海南大学安装空调事件一样在网络上持续发酵，管理层就要尽快考虑对策，尽快对事件作出回应，以减轻 # 海大，你这么热，校长知道吗？ # 这条热搜微博对海南大学整体形象的损害。在大学形象管理的诸多要素中，表演者特别是主要的角色表演者起着决定性作用。而强调纪律的关键在于，一个人只有能很好地控制自己的表演，他才是一个比较合格的剧班参与者。

### 3）关注信息反馈，遴选呈现方式

在“人人拥有麦克风，人人都是解说员”的新媒体时代，信息传播不再由某主体单方面主导，而变成了一种相互制衡的关系。大学剧班应时刻关注公众意见的走向，多做社会调查，注重社会评价，将公众反馈作为形象管理的重要参考依据。2017 年 8 月 31 日，清华大学发布了一则违纪处分公告，内容包括“冒用学校名义在社会上参加活动”“婚外与他人交往”“在宿舍内留宿异性过夜并殴打该异性”“在女卫生间进行偷窥”等多项违反校纪校规行为，此次被通报处分的对象包括 8 名博士研究生、2 名硕士研究生及 1 名在职硕士研究生，他们分别受警告、严重警告、记过、留校察看或开除学籍等处分。虽然违纪处分在大学里是常规管理行为之一，但是由于网络的传播力量和清华大学的特殊地位，这一处分事件还是被网民放大，成为“好大学不一定出好学生”的典型案例。

表演者主导着自我呈现的表演，在大学形象管理中，学生、教师、管理者就起着这样一个形象承载和输出的作用。为使撒谎和假扮的危害最小化，相关组织及剧班成员就需要对形象管理有客观清晰的认识，明确自我定位，并采取与之相契合的行动。在后真相时代，情绪和心理会将某一事件无限放大，而且在充分的讨论中，公众凭借理性批判思维，使意见越辩越明，过度的误传必然会遭到公众抵制。因此，参与大学形象管理的个体绝不是自在的角色，其行为受到社会各个层面的监督与制约，必须对形象管理的方式进行遴选，以将撒谎和假扮导致的表演崩溃影响降到最低。

### 7.2.2 舞台策略

在新媒体环境下，舞台交流模式由面对面传统交流转变为“人—新媒体—人”的形式。前后台模式转变为前前区、中区、深后区的模式，而传统的交流无法应对中区这一空间，这是舞台发生坍塌的根本原因。因此，面对中区如何做，是舞台策略制订的落脚点。考虑到中区是前后台界限模糊后形成的融合性产物，舞台策略也应当从前后台的新状况着手。

**1）主动应对混合情境，展示积极的大学形象**

如前文所述，在一定条件下，前后台可以相互转化。在危机情境中，大学后台行为及相关信息往往会经过网络，转化为公众前台关注的焦点。同时，这种经过新媒体转化的前台信息和网络舆情传播时间快、受众范围广、效果影响大。应该说，任何一个有关大学形象的后台危机事件，都有在新媒体环境的网络前台中被引爆的可能。因而，大学必须清楚地认识新媒体环境中前后台的关系，以及前后台信息的传播与转换机制，进而有针对性的防范和主动的引导。

**2）借助新媒体的自我赋权，对社会关切进行前台回应，展示大学形象**

一直以来，大学一直倡导独立、自由、包容、创新、批判等时代精神，是时代潮流重要的引导者、先行者和推动者。但目前大学商业化、功利化、行政化、官僚化问题日益突出，尤其是当有关危机情境出现时，大学主体往往从传统媒体时代的经验出发，致力于通过封锁消息的方式掩盖事实。然而，在新媒体时代，观众借助新媒体技术实现了信息传播与沟通的自我赋权，大学复杂的后台就如同福柯眼中的“全景敞式监狱”，备受关注。在此背景下，当社会公众发现大学主体后台有意封锁信息、遮蔽事实的行为后，其猜忌、质疑的情绪将在网络空间迅速放大和蔓延，直至引发一场舆论风暴。有论者认为，当危机事件中的某些信息被发现并有意隐藏后，便会向另一个极端发展，引发网民的空前关注，网民需要在信息真空环境中发泄情绪。[1]因此，在新媒体环境下，当后台事件已经前台化，危机情境已然出现时，大学需要做的就是如展示前台大学形象般，及时、充分、真实地回应危机事件，以避免舆论失控，引导和壮大理性舆论。

1　吴晓明 . 群体性事件中的自媒体作用考察 [J]. 江海学刊， 2009(6): 205-211.

3）给予公众充分的尊重、信任和敬畏，展示公开透明、理性公正的大学形象

大学危机情境出现之后，观众（社会公众）往往具有强烈的知情需求。此时，大学主体一方面要在信息公开上拿出足够的诚意。只有社会公众感受到大学主体以诚相待、毫无隐瞒、坦坦荡荡，才有可能对事件作出冷静、理性的判断。大学官方越是能够信任公众、尊重公众，公众就越能够理解其难处。相反，如果官方遮遮掩掩、刻意回避，实则是将公众推向了对立面，增加了危机事件恶化的风险。另一方面，大学主体要在主动检讨失误和追责上表现出诚意。这种主动承认错误的行为所传递的不是敷衍了事，而是真诚和敬畏。

### 7.2.3 表演策略

个体的表达可分为“给予的”和“流露的”两种，前者是通过各种语言符号或者替代物所给予的明显的表达，相对容易操纵个体，主要体现为言语表达；而后者则是通过广泛的行动而流露出的隐含意义，是个体几乎没有留意或难以控制的表达，主要是其流露出来的印象。表演的崩溃，从某种意义上说，就是给予和流露的冲突使观众对演员的表演产生了怀疑，从而窥见了后台。而从这个意义上讲，如何让给予的表达和流露的表达实现共谋，显然是制订表演策略的出发点。

1）理想性状态：给予和流露的一致

显然，表演中给予的表达和流露的表达达成一致，是最高形式的协调，在这种情况下，前后台保持一致，呈现出最真诚的表演，因此效果也最好。前文已谈及，大学形象的内涵中，精神文化要素最为关键，而办学理念则是其根本。一个大学的办学理念如果能得到社会的认可，那么大学形象的自我呈现显然是成功的。以北京大学为例，如今一提起北京大学，即便不了解北京大学历史的人，也都会想到它的办学理念——“兼容并包”。事实上，北京大学的前身是清政府建立的京师大学堂，虽然它提出了“中学为体，西学为用”的办学方针，但究其实际，却是一个改了名字的国子监。当时，京师大学堂所收学生均为京官，被称为老爷，身边都有跟班，将上大学看成获取功名、飞黄腾达的又一捷径，也难怪当时的人不把它看成一个现代性的大学。1918 年，蔡元培主政后，北京大学才发生了翻天覆地的变化。在《北京大学月刊》发刊词中，蔡元培写道：“大学者，‘囊括大典，网罗众家’之学府也。《礼记·中庸》曰：‘万物并育而不相害；道并行而不相悖；’足以形容之。

如人身然：官体之有左右也；呼吸之有出入也；骨肉之有刚柔也；若相反而实相成……当亦能知吾校兼容并收之主义，而不至以一道同风之旧见相绳矣。”而后又于 1919 年 3 月 18 日，蔡元培在《蔡校长致公言报函并附答林琴南君函》中，对“兼容并包”的管理理念又做了进一步阐述：“对于学说，仿世界各大学通例，循‘思想自由’原则，取兼容并包主义，与公所提出之‘圆通广大’四字，颇不相背也。无论为何种学派，苟其言之成理，持之有故，尚不达自然淘汰之运命者，虽彼此相反；而悉听其自由发展。”如果说这些均可视为给予的表达的话，那么流露的表达则对以上言论进行了回应和落实。在选聘教师上，“学诣为主”，不拘一格；在思想学术上，百花齐放，百家争鸣；在教授内容上，中西融合，择善而从；在学生招收上，有教无类，男女平等。之后的五四运动和各种学生运动，北京大学也用自己的行为回应了自身的办学理念，北京大学的形象得以深入人心。

如果我们把给予的表达视为学校形象，而把流露的表达视为学校实象的话，那么如图 7-1 所示，大学实象（F）是学校品质的实际状态，是大学形象 (F′) 的基础。大学形象自我呈现需要对自身形象形成正确认知，即什么样的实象才应该传达给公众。大学剧班中学生、教师、管理者各自主导着自己的表演，又肩负着大学形象呈现的重任。这些个体和组织需要对角色定位、学校定位、社会期待有一个客观清晰的认知，同时开展与认知相契合的表演行为，以提升大学实象。

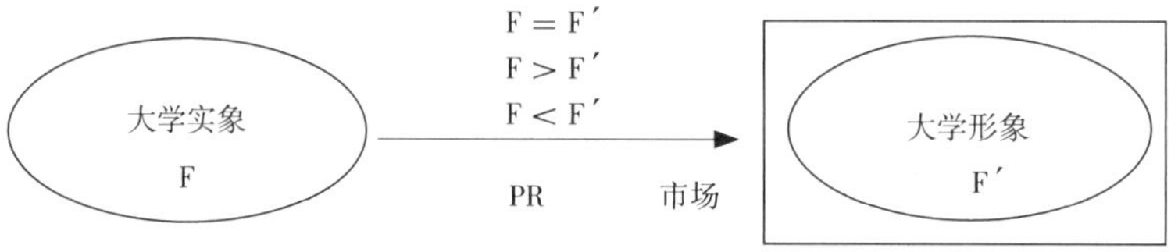


图 7-1　大学实象与大学形象（根据八卷俊雄的企业形象战略相关图进行绘制）[1]

当 F=F′时，大学形象和大学实象一致或基本吻合。大学实象正常反映大学形象，大学自我呈现良好。

当 F>F′时，大学形象低于大学实象，大学实象没有得到充分表达，大学形象自我呈现不够。

当 F<F′时，大学形象高于大学实象，表明大学形象过度包装，虚高与夸大的手段使用过多，大学形象自我呈现过度。一旦假象破灭，信誉就会毁灭，形象也会随之坍塌。

要达到表演的理想状态，可以从以下两个方面着手。

1　八卷俊雄 . 企业形象战略 [M]. 艺风堂，编译 . 台北：艺风堂出版社，1992：48.

一是发挥大学精神引领作用，彰显组织文化凝聚功能。大学精神赋予大学生机与活力，特别是由教师与学生组成的价值创造体和学术共同体。正是因为大学精神，其学术和人文的价值才能熠熠生辉，成为“海上的灯塔”。只有所有参与大学剧班的演员对大学精神内化于心，才不会在角色外活动中偏离、背离甚至破坏大学形象的自我呈现。大学精神的形成与传承，需要大学所有成员对“价值共同体”的共同努力与精心呵护。

其中，教师群体是大学精神得以弘扬的主体，教师剧班的形象影响学生群体的思想、行为，塑造学生的精神世界。当下，师生之间合作表演的虚假性、世俗化甚至怀着不可告人的目的性，缺乏心与心的沟通，缺少灵魂与灵魂的碰撞，“道德性要求”与“工具性要求”错乱，不能“一朵云去推动另外一朵云”，只有师生之间的“礼貌”和“体面”[1]，导致大学精神之花枯萎、凋零。

当然，大学精神不是外在力量赋予的，恰恰是内生长而成。大学精神与大学师生剧班的确立、巩固、传承密不可分，师生剧班的密切合作，以教师为导向的自觉行动，是产生大学精神、传承大学精神的基本条件，也是保持大学精神长盛不衰、大学形象之树常青的根本所在。因此，大学需要进一步加强大学精神建设，以此为核心建构和凝聚大学核心“演员”的价值认同，规范他们在角色外的消极行为与活动。

二是强化大学制度建设，用制度规范演员的反生产力行为也是重中之重。大学制度是大学精神的集中体现和大学行为的总规范，是以学术本质为根据，确定大学生存与发展的大学行为规则体系，是法治模式、法的精神和法律条规在一所大学的进一步延伸和具体化、个性化。[2]大学需要加强制度建设，进一步厘清党委的政治权力、校长的行政权力、教授的学术权力、师生的民主参与权力之间错综复杂的关系，构建联合治理的权力运行机制，既减少权力交叉又避免权力真空；既保持独立行使权力，又保证权力彼此的制约。当制度确立之后，大学必须以制度的思维来保障大学剧班的“一切行为都将有法可依，一切程序都将依法办事，一切制度以及制度的制定都将用法治思维和法治方式去审视”[3]，以确保核心演员内部关系顺畅，进而约束其反生产力行为的出现。

总的来说，如果大学剧班中的核心表演者能高度忠诚于角色规范与剧本设定，准确理解“我们来自哪里”“我们将去往何处”的形象定位，确保角色内与角色外活动的一致性，这就是一所大学成功的自我呈现的前提和保证。

1 欧文·戈夫曼.日常生活中的自我呈现 [M].冯钢，译.北京：北京大学出版社，2008：94.
2 湛中乐.现代大学治理与大学章程 [J].中国高等教育，2011(9): 18-20.
3 刘伦.政治学视阈下的中国现代大学制度建设研究 [M].北京：光明日报出版社，2017：5.

### 2）现实性策略：表演崩溃的避免

给予和流露完全一致的理想状态是美好的，但在现实中，由于演员和观众利益天然的差异性和表演的不完美性，理想状态很难在现实中获得。就表演的现实性而言，其策略的目的在于避免表演的崩溃。具体而言，就是给予的表达和流露的表达不发生直接冲突，产生直接性对抗。

如果说新媒体环境为后台的前台化提供了条件，那么它同样提供了机会。简而言之，面临前后台的融合，传统的单极化、遮掩式的传播方式在无法解决表演崩溃的问题时，应当做的便是与世浮沉，在了解新媒体属性的基础上，用新媒体传播的方式解决新媒体环境中表演出现的问题。换言之，大学形象自我呈现的长久之计在于找到符合这一环境的、新的表演范式。

一是提高媒介认知，转变行为模式。网络社会之所以能够产生，其根源是新媒体技术的发展深刻改变了媒体传播的方式，并对世界产生了深远的影响。因此，在新媒体环境下，要恰如其分地完成任何一种表演，就必须加深对新媒介的认识。考虑到这一认识是由新媒体技术引发的现实，合理运用新媒体技术，并将两者有机结合，便成为必然选择。两者相互依存、相互成就，处于不断变化与生成之中。如腾讯公司在马化腾等人的带领下，早期通过 QQ 实现了人际连接，2013 年升级为“连接一切”战略。这一企业实践与国家 2015 年推出的“互联网 +”行动计划形成时代共鸣，共同推动了新媒体技术的创新发展。

大学形象的自我呈现，其实同样面临类似的问题。即使身处新媒体环境中，人们能否对新媒体有足够的媒介认知，及时调整自身的行为模式获得表演的成功，其实并非理所当然。以往的认知往往会阻碍人们对新事物的接纳。事实上，由于新媒体对个体的自我赋权，以往由生产决定消费的信息交流模式已被破坏，随之出现的是新的“使用与满足”信息交流模式。这一模式把用户看作有着特定“需求”的个体，把他们的媒介接触活动看作基于特定的需求动机来“使用”媒介，从而使这些需求得到“满足”的过程。[1]在新使用与满足理论中，用户被设想为主动的，他们自主选择特定媒介内容来满足各种需要。而这决定了大学形象呈现的内容必须能满足用户的需求，要放下身段，拉下面子，切实从用户角度出发进行内容的塑造，如此才能保证表演的成功。

以当前的大学公众号为例，作为自媒体平台，公众号的成功其实就是这一“新使用与

1 郭庆光 . 传播学教程 [M]. 2 版 . 北京：中国人民大学出版社，2011：165-169.

满足”的信息交流模式的实现，点击率高的公众号都在不同程度上理解了用户的需要，满足了用户要求，从而实现了校内校外用户的普遍认可。以武汉大学的公众号为例，某周时间共推送6篇文章，分别是《这个国庆，你在“珈”做什么？》（10月7日）、《珞珈山水BBS| 这里，遍布了武大人的足迹》（10月8日）、《叮！你有一本通往联合国实习的“独门秘笈”待查收》（10月9日）、《记录乡音，这群武大人在与时间赛跑》（10月11日）、《厉害了！武大这位教授带学生用大数据“种田”》（10月12日）、《送给你，一抹珞珈清晨的色彩》（10月13日）。这些信息不仅密集，还读懂了学子的心理，以生动活泼的形式将严肃认真的信息内容进行了传播，因此能获得高校公众号点击量第一的成绩也就在情理之中了。

二是塑造媒体形象，提升媒体信任。当前，在新媒体和传统媒体的融合过程中，新媒体发挥着越来越大的作用。与传统媒体使受众处于被动地位不同，新媒体赋予多数人传播的能力。而这种能力因为互联网的技术优势而得到增强，它传播即时，范围无界，让地球变村落。相比距离遥远的传统媒体，新媒体有更强的受众接近性，因此会形成更强的社会动员力。

随着新媒体的出现，社会大众获得了更多的发声权和传播权，这使原本在表演中很难窥见后台的观众有了看到后台的机会。然而，正如前文所言，演员与公众利益一致、需求一致的理想化表演本身就是一种理想状况，难以实现。因此，在这种情况下，组织形象容易被污名化，信誉度也容易受损。

一个不争的事实是，普通公众是缺乏新闻训练的，他们即使对传播的内容及之后的辟谣抱有怀疑，也无法核实。而新媒体的传播渠道复杂，不同渠道传递同一内容，可能会相互影响，产生更强的效果。这样，普通公众实际上非常容易受到不完整信息的误导，这就给别有用心的人可乘之机。另外，作为个体的公众不是一个严密的组织，因而在舆论场中更加脆弱和感性。人们愿意把社交媒介作为“后台”，作为一个释放自我、协调他人关系而不是理性思考、缓解矛盾和争议的场所。因此，在社交媒介中，个人实际上仍容易受到群体意见的影响，或者迫于主流意见而保持沉默，不过这种沉默并不意味着认同。

在这种情形下，重塑媒体形象，提升媒体信任，就成了新媒体环境下大学如何成功实现自我呈现的重要渠道。与新媒体相比，传统媒体具有天然优势，即拥有事实核查的能力和义务，他们足以通过自身的专业素质和信源收集能力判断事物的真伪。而在真与假的博弈中，获胜者永远是真实的一方。一旦真实的信息占上风，正确有效的媒体形象就能得到进一步强化，进而产生新的舆论引导力。美国学者席伯特曾提出“观点的自由市场”理论，“它的基本假设是人为了接近真理，就需要保证各种不同意见能够在‘公开的市场’上进行自由竞争”[1]。在新媒体环境下，各种信息能形成一个“观点的自由市场”，虽然它们不断交流碰撞，但在不同的意见中会渐渐产生一个基本一致的观点，这一观点在事件的发展过程中对该事件产生影响。大学本身的学术性和思辨力完全可以实现信息核查和信息再造，获得一致意见的主导生成，以此塑造自身的媒体形象和信息权威。

三是提升媒体引导力，实现局部中心化。通常认为新媒体是去中心化的，借助微信、微博、知乎等社交媒体平台，我们每个人都可以在网络上表达自己的观点或发布原创内容，成为信息传播网络中的一个节点。然而，蓬勃发展的自媒体中，能脱颖而出者却凤毛麟角。从网络传播中的中心节点这一现象可以看出，网络社会依然存在中心化的趋势，只不过这种中心化是局部的。研究者李彪曾选取影响力最大的40个网络事件作为研究样本，运用社会网络分析方法，提出了网络事件传播的空间结构模型——“双核心式的哑铃传播结构”。他在结论中特别指出，“网络传播依然存在中心化和主流化的问题，无论一般网络信息还是网络事件信息均存在一个或多个传播中心，所谓的网络时代去中心化的论断是值得商榷的”[2]。

事实上，当前互联网中的意见领袖也说明了这一局部中心化现象。意见领袖是拉扎斯菲尔德提出的概念，指活跃在人际传播网络中，经常对他人提供意见、观点或建议，并对他人施加个人影响的人物。马尔科姆·格拉德威尔在《引爆点：如何制造流行》一书中指出，如若要达到传播效果需要把有限资源集中于下列三类人，即可达到“病毒式传播”的效果，这三类人是联系员、内行、推销员，他们是人们与外部世界联系的纽带。联系员认识很多外界人物，内行精通某一领域的知识，而推销员则能把他认为值得推销的东西推销给大家。[3]根据拉扎斯菲尔德等人的实证研究，大众传播并不是直接“流”向一般受众，而是经过意见领袖这个中间环节，即“大众传播—意见领袖——般受众”[4]。在新媒体环境下，这一传播模式有了新的内涵，即“病毒式传播”依然是意见领袖的影响实现的，意见领袖起着传播扩散的新事物作用。意见领袖通过自媒体平台推荐或口头指示等方式，可以对其他人

1 郭庆光.传播学教程[M].2版.北京：中国人民大学出版社，2011：141.

2 李彪.网络事件传播空间结构及其特征研究：以近年来40个网络热点事件为例[J].新闻与传播研究，2011，18(3): 90-99.

3 马尔科姆·格拉德威尔.引爆点：如何制造流行[M].钱清，覃爱冬，译.2版.北京：中信出版社，2006.

4 郭庆光.传播学教程[M].2版.北京：中国人民大学出版社，2011：178.

的搜索及对产品或服务的使用产生直接的影响。

如果说大学形象日常呈现的表演会导致崩溃、失败或被污名等的原因在于后台在前台进行了呈现令演员措手的话，那么我们不妨回过头来分析大学自身具备的媒体潜力。事实上，大学作为智力的聚集体和学术的联合体，足以胜任联系员、内行、推销员这三大角色。换言之，大学中的成员（当然是大学人，包括管理层、教师群体、学生群体等）其实可以是天然的意见领袖，这一点也与西方社会提出的知识分子的天职是社会的推动者不谋而合。然而，出于种种原因，大学并没有将这一潜力发挥出来。可以想象，在新媒体环境下，大学成为大 V、博主，成为引领观众观赏表演的主导者，不再对后台窥视者不知所措，便自然实现了表演的成功、形象的有效传播。

### 3）危机性策略：表演行为的重建

当观众看到了后台，发现流露的表达和给予的表达不相符时，表演危机就出现了。此时，表演的策略毫无疑问是要削弱乃至化解危机，实现表演行为的重建。

近年来，大学生意外伤害事故频发。据不完全统计，每年大学生非正常死亡 3 000 人以上，意外伤残事故更是频发。在伤亡事故发生后及善后工作中，大学应对此类问题时曾出现过家属聚众闹事、冲击教学科研场所、网络大肆炒作甚至上访维权等现象，纵观各类事故的处理，有三点策略值得注意。

一是真诚。追求真相并给予人文的关怀。所有问题的焦点往往直指事故的真相。应在第一时间告知通报事故情况，第一时间表达对逝者的哀悼与慰问，人道、真诚在任何事故中的表达往往胜过“花钱消灾”，要谨防“冷漠”的言论与表情，更要避免“控制媒体”和不当的“危机公关”行为。在后真相时代，情绪主导一切，任何试图扭转舆论的引导在新媒体环境下都将变得脆弱不堪。

二是参与。安排核心管理人员全程参与处理事故，及时、正面回应网络关切，善用官方媒体发布权威信息。在新媒体时代，多种媒体交互传播，只有大学的官方发声与权威媒体的官方结论，才能消除杂音和干扰。要改变大学独立发声的做法，就要让参与事故调查、勘察、定性部门都能参与官方回应。

三是改变。传统媒体时代应对突发事件的“躲、堵、拖”与新媒体时代的“封、删、关”已证明，这是落后的行政化思维的陈腔滥调。大学作为学术机构，其处理问题的逻辑出发点涵盖“法、理、情”三个层面，其中，法律往往被摆在首位，这体现了大学形象的公平、公正、公开，以及自身对法律精神的敬畏。很多研究者用“鸵鸟心态”“爱惜羽毛”等词汇批评大学管理层。究其原因，是管理层从法律的条文思考，不善于发声（也有出现专业人员帮助发声的事例）和总要等到事情水落石出后才发声（不愿发声）的旧思路，以及知识分子的倔脾气“身正不怕影子歪”和“历史可以证明一切”的自证清白的高傲。面对新媒体环境，大学要改变过去的惯性思维，要善于站在对方的立场和媒体的角度，将情绪管理放在前，不缺位，不越位，真诚参与，主动发声，回应关切，妥善处理。

在人人都拥有麦克风、人人都是解说员的全媒体时代，信息传播不再由某一主体单方面主导，而是形成了一种双方制衡的格局。尽管剧班表演讲究“忠诚”，强调剧班成员自觉地维护剧班的方针和秘密。但在新媒体环境下，尤其是当舆情事件发酵达到了公众的“愤怒点”和舆论“咆哮值”之时，大学剧班如果一味地进行假扮和撒谎，盲目地进行自我表演，必然会导致“自我设限”“自我封闭”“自我僵化”。当社会公众的情绪占据上风、真相不被关注、理性被碾压时，大学更应该“忠诚”于社会，积极作为，回归正义，将危机事件转化为另一个有利于形象自我呈现的情境。

# 8 结 语

大学形象自我呈现与印象管理研究作为一种应用研究，是新闻传播研究的新领域。以往的研究，或重管理制度、管理条例等实务问题，以具象经验为主；或重管理体系、管理目标等理论问题，以抽象论述为特点。本研究试图以社会学与传播学交融的理论视角观照大学形象这一话题，实现“抽象现实化，具象抽象化”的跨学科尝试。

必须看到的是，大学形象自我呈现的环境正经历着巨大变革。互联网的发展，改变了传统社会传播资源结构。传播技术的进步和传播工具的普及，加之受“菜单化”“一键式”“即时感”“窥私欲”等因素的影响，社会化媒体操控社会传播资源的能力被激活。在媒介技术的推动下，新媒体迅速超越传统媒体，成为人们日常生活信息传播与接收的主流渠道，并逐渐融入人们的日常生活，成为生活方式的一部分。传播参与主体的多样化、媒介影响力的不断变化、话语表达与权力的交织、社会互动引发的情绪消弭与极化，以及网络温情与网络欺凌并存的现象，正在印证“这是一个最好的时代，也是一个最坏的时代”这句话。

受新媒体环境的影响，大学形象自我呈现必然产生新的行为范式。美国学者雷蒙德·保罗·库佐尔特和艾迪斯·W. 金在《二十世纪社会思潮》中说：“在戈夫曼的著作中关于人类事件的报告比许多具有大量定性数据和统计分析的研究更富有客观性和真实性。”戈夫曼注意到的社会现实问题，现在仍然值得我们去探讨、去分析、去求解。本书不纠结于戈夫曼拟剧理论的方方面面，包括互动符号的使用、人际互动的技巧、情境意义的理解、表演框架的确定及印象管理的形成，而是仅从自我呈现理论的视角审视大学形象的管理，希冀从社会学的土壤、高等教育学的土壤培育大学形象传播的新思维、新举措、新气象。

沿着戈夫曼的自我呈现理论的脉络，本书对大学形象关涉的角色、场景、行为、话语等进行了“深描”，试图构建“自我呈现”的基础框架，特别是对新媒体环境下该理论的新发展，对大学形象管理能够起到指导作用展开了分析和探讨。正如戈夫曼所说的那样，“就这一框架可以运用于任何社会机构这一点而言，它是一种正式的和抽象的框架；但是它却不仅仅是一种静态的框架。这一框架涉及各种动态问题，它们产生于维持在他人面前所投射的情景定义这一动力中”[1]。自我呈现的理论不仅适用于个体，还能运用到“任何社会机构”，当然可以包括现代大学。这一理论在现代大学的研究应用，也体现了自我呈现理论从微观向宏观方面的进一步拓展。

呈现者自身的内在因素、呈现者所处的社会情境及该情境中观众的存在与反应，均不同程度地影响着自我呈现的内容和方式。社会行为一般受个体或组织本身、作用对象及所处的社会环境的共同影响。新媒体搭建起了不同于传统社会生活场景的舞台，对个人、组织、社会乃至国家在新媒体环境下的形象呈现、行为范式、互动模式都产生了深远影响。在新媒体环境下，大学可以运用校园社会化媒体进行形象管理，发挥自我呈现的优势；可以利用大学对社会的思想引领功能，站在高处，大声呐喊或是振臂一呼，获得应者云集的效果；可以从印象管理的角度出发，主动与社会互动，向观众呈现特定的情景定义；可以组建强大的剧班，打造光鲜而不虚假的前台和有尊严的后台，盛装上演激动人心的仪式与运作一致的戏剧。大学生活的一切，都可以搬上新媒体的舞台。从这个意义上讲，技术确实是先决条件。然而，在大学自我呈现的剧班与演员、前台与后台、日常表演、话语表达等核心元素的论述中，不难发现，在大学的自我呈现中，固然有新旧媒体的更迭和社会环境的变化，但大学精神、大学制度、大学演员与剧班依然保持了其稳定性，是大学发展中的恒定因素。

作为实现人类基本求知意志的法团组织，大学是以献身真理为志业的学术共同体，大学凭借着社会的认同，出于对真理的追寻而培养最清晰的自我意识，这种自我意识是一项人权：让所有人不受干预地探索高深知识，为真理而真理。大学固然担负有引领社会、服务社会的责任，但这一目标的实现始终依赖于对知识统一于真理的价值认同，依赖于知识与人的回归。这一定义较好地体现了“知识、个人和社会”三者之间的关系，是当下中国大学追求的目标。作为一种文化精神气质的凝结，大学是时代和社会精神的价值尺度，承担着思想文化新觉醒、理论创造新成就、科学发展新成果的职责和使命。正如克拉克·克尔所言，“其他一切都在变化，唯有大学最能保持原状”[2]。然而，历史发展的洪流必然促使大学发生改变。在社会转型车轮的推动下，大学功能不断拓展，现代意义上的大学从田园牧歌式的象牙塔走向了社会中心。因此，在大学形象自我呈现的研究中，实现视角的创新性与理论的融合性变得愈发关键。引入并运用拟剧理论的现实意义是，可以通过调节和控制呈现给他人的信息，与其说是达到操控他人和环境的目的，不如说是在遵循新媒体

1 欧文·戈夫曼.日常生活中的自我呈现 [M].冯钢，译.北京：北京大学出版社，2008: 94.

2 Clark Kerr. 大学的功用 [M]. 陈学飞，陈恢钦，周京，等译.南昌：江西教育出版社，1993: 107.

传播规律和大学形象构建客观规律的基础上，实现大学自身的印象管理目的。同样，讨论“自我形象”及与之相对的“他者形象”时，其重点并非在于探究形象的正确与否和真伪如何，而是探索形象的形成、发展过程及其缘由，以解决“是什么”和“为什么”的问题。这不仅要关注大学形象管理的策略性问题，而且要关注策略为何而来、因何而设的问题，也就是大学形象自我呈现的运作机制，包括对象、内容、途径、效果等，从而不断为大学的形象建构和印象管理提供新思路、新方法。

一直以来，大学形象对中国大学的管理者和行政部门来说，既是热门话题，也是敏感话题。同样，中国虽然是礼仪之邦，但是在形象问题上，国人始终持有“由内而外”的朴素观念，更注重“内”的修炼，认为形象是“形式”的问题，与“内容”的要求相比较，不在同一层面，坚信“内圣外王”[1]。然而，大学在当前高等教育大众化快速向前的进程中，在竞争和市场双重驱动下，声誉资本越来越成为一个品牌问题，开始与学校的议价能力、办学资源和财政支持直接相关。在这种情形下，当代中国的大学要积极走向世界，实现“高等教育内涵式发展”，就必须高度重视自身的形象塑造。一流的大学要有一流的质量与一流的形象，内涵与呈现、质量与印象最终将融合一体，达到止于至善的美好境界。

本书尝试在大学形象研究中引入并运用戈夫曼的拟剧理论，来理解大学形象的自我呈现和印象管理的现实问题。由于传统媒体时代的单向传播和信息不对称，大学形象的表演呈现具有前台和后台的明显区隔，从而在公众中形成权威和神秘的印象。进入新媒体时代，形象呈现与用户体验逐渐成为新的脚本，由此导致了大学权威精神的消解和神秘印象的崩塌。本书试图从理论融合和视角创新出发，考察大学形象自我呈现的内容、机制与策略，讨论如何将大学形象自我呈现从单纯的符号与数据的交换转变为态度与意义的共享，从而为大学形象管理提供新思路、新方法。从这个意义来看，本书具有一定的创新性。

本书的缺憾与不足主要在于，最初设想对大学网站、大学微信公众号、大学微博等新媒介进行量化研究和文本分析，但出于多种原因未能完全实现，只进行了零散的举例分析，因此不能较为全面、客观地展现目前中国大学形象自我呈现的总体趋势和清晰图景。由此可见，本书在很大程度上受反身性思考和个体经验的局限，理论成分实有不足，应用范畴也大打折扣。期待后续研究在以下几个方面能够深入推进：一是对具体大学形象自我呈现作深度的调研、访谈；二是对“三微一端”等新媒体平台开展量化的研究和文本分析；三是尝试构建大学形象自我呈现和印象管理的策略模型。

---

1 《庄子·杂篇·天下》：“是故内圣外王之道，暗而不明，郁而不发，天下之人，各为其所欲焉以自为方。”

# 附录

## 附录一　清博大数据　清博指数大学微信公众号 2018 年 7 月热文 TOP50 一览表

| 公众号 | 标题 | 发布时间 | 阅读数 |
|---|---|---|---|
| 北京大学 | 哈佛讲席教授谢晓亮全职回北大！ | 2018-07-02 10:49:06 | 100 001 |
| 上海交通大学 | 刚刚，“最高”毕业生姚明在交大“领证”！ | 2018-07-08 10:32:31 | 100 001 |
| 江南大学 | 泪目！江南大学校友肖斯塔原创歌曲《无锡》首发！ | 2018-07-01 11:29:12 | 100 001 |
| 北京工业大学 | 京城六大爆款录取通知书之最庄重——北工大 2018 年本科录取通知书 | 2018-07-13 14:54:01 | 100 001 |
| 上海交通大学 | 在扎根中生长——上海交大校长林忠钦在 2018 年本科生毕业典礼上的演讲 | 2018-07-08 10:32:31 | 100 001 |
| 浙江大学 | 今晚，这位 80 后浙大校友将敲响纳斯达克上市钟声！ | 2018-07-26 14:02:46 | 100 001 |
| 四川大学 | 川大各省各类本科录取分数线陆续出炉，四川最高分 684 | 2018-07-19 12:45:02 | 100 001 |
| 清华大学 | 请签收！为你定制的限量版毕业礼物已备好 | 2018-07-04 17:02:02 | 82 244 |
| 华中农业大学 | Nature 专文推介华中农大：脚踏实地 寻求可持续发展 | 2018-07-18 12:08:10 | 81 612 |
| 北京交通大学 | 北京交大交通运输工程学科排名世界第一！ 2018 软科世界一流学科排名发布 | 2018-07-17 10:35:10 | 80 190 |
| 武汉大学 | 武大这个学科排名世界第一，13 个学科跻身前一百！ | 2018-07-17 21:50:27 | 78 032 |
| 南京信息工程大学 | 微关注丨藕舫楼、阅江楼，哪一款请你来 pick！ | 2018-07-24 20:32:06 | 77 956 |
| 河海大学 | 一场盛大的搬迁后，河海骏园学子喜迎新居 | 2018-07-09 17:55:00 | 76 270 |

续表

| 公众号 | 标题 | 发布时间 | 阅读数 |
|---|---|---|---|
| 上海外国语大学 | 声明 | 2018-07-31 12:08:29 | 75 252 |
| 浙江大学 | 刚刚，习近平签署通令给浙大博士肖飞记一等功！ | 2018-07-19 20:37:50 | 74 597 |
| 北京大学 | 5 个 A+！丨首次专业学位水平评估结果公布，北大位居全国高校之首！ | 2018-07-26 19:13:01 | 73 489 |
| 北京大学 | 北大预约参观系统要上线了！怎么用？看完就懂了！ | 2018-07-05 13:23:37 | 72 050 |
| 北京大学 | 北大学生最高荣誉获得者韩京俊毕业了！——遇到对的人，做了对的事 | 2018-07-12 09:55:07 | 71 930 |
| 浙江大学 | 浙大“良好”老师在课上拆掉价值五六千的华为手机？背后的原因令人钦佩！ | 2018-07-23 15:57:43 | 71 804 |
| 武汉大学 | 雷军再回珈丨“小米上市，我首先想到的就是回来感谢母校！” | 2018-07-20 11:59:41 | 71 052 |
| 武汉大学 | 双胞胎姐妹花同被武大录取：报考前没商量，靠的是默契 | 2018-07-29 10:35:09 | 70 896 |
| 北京大学 | 教师代表李猛教授在北大 2018 年研究生毕业典礼上的致辞——如白金丝那般保持纯粹 | 2018-07-11 15:50:19 | 68 532 |
| 浙江大学 | 浙大全能美女学霸！会武术、玩摇滚……她要用有限的时间体味生命的无限可能 | 2018-07-14 16:33:01 | 62 681 |
| 电子科技大学 | 重磅！电子科大部分省份调档分数线出炉！ | 2018-07-19 20:43:35 | 60 698 |
| 北京大学 | 北大校长林建华在 2018 年毕业典礼上的讲话——勇敢担当，学在路上 | 2018-07-11 15:50:20 | 60 661 |
| 清华大学 | 邱勇校长在 2018 年本科生毕业典礼上的讲话丨用一生去追寻意义 | 2018-07-08 10:55:18 | 60 565 |
| 上海交通大学 | 上海交大船舶与海洋工程排名世界第一，23 个学科跻身前 100 名！ | 2018-07-17 11:05:07 | 59 694 |
| 电子科技大学 | 雨下得再大也挡不住，我电首届捕鱼节！ | 2018-07-11 23:04:43 | 59 590 |
| 浙江大学 | 浙大最美学霸团毕业照上线，真正的美丽来自最坚韧的努力！ | 2018-07-03 16:24:16 | 59 395 |
| 浙江大学 | 世界顶级大师全职加盟浙大！图灵奖得主、密码学大牛十月起将在浙大开课！ | 2018-07-05 19:22:46 | 55 613 |
| 清华大学 | 邱勇校长在 2018 年研究生毕业典礼上的讲话丨以开放精神点亮人生 | 2018-07-07 10:33:24 | 54 582 |
| 四川大学 | 全国首次专业学位水平评估结果公布，川大 4 学科获评 A 类，全国第 6 | 2018-07-27 11:18:31 | 53 819 |

续表

| 公众号 | 标题 | 发布时间 | 阅读数 |
|---|---|---|---|
| 安阳师范学院 | 惊艳！一场高规格的全省合唱盛事在安师举办！ | 2018-07-12 12:58:22 | 52 985 |
| 华东师范大学 | 怀念！你在田家炳楼上过课吗？ | 2018-07-10 20:30:13 | 52 787 |
| 武汉大学 | 武大实行三学期制，原因在这里！ | 2018-07-06 17:35:24 | 52 706 |
| 浙江大学 | 催泪朋友圈！从少女到妈妈，浙大六姐妹连续 14 年的寝室聚会，感动无数网友！ | 2018-07-01 10:13:37 | 50 345 |
| 西安交通大学 | 师者陶文铨 | 2018-07-05 09:32:41 | 50054 |
| 广东财经大学 | 广财大招生火爆！高分线上考生达 95.5%，理科投档线 511 分，超高分优先投档线 11 分 | 2018-07-15 09:23:01 | 49 843 |
| 浙江大学 | 学霸 ×2！双胞胎兄弟双双被浙大录取，他们俩将在浙大继续相爱相搏！ | 2018-07-25 16:33:15 | 49 586 |
| 清华大学 | 清华发布 \| 清华大学首批录取通知书今日寄出 新版通知书是毕业生留给新生的礼物 | 2018-07-03 17:31:47 | 49 117 |
| 清华大学 | “刷脸”入校，三门专用 \| 清华大学全面实施校园参观预约入校第一天 | 2018-07-16 22:31:00 | 48 663 |
| 清华大学 | 校友代表管晓宏在 2018 年研究生毕业典礼上的发言 \| 人生选择和选择人生 | 2018-07-07 10:33:24 | 47 787 |
| 电子科技大学 | 30 个省份提档线全部出炉 \| 我电提档线连续 7 年“领跑”川内高校 | 2018-07-24 12:37:14 | 46 999 |
| 浙江大学 | 佩服！浙大这位拿过世界上最难奖学金的姑娘，最后选择回国书写中国故事 | 2018-07-11 15:02:27 | 45 626 |
| 浙江大学 | 浙大再现“超级女学霸寝室”，爱追剧，上课爱坐第一排！将继续在世界名校深造！ | 2018-07-04 16:24:33 | 45 088 |
| 浙江大学 | 前方预警！浙大录取通知书正向你飞奔而来！ZJU 萌新快到碗里来 ~ | 2018-07-28 13:19:01 | 44 733 |
| 清华大学 | 我的毕业故事 \| 郭雨晨：努力变成自己想要的样子 | 2018-07-30 15:18:24 | 44 638 |
| 复旦大学 | 14 个省市录取分数第一，复旦大学上海医学院原来这么热门！ | 2018-07-28 19:45:08 | 43 798 |
| 北京大学 | 北大四年，我们这样走过…… | 2018-07-15 10:48:05 | 43 319 |
| 西安交通大学 | 机械工程全球第二！西安交大 6 个学科进入世界前 50 | 2018-07-17 19:03:44 | 42 703 |

注：本表数据收集截止时间为 2018 年 8 月 31 日。

# 附录二 72所大学2017年大学校长毕业典礼致辞信息表

| 排序 | 学校名称 | 标题 | 字数 |
|---|---|---|---|
| 1 | 北京大学 | 吃亏就是占便宜 | 2 293 |
| 2 | 清华大学 | 做有思想的行者 | 1 692 |
| 3 | 浙江大学 | 做浙大人共同价值观的践行者 | 1 481 |
| 4 | 复旦大学 | 修好“立德”这门终身大课 | 2 775 |
| 5 | 上海交通大学 | 向你们的时代，自信起航 | 2 181 |
| 6 | 南京大学 | 嚼得菜根香 立志做大事 | 2 704 |
| 7 | 武汉大学 | 希望与责任 | 2 277 |
| 8 | 四川大学 | 懂得尊重 德行天下 | 4 403 |
| 9 | 中山大学 | 善学善思善行 自信自律自强 | 2 483 |
| 10 | 山东大学 | 做有担当的山大人 | 4 112 |
| 11 | 华中科技大学 | 华中大学子，让中国更美好！ | 2 821 |
| 12 | 哈尔滨工业大学 | 秉承规格 彰显功夫 | 1 706 |
| 13 | 吉林大学 | 情系吉大 筑梦天下 | 4 417 |
| 14 | 南开大学 | 每一次“毕业”都是一次新的出征 | 2 326 |
| 15 | 中国科学技术大学 | 温暖做人，光照四方 | 2 527 |
| 16 | 西安交通大学 | 不断反思自己 | 797 |
| 17 | 中南大学 | 以担当和求实铸就人生大格局 | 1 364 |
| 18 | 中国人民大学 | 有信仰，不孤独 | 2 216 |
| 19 | 大连理工大学 | 勇立潮头 不负使命 | 2 668 |
| 20 | 天津大学 | 勇于担当 放飞梦想 | 2 211 |
| 21 | 厦门大学 | 要坚持做一个善良、自信的人 | 3 767 |
| 22 | 北京师范大学 | 扎根中国 服务社会 | 2 183 |
| 23 | 华南理工大学 | 以不变的初心迎接变革的时代 | 3 247 |
| 24 | 北京航空航天大学 | 以青春的名义逐梦远航 | 1 923 |
| 25 | 兰州大学 | 承兰大美，怀中国梦，立世界志 | 1 902 |
| 26 | 重庆大学 | 聚是满园黄葛，散是缤纷四季 | 3 232 |
| 27 | 中国农业大学 | 正确选择，走出困惑 | 4 350 |

续表

| 排序 | 学校名称 | 标题 | 字数 |
| --- | --- | --- | --- |
| 28 | 西北工业大学 | 努力做独立思考的智者 | 1 549 |
| 29 | 北京理工大学 | 一群追梦的“北理工人” | 2 543 |
| 30 | 华东师范大学 | 愿你出走半生，归来仍是少年 | 2 768 |
| 31 | 湖南大学 | 无 | 3 075 |
| 32 | 苏州大学 | 有点理想　少点抱怨　多点情怀 | 3 605 |
| 33 | 南京航空航天大学 | 保持正直、善良，有追求、有品位 | 2 108 |
| 34 | 郑州大学 | 自信　开放　尊重　坚韧：源于文化，成于品格 | 1 787 |
| 35 | 华中师范大学 | 无 | 1 956 |
| 36 | 电子科技大学 | 做一个有趣的人 | 3 198 |
| 37 | 东北大学 | 立身成败 在于所染 | 2 288 |
| 38 | 西南大学 | 一样的岁月，不一样的人生 | 2 646 |
| 39 | 武汉理工大学 | 永远做一个精神富足的理工大人 | 2 380 |
| 40 | 上海大学 | 做一个能够应对未来挑战的上大人 | 3 455 |
| 41 | 南京理工大学 | 书写新一代南理工人的青春风采 | 2 344 |
| 42 | 东北师范大学 | 理想与时代同行 | 2 173 |
| 43 | 西安电子科技大学 | 情怀家国 抱负河山 | 2 708 |
| 44 | 华中农业大学 | 在激情奋斗中绽放青春光芒 | 1 488 |
| 45 | 西南交通大学 | 无 | 1 457 |
| 46 | 暨南大学 | 忠信笃敬 | 2 176 |
| 47 | 北京化工大学 | 厚德感恩，砥砺前行 | 1 853 |
| 48 | 北京交通大学 | 在人生不易时保留做人的铮铮风骨 | 2 691 |
| 49 | 华南师范大学 | 无 | 2 039 |
| 50 | 中国海洋大学 | 做一个胸怀远大志向的平凡的人 | 2 323 |
| 51 | 西北大学 | 守护西大人的尊严与荣耀！ | 2 138 |
| 52 | 陕西师范大学 | 勇做最亮的“闪 STAR” | 2 289 |
| 53 | 南昌大学 | 胸有格局立天地 | 2 979 |
| 54 | 湖南师范大学 | 心向美好　砥砺前行 | 1 672 |
| 55 | 北京邮电大学 | 做传邮万里的北邮人 | 2 674 |
| 56 | 上海财经大学 | 无 | 3 290 |
| 57 | 中国医科大学 | 不要在奋斗的年纪选择了安逸 | 3 937 |
| 58 | 中南财经政法大学 | 无 | 3 128 |

续表

| 排序 | 学校名称 | 标题 | 字数 |
|---|---|---|---|
| 59 | 长安大学 | 无 | 1 986 |
| 60 | 广西大学 | 无 | 2 393 |
| 61 | 西南财经大学 | 平衡的智慧 | 3 513 |
| 62 | 中国政法大学 | 无 | 4 068 |
| 63 | 中国传媒大学 | 无 | 2 973 |
| 64 | 中央财经大学 | 努力成为经济社会向好变化的实践者和引领者 | 2 336 |
| 65 | 天津医科大学 | 求真求善 | 1 861 |
| 66 | 对外经济贸易大学 | 充满自信、终身学习，掌握知识的厚度和宽度 | 2 066 |
| 67 | 东北农业大学 | 我的小提醒，你的大进步 | 1 395 |
| 68 | 中央民族大学 | 无 | 2 140 |
| 69 | 内蒙古大学 | 要进取，要尽责 | 2 960 |
| 70 | 北京体育大学 | 无 | 2 586 |
| 71 | 中国矿业大学（北京） | 修德力行勇担当 | 1 406 |
| 72 | 解放军第四军医大学 | 矢志强军 献身卫勤 忠诚践行人民军医的使命和担当 | 4 767 |

# 参考文献

一、中文著作、译作


[1] 伽达默尔．赞美理论：伽达默尔选集 [M]. 夏镇平，译．上海：上海三联书店，1988.

[2] 爱弥尔·涂尔干．宗教生活的基本形式 [M]. 渠敬东，汲喆，译．北京：商务印书馆，2011.

[3] 古斯塔夫·勒庞．乌合之众：大众心理研究 [M]. 戴光年，译．2 版．北京：新世界出版社，2011.

[4] 艾里希·弗洛姆．逃避自由 [M]. 刘林海，译．上海：上海译文出版社，2015.

[5] 伯顿·克拉克．探究的场所：现代大学的科研和研究生教育 [M]. 王承绪，译．杭州：浙江教育出版社，2001.

[6] 欧内斯特·L. 博耶．关于美国教育改革的演讲 (1979-1995)[M]. 涂艳国，方彤，译．北京：教育科学出版社，2002.

[7] Clark Kerr. 大学的功用 [M]. 陈学飞，陈恢钦，周京，等译．南昌：江西教育出版社，1993.

[8] 兰德尔·科林斯．互动仪式链 [M]. 林聚任，王鹏，宋丽君，译．北京：商务印书馆，2009.

[9] 曼纽尔·卡斯特．网络社会的崛起 [M]. 夏铸九，等译．北京：社会科学文献出版社，2006.

[10] 曼纽尔·卡斯特．网络社会的崛起 [M]. 夏铸九，王志弘，等译．3 版．北京：社会科学文献出版社，2006.

[11] 欧文·戈夫曼．日常生活中的自我呈现 [M]. 冯钢，译．北京：北京大学出版社，

2008.
［12］欧文·戈夫曼.日常接触[M].徐江敏，丁晖，译.北京：华夏出版社，1990.
［13］亨利·罗索夫斯基.美国校园文化：学生·教授·管理[M].谢宗仙，周灵芝，马宝兰，译.济南：山东人民出版社，1996.
［14］罗伯特·斯考伯，谢尔·伊斯雷尔.即将到来的场景时代：大数据、移动设备、社交媒体、传感器、定位系统如何改变商业和生活[M].赵乾坤，周宝曜，译.北京：北京联合出版公司，2014.
［15］乔纳森·H.特纳.社会学理论的结构[M].邱泽奇，张茂元，等译.7版.北京：华夏出版社，2006.
［16］约书亚·梅罗维茨.消失的地域：电子媒介对社会行为的影响[M].肖志军，译.北京：清华大学出版社，2002.
［17］八卷俊雄.企业形象战略[M].艺风堂，编译.台北：艺风堂出版社，1992.
［18］安东尼·吉登斯.社会学[M].赵旭东，齐心，王兵，等译.4版.北京：北京大学出版社，2003.
［19］阿什比.科技发达时代的大学教育[M].腾大春，滕大生，译.北京：人民教育出版社，1983.
［20］安东尼·吉登斯.现代性与自我认同：现代晚期的自我与社会[M].赵旭东，方文，译.北京：生活·读书·新知三联书店，1998.
［21］段功伟.权力的辩护：执政党公共形象传播研究[M].广州：广东人民出版社，2015.
［22］郭庆光.传播学教程[M].2版.北京：中国人民大学出版社，2011.
［23］李磊，马华维，管健，等.公务员行政管理心理学[M].天津：南开大学出版社，2008.
［24］刘伦.政治视阈下的中国现代大学制度建设研究[M].北京：光明日报出版社，2017.
［25］马尔科姆·格拉德威尔.引爆点[M].钱清，覃爱冬，译.2版.北京：中信出版社，2006.
［26］马忠君.网络环境中虚拟自我的呈现与建构[M].北京：中国电影出版社，2013.
［27］舒天戈.新媒体社会沟通能力提升[M].北京：红旗出版社，2013.
［28］孙澄.形象的本质[M].济南：山东大学出版社，2009.
［29］詹新惠.新媒体编辑[M].北京：中国人民大学出版社，2013.

[30] 朱建华 . 传播力 + 的风口：融媒体时代的党报转型 [M]. 北京：人民日报出版社，2017.
[31] 陈平原 . 大学何为 [M]. 北京：北京大学出版社，2006.
[32] 李彬 . 传播学引论（增补版）[M]. 北京：新华出版社，2003.
[33] 刘刚，吴丹，张雪霞 . 彰显与提升：大学形象战略研究 [M]. 北京：科学出版社，2015.
[34] 田智辉 . 新媒体环境下的国际传播 [M]. 北京：中国传媒大学出版社，2010.
[35] 张维迎 . 大学的逻辑 [M].3 版 . 北京：北京大学出版社，2012.
[36] 田智辉 . 新媒体环境下的国际传播 [M]. 北京：中国传媒大学出版社，2010.

二、中文期刊、报纸

[1] 卞冬磊，张稀颖 . 转型期大众传媒报道与大学形象塑造关系研究：以 2004 年 1 月 1 日以来的相关报道为研究对象 [J]. 新闻与传播研究，2005，12(2): 68-71.
[2] 曾如刚，彭志斌 . 认知参照点视角下的仿拟修辞研究 [J]. 西安外国语大学学报，2013，21(1): 27-30.
[3] 超然 . 网络民意的虚与实 [J]. 民主与法制，2011(23): 30-31.
[4] 陈士衡 . 试论大学形象 [J]. 吉林教育科学，2000(7): 33-35.
[5] 陈锡坚 . 基于学术场域大学治理现代化的探究 [J]. 黑龙江高教研究，2018，36(6): 65-68.
[6] 陈尧坤，陈毅文 . 企业形象研究综述 [J]. 心理学动态，1999，7(1): 44-51.
[7] 程文婷，王海稳 . 网络时代高校形象管理的策略探究 [J]. 未来与发展，2013，36(10): 86-88.
[8] 程晓萱 . 女性形象：自我呈现与媒介呈现：关于整容真人秀节目《花落谁家》个案的定量分析及思考 [J]. 新闻知识，2009(2): 58-60.
[9] 丁道群 . 网络空间的自我呈现：以网名为例 [J]. 湖南师范大学教育科学学报，2005，4(3): 97-100.
[10] 董晨宇，丁依然 . 当戈夫曼遇到互联网：社交媒体中的自我呈现与表演 [J]. 新闻与写作，2018(1): 56-62.
[11] 董轩 . “自我” 概念的符号互动主义溯源与评述 [J]. 社会科学论坛 ( 学术研究卷 )，2008(11): 35-37.

[12] 段善策 . 作为新闻的框架 : 从贝特森到梵・迪克 [J]. 东南传播，2010(7): 84-86.
[13] 高宏斌，王大鹏 . 全媒体视角下的韩春雨及其论文舆情 [J]. 科学通报，2016，61(31): 3292-3295.
[14] 管志斌，田银滔 . 指称与语篇互文：兼论互文概念向语言学的转化 [J]. 当代修辞学，2012(4): 49-60.
[15] 郭赟嘉，闫建璋 . 学术领导 : 大学二级学院院长角色的本真定位 [J]. 现代教育科学，2014(1): 41-45.
[16] 韩延明 . 校训: 培育大学生社会主义核心价值观的沃壤 [J]. 中国高教研究，2014(9): 6-8.
[17] 何梦祎 . 媒介情境论：梅罗维茨传播思想再研究 [J]. 现代传播 ( 中国传媒大学学报 )，2015，37(10): 14-18.
[18] 胡泳 . 新词探讨：回声室效应 [J]. 新闻与传播研究，2015，22(6): 109-115.
[19] 胡正荣 . 全媒体时代传统媒体的颠覆与重构 [J]. 新闻战线，2013(2): 30-32.
[20] 黄建生 . 戈夫曼的拟剧理论与行为分析 [J]. 云南师范大学学报 ( 哲学社会科学版 )，2001，33(4): 91-93.
[21] 黄佩，仝海威，李慧慧 . 国外网络自我展示策略研究述评 [J]. 中国青年研究，2011(3): 113-116.
[22] 黄珊珊，武建国 . 媒体话语中的重新语境化与改适转换 : 以“彭宇案” 为例 [J]. 华南理工大学学报 ( 社会科学版 )，2012，14(4): 74-81.
[23] 黄瑶 . 从戈夫曼《日常生活中的自我呈现》透视角色表演与角色外活动 [J]. 学理论，2013(9): 83-84.
[24] 计亚萍 . “内卷化”理论研究综述 [J]. 长春工业大学学报 ( 社会科学版 )，2010，22(3): 48-49.
[25] 贾永堂 . 大学教师考评制度对教师角色行为的影响 [J]. 高等教育研究，2012，33(12): 57-62.
[26] 金兼斌 . 大众传媒中的大学形象 [J]. 国际新闻界，2006，28(2): 27-31.
[27] 靖鸣，周燕 . 网民微博表演：基于自媒体平台的自我理想化呈现 [J]. 新闻大学，2013(6):118-122.
[28] 匡文波 . 关于新媒体核心概念的厘清 [J]. 新闻爱好者，2012(19): 32-34.
[29] 乐国林 . 米德自我概念述评 [J]. 宁波大学学报 ( 教育科学版 )，2003，25(3): 14-17.

[30] 李彪．网络事件传播空间结构及其特征研究：以近年来40个网络热点事件为例[J]．新闻与传播研究，2011，18(3): 90-99.

[31] 李飞．大学生角色期待与行为引导：基于角色扮演的社会学分析[J]．北京社会科学，2013(4): 111-115.

[32] 李凌凌．重建媒体的公共性："后真相"时代的传播危机[J]．当代传播，2018(2): 59-63.

[33] 李培根．记忆：华中科技大学校长李培根在2010年毕业典礼上的致辞[J]．湖北教育(领导科学论坛)，2010(4): 74-75.

[34] 李绍元．电视真人秀节目的表演学解读[J]．重庆社会科学，2012(11): 121-126.

[35] 李义勇．论大学形象识别系统建设[J]．山东理工大学学报(社会科学版)，2012，28(6): 106-109.

[36] 林曜圣．"学校故事学"理论架构之探究[J]．教育学报，2012，8(6): 61-72.

[37] 刘畅．从传播学的几个发现看创新思维素养[J]．当代传播，2013(2): 7-12.

[38] 刘潮临．论大学形象[J]．湖北社会科学，2003(10): 76-77.

[39] 刘庆奇，孙晓军，周宗奎，等．社交网站中的自我呈现对青少年自我认同的影响：线上积极反馈的作用[J]．中国临床心理学杂志，2015，23(6): 1094-1097.

[40] 刘学军．后真相时代社交媒体对美式民主的考验与挑战[J]．新闻战线，2017(3): 110-112.

[41] 刘振天．大学社会批判精神的源泉及当代境遇[J]．北京大学教育评论，2003，1(3): 60-65.

[42] 刘忠国．新条件下广播电视舆论监督的问题与建议[J]．现代传播(中国传媒大学学报)，2015，37(2): 167-168.

[43] 牛更枫，鲍娜，范翠英，等．社交网站中的自我呈现对自尊的影响：社会支持的中介作用[J]．心理科学，2015，38(4): 939-945.

[44] 牛更枫，鲍娜，周宗奎，等．社交网站中的自我呈现对生活满意度的影响：积极情绪和社会支持的作用[J]．心理发展与教育，2015，31(5): 563-570.

[45] 刘庆奇，孙晓军，周宗奎，等．社交网站真实自我呈现对生活满意度的影响：线上积极反馈和一般自我概念的链式中介作用[J]．心理科学，2016，39(2): 406-411.

[46] 秦建华．"得寸进尺效应"与"体育差生"[J]．中国学校体育，2001，20(5):64.

［47］芮必峰．人际传播：表演的艺术：欧文·戈夫曼的传播思想 [J]. 安徽大学学报（哲学社会科学版），2004，28(4): 64-70.
［48］邵颖．互文性与国家形象构建：以马来西亚总理 70 届联大演讲为例 [J]. 外语学刊，2017(3): 12-16.
［49］盛况．中国大学校长致辞话语系统的变迁 [J]. 高校教育管理，2015，9(1): 11-15.
［50］师曾志，仁增卓玛．泛娱乐时代个体生命倾向性的狂欢 [J]. 教育传媒研究，2018(4): 8-14.
［51］宋悦，刘扬．网络社会与后区的消逝 [J]. 河北师范大学学报（哲学社会科学版），2005，28(3): 146-149.
［52］苏力．大学里的致辞：修辞学的和反思社会学的角度 [J]. 江苏社会科学，2011(2): 1-14.
［53］孙波，杨延生，曹玉洁．新媒体环境下高校形象建设探析 [J]. 职业时空，2012，8(8): 8-11.
［54］孙咏梅，张艳斌．从"北大简介"看大学身份的话语建构 [J]. 中国社会语言学，2013(1): 66-74.
［55］孙彧．我国大学形象的重塑与传播 [J]. 高教探索，2010(5): 76-79.
［56］田中初．电子媒介如何影响社会行为：梅罗维茨传播理论述评 [J]. 浙江师范大学学报（社会科学版），2006(1): 108-112.
［57］童慧．微信的自我呈现与人际传播 [J]. 重庆社会科学，2014(1): 102-110.
［58］汪广华．述评戈夫曼的社会拟剧理论 [J]. 连云港师范高等专科学校学报，2001，18(3): 28-30.
［59］王瀚东，周中斌．大学形象研究的布尔迪厄立场：《国家精英》的启示 [J]. 新闻与传播评论辑刊，2014(1): 73-78.
［60］王君玲．试析个人博客中的自我呈现 [J]. 新闻界，2009(2): 37-39.
［61］王全林．大学形象的实质及其建构原则 [J]. 上海大学学报（社会科学版），2002，19(1): 102-104.
［62］王熙，苏尚锋，曹婷婷．从国学之"国"看国学教育的当代价值 [J]. 北京师范大学学报（社会科学版），2014(4): 30-37.
［63］王雪．新媒体语境下民办大学的媒介形象建构 [J]. 新闻知识，2017(10): 41-44.
［64］王云昀．新媒体时代高校形象传播的新思路 [J]. 华南理工大学学报（社会科学版），2012，14(4): 111-115.

[65] 王长潇，刘瑞一 . 网络视频分享中的“自我呈现”：基于戈夫曼拟剧理论与行为分析的观察与思考 [J]. 当代传播，2013(3): 10-12.
[66] 王振林，王松岩 . 米德的“符号互动论”解义 [J]. 吉林大学社会科学学报，2014，54(5): 116-121.
[67] 魏健 . 网络社会中“消失的界限”：基于戈夫曼拟剧理论的思考 [J]. 齐齐哈尔大学学报（哲学社会科学版），2016(5): 148-150.
[68] 吴剑平，高炜红 . 我国大学形象战略论纲 [J]. 清华大学教育研究，2009，30(4): 54-58.
[69] 吴小英 . 公共关系学视角中的高校形象管理研究 [J]. 中国高教研究，2011(6): 68-70.
[70] 吴晓明 . 群体性事件中的自媒体作用考察 [J]. 江海学刊，2009(6): 205-211.
[71] 武建国，郑蓉 . 从“淘宝体”篇际互文性的流行透视公共话语的非正式化趋势 [J]. 华南理工大学学报（社会科学版），2015，17(1): 107-112.
[72] 武建国，陈聪颖 .《批评性体裁分析——探究专业实践中的篇际互文表现》评介 [J]. 现代外语，2018（3）：436-438.
[73] 武瑷华 . 仪式话语的形式与内涵 [J]. 解放军外国语学院学报，2014，37(4): 103-108.
[74] 肖崇好 . 影响印象管理过程的因素 [J]. 韩山师范学院学报，2012，33(1): 75-79.
[75] 谢安邦，周巧玲 . 大学战略管理中的领导：角色、挑战与对策 [J]. 高等教育研究，2006，27(9): 38-42.
[76] 熊涛，韩艳梅 . 大学校长毕业典礼致辞的同盟性话语建构 [J]. 语言学研究，2018(1): 18-28.
[77] 徐瑞青 . 论自我呈现 [J]. 求是学刊，1994，21(4): 8-13.
[78] 杨杏芳 . 大学教师角色扮演的哲学与社会学分析 [J]. 贵州师范大学学报（社会科学版），2006(2): 113-117.
[79] 于海 . 社会是舞台 人人皆演员：读戈夫曼《自我在日常生活中的表现》[J]. 社会，1998，18(1): 47-48.
[80] 于海琴 . 关于大学形象内涵的调查分析 [J]. 高等教育研究，2003，24(2): 69-72.
[81] 亓光 . 理解政治话语的基本逻辑：基于话语的政治哲学之维 [J]. 山西大学学报（哲学社会科学版），2018，41(3): 13-20.
[82] 湛中乐 . 现代大学治理与大学章程 [J]. 中国高等教育，2011(9): 18-20.
[83] 张爱卿，李文霞，钱振波 . 从个体印象管理到组织印象管理 [J]. 心理科学进展，

2008，16(4): 631-636.
［84］赵栋 . 新媒体视阈下的大学生自我认同建构初探 [J]. 艺术教育，2018(4): 148-149.
［85］周葆华 . 从“后台”到“前台”：新媒体技术环境下新闻业的“可视化”[J]. 台北：传播与社会学刊，2013（25）：35-71.
［86］周梅，李桂平 . 人际互动中的戏剧理论：解读《日常生活中的自我呈现》[J]. 经济研究导刊，2010(12): 210-211.
［87］左鹏军 . 仪式和记忆：大学校庆的精神象征与文化内涵 [J]. 华南师范大学学报 ( 社会科学版 )，2013(5): 65-68.
［88］舒圣祥 .“董钱钱”哲学大行其道才是民族之耻 [N]. 中国青年报，2011-04-07（2）.
［89］赵蕾 . 校长的腔调：不会“说话”的中国大学校长 [N]. 南方周末，2010-09-30(A01).
［90］作者不详 . 大学精神在“最后一课”中灼灼闪光：2017 大学校长毕业致辞十大关键词 [N]. 中国教育报，2017-07-03(5).
［91］朱荟 . 网络时代戈夫曼戏剧理论的新解读 [N]. 中国社会科学报，2012-12-7(A08).
［92］李心悦 . 浅谈《日常生活中的自我呈现》[C]//2011 年贵州省社会科学学术年会论文集 . 贵阳，2011: 156-159.
［93］徐红，吴玉如 . 新媒体环境下的社会公共危机传播 [C]// 中国传媒大学第四届全国新闻学与传播学博士生学术研讨会论文集 . 北京，2010: 268-282.

三、网络、学位论文

［1］陈静茜 . 表演的狂欢：网络社会的个体自我呈现与交往行为 : 以微博客使用者之日常生活实践为例 [D]. 上海 : 复旦大学，2013.
［2］丁道群 . 网络空间的人际互动：理论与实证研究 [D]. 南京：南京师范大学，2003.
［3］胡西伟 . 当代中国大学形象的媒介呈现与重建 [D]. 武汉 : 武汉大学，2013.
［4］李春玲 . 1949 年以来中国教育理想化问题研究 [D]. 上海 : 华东师范大学，2002.
［5］杨俊霞 . 办公室的戏剧呈现 [D]. 上海：上海戏剧学院，2011.
［6］杨桃莲 . 大学生自我认同的建构 : 基于大学生博客分析 [D]. 上海 : 复旦大学，2009.
［7］周鸿雁 . 仪式华盖下的传播：詹姆斯·W·凯瑞传播思想研究 [D]. 上海 : 上海大学，2011.
［8］周进 . 大学理念的知识审视与社会建构 [D]. 武汉：华中科技大学，2013.
［9］卢新宁 . 重塑现代政治话语体系 [EB/OL].（2012-10-26）[2024-05-28]. 新华网 .

四、外文文献

[1] CULLER J. The pursuit of signs—semiotics, literature, deconstruction[M]. Ithaca, NY: Cornell University Press, 1981.

[2] KERR C. The great transformation in higher education, 1960-1980[M]. Albany, NY: State University of New York Press, 1991.

[3] FAIRCLOUGH N. Analysing discourse: textual analysis for social research [M]. London: Routledge, 2003.

[4] BHATIA V K. Critical genre analysis: investigating interdiscursive performance in professional practice[M]. London: Routledge, 2017.

[5] FAIRCLOUGH N. Discourse and social change[M]. Cambridge: Polity Press, 1992.

[6] FOUCAULT M. Power and Knowledge [M]. Brighton: Harvester, 1980.

[7] FOUCAULT M. The Archaeology of Knowledge [M].New York: Pantheon Books, 1981.

[8] JØRGENSEN M, PHILLIPS L. Discourse analysis as theory and method[M]. London: Sage Publications, 2002.

[9] KRISTEVA J. Séméiotiké: recherches pour unesémanalyse [M]. Paris: Edition du Seui, 1969.

[10] LEARY M R. Self-presentation: impression management and interpersonal behavior[M]. Madison, Wis: Brown & Benchmark Publishers, 1995.

[11] ABERCROMBIE N, LONGHURST B. Audiences: a sociological theory of performance and imagination[M]. London : SAGE Publications, 1998.

[12] ZERFASS A, VERČIČ D, VERHOEVEN P, et al. European communication monitor 2012: challenges and competencies for strategic communication: results of an empirical survey in 42 countries[M]. Brussels: EACD/EUPRERA, 2012.

[13] SHULMAN D. The presentation of self in contemporary social life[M]. Thousand Oaks, CA: SAGE Publications, 2016.

[14] ALVES H, RAPOSO M. The influence of university image on student behaviour[J]. International Journal of Educational Management, 2010, 24(1): 73-85.

[15] ARPAN L M, RANEY A A, ZIVNUSKA S. A cognitive approach to understanding university image[J]. Corporate Communications: An International Journal, 2003, 8(2):

97-113.

[16] AVERY D R, MCKAY P F. Target practice: An organizational impression management approach to attracting minority and female job applicants[J]. Personnel Psychology, 2006, 59(1): 157-187.

[17] BORTREE D S. Presentation of self on the Web: an ethnographic study of teenage girls' weblogs[J]. Education, Communication & Information, 2005, 5(1): 25-39.

[18] B BULLINGHAM L, VASCONCELOS A C. "The presentation of self in the online world": Goffman and the study of online identities[J]. Journal of Information Science, 2013, 39(1): 101-112.

[19] DALSGAARD S. Facework on Facebook: the presentation of self in virtual life and its role in the US elections[J]. Anthropology Today, 2008, 24(6): 8-12.

[20] ELSBACH K D, SUTTON R I. Acquiring organizational legitimacy through illegitimate actions: a marriage of institutional and impression management theories[J]. Academy of Management Journal, 1992, 35(4): 699-738.

[21] ELSBACH K D. Managing organizational legitimacy in the California cattle industry: the construction and effectiveness of verbal accounts[J]. Administrative Science Quarterly, 1994, 39(1): 57.

[22] GINZEL L E, KRAMER R M, SUTTON R I. Organizational impression management as a reciprocal influence process: the neglected role of the organizational audience[J]. Research in organizational behavior, 1993 (15): 227-266.

[23] HAN Z R. The marketization of public discourse: the Chinese universities[J]. Discourse & Communication, 2014, 8(1): 85-103.

[24] HARRIS Z S. Discourse analysis[J]. Language, 1952, 28(1): 1-30.

[25] HIGHHOUSE S, BROOKS M E, GREGARUS G. An organizational impression management perspective on the formation of corporate reputations[J]. Journal of Management, 2009, 35(6): 1481-1493.

[26] HOGAN B. The presentation of self in the age of social media: distinguishing performances and exhibitions online[J]. Bulletin of Science, Technology & Society, 2010, 30(6): 377-386.

[27] JONES E E. Toward a general theory of strategic self-presentation[J]. Psychological on the Self /Erlbaum, 1982, 1: 231-262.

[28] KANTANEN H. Identity, image and stakeholder dialogue[J]. Corporate Communications, 2012, 17(1): 56-72.

[29] [30] KRÄMER N C, WINTER S. Impression management 2.0: the relationship of self-esteem, extraversion, self-efficacy, and self-presentation within social networking sites[J]. Journal of Media Psychology, 2008, 20(3): 106-116.

[30] LANDRUM R E, TURRISI R, HARLESS C. University image: the benefits of assessment and modeling[J]. Journal of Marketing for Higher Education, 1999, 9(1): 53-68.

[31] PAPACHARISSI Z. The presentation of self in virtual life: Characteristics of personal home pages[J]. Journalism & Mass Communication Quarterly, 2002, 79(3): 643-660.

[32] PARAMESWARAN R, GLOWACKA A E. University image: an information processing perspective [J]. Journal of Marketing for Higher Education, 1995, 6(2): 41-56.

[33] SCHLENKER B R, WEIGOLD M F. Interpersonal processes involving impression regulation and Management[J]. Annual Review of Psychology, 1992, 43:133-168.

[34] VALLACHER R R, WEGNER D M, FREDERICK J. The presentation of self through action identification[J]. Social Cognition, 1987, 5(3): 301-322.

[35] VAN LEEUWEN T, WODAK R. Legitimizing immigration control: A discourse-historical analysis[J]. Discourse Studies, 1999, 1(1): 83-118.

[36] WALKER K. "It's difficult to hide it" : the presentation of self on Internet home pages[J]. Qualitative Sociology, 2000, 23(1): 99-120.

[37] WANG, W. Intertextual aspects of Chinese newspaper commentaries on the events of 9/11[J]. Discourse Studies 2008, 10 (3): 361-381.

[38] YOU Z . "Confucius Institute" : a tension between the construction of their cultural educational identity and the colonization the marketized discourse [J]. Journal of Asian Pacific Communication, 2012, 22 (1): 22–40.

[39] WODAK R. What CDA is about–a summary of its history, important concepts and its developments [M]// WODAK R, MEYER M. Methods of critical discourse analysis. London : SAGE Publications, 2001.

[ 40 ] BAZERMAN C. Intertextuality: How texts rely on other texts [M]// BAZERMAN C, PRIOR P.What writing does and how it does it : an introduction to analyzing texts and textual practices. New Jersey: Lawrence Erlbaum Associates, 2004: 83-96.